岩　波　現　代　文　庫

増補
女が学者になるとき
インドネシア研究奮闘記

倉沢愛子
Aiko Kurasawa

学術 438

岩波書店

目　次

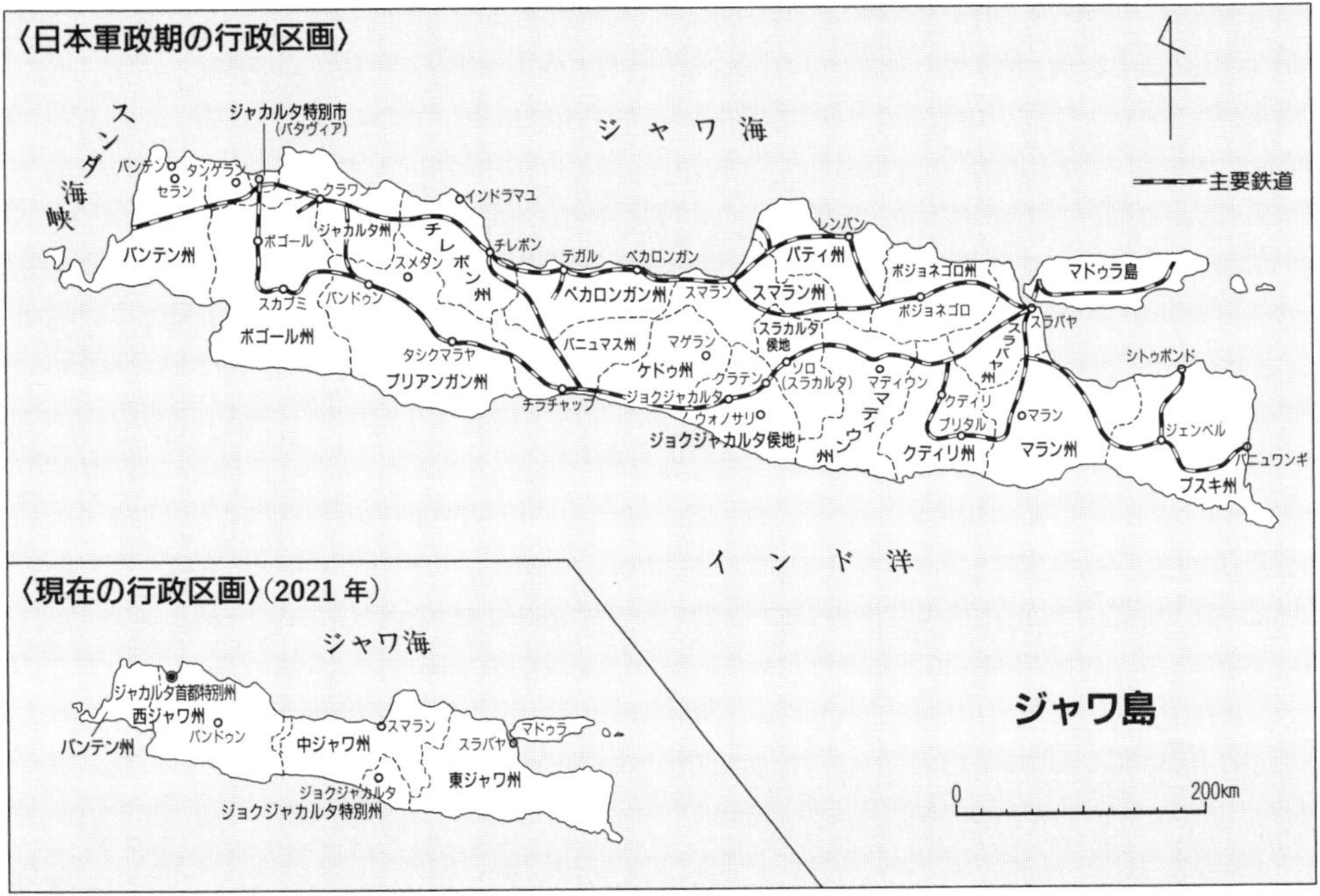
ジャワ島
〈日本軍政期の行政区画〉
主要鉄道
ジャワ海
インド洋
スンダ海峡
ジャカルタ特別市
(バタヴィア)
バンテン
セラン
タンゲラン
バンテン州
ボゴール
スカブミ
ボゴール州
クラワン
ジャカルタ州
バンドゥン
スメダン
インドラマユ
チレボン
チレボン州
タシクマラヤ
プリアンガン州
チラチャップ
テガル
ペカロンガン
ペカロンガン州
バニュマス州
マゲラン
ケドゥ州
ジョクジャカルタ
ウォノサリ
ジョクジャカルタ侯地
クラテン
ソロ
(スラカルタ)
スラカルタ侯地
スマラン
スマラン州
レンバン
パティ州
ボジョネゴロ州
ボジョネゴロ
マディウン
マディウン州
クディリ
ブリタル
クディリ州
スラバヤ
スラバヤ州
マラン
マラン州
マドゥラ島
シトゥボンド
ジェンベル
バニュワンギ
ブスキ州
〈現在の行政区画〉(2021年)
ジャワ海
ジャカルタ首都特別州
西ジャワ州
バンテン州
バンドゥン
中ジャワ州
スマラン
ジョクジャカルタ
ジョクジャカルタ特別州
東ジャワ州
スラバヤ
マドゥラ
0
200km

1　大学でインドネシアと出会う

知らなかった日本軍政の実態

真白き富士の　けだかさを
こころの強い　楯として
御国《みくに》につくす　女等《おみなら》は
輝く御代の　山ざくら
地に咲き匂う　国の花

私の大学時代、東京の駒場にある留学生会館で知り合ったあるインドネシア人女子留学生が、こんな日本語の歌を歌って聞かせてくれた。哀愁を帯びた短調のメロディーと、その古風な日本語の歌詞が、私の心に染みた。私よりも一世代上の人ならおそらく誰でも知っている歌なのだろうが、戦後育ちの私は、それまでまったくその歌を知らなかった。

日本人の私でさえ知らない日本の歌をどこで覚えたのかと尋ねると、そのエンダさんという西部ジャワのスンダ族出身の留学生は、ニコリと笑って、

「インドネシアの小学校よ」

と答えた。私とほぼ同年配の彼女は、戦後すぐの生まれであるから、小学校時代といえば一九五〇年代である。

一九五〇年代といえば、四年間の独立戦争のすえ、一九四九年に宗主国オランダから完全独立を果たしたばかりの彼女の祖国が、国家建設に励んでいるときであった。時の指導者スカルノ大統領は、第三世界のもっとも輝ける指導者の一人として、ネオ・コロニアリズム(新植民地主義)との闘いを声高に叫び、アジア・アフリカ会議を西部ジャワのバンドゥンで主催するなど、政治的にひじょうに高揚した歩みをつづけているときであった。

そのインドネシアの小学校でこのような、私たちには軍国主義的なにおいがプンプンとする日本の歌が教えられていたというのは、どういうことなのだろう。

彼女は、この歌は、「日本の占領時代」に「センデンブ(宣伝部)」がお国のために滅私奉公を説く目的でひろめた歌だが、そのころ日本に協力して働いていたスカルノがこの歌が大好きで、独立後も引きつづき歌い継がれているのだ、と説明してくれた。祖国

への挺身というこの歌のテーマは、国家建設という大きな課題と取り組んでいた新興国インドネシアにおいて、国民の愛国心を鼓舞するうえで好都合だったのかもしれない。そして、あの哀愁を帯びたメロディーは、ロマンチストでもあり、親日家でもあったスカルノの心の琴線に触れるところがあって、彼のお気に入りの歌になったのだろう。

第二次世界大戦中、日本がいまの東南アジアのほぼ全域にあたる「南方」各地を「占領」し「軍政」を敷いたということは、そのころ私の大学に非常勤できておられた早稲田大学の故増田与《あとう》先生の「インドネシア現代史」という講義で学んで漠然とは知っていた。開戦とともに南方各地に侵攻した日本軍は、東南アジアのほぼ全域を支配下におき、占領軍政をおこなった。インドネシアは一九四二年三月から終戦までのあいだ日本に支配され、戦争が終わった二日後の八月十七日に独立を宣言した。

しかし、占領軍はこんな歌までインドネシアの民衆に教えたのか――「占領」という言葉からは、軍隊が進駐して軍事基地として利用し、武力で威圧して資源調達に奔走したというようなイメージしか持っていなかった私には、日本がこんな「文化」的な活動までしていたとは、いささか意外な感じがした。そして、その歌を広めた「センデンブ」とやらにも、なんとなく興味をそそられた。

いまでこそ、日本企業の進出やバリ島ツアーなどで、ずいぶん身近になっているインドネシアという国も、一九六〇年代の日本人にとっては、遠い遠い国だった。インドネシアについて書かれた書物もほとんどなく、当時、日本の企業はこの国に着目してはいたものの、一般には、スカルノの第三夫人となった日本人女性デヴィさんについてのゴシップが女性週刊誌などをにぎわしていた程度であった。デヴィさんがスカルノ夫人になったいきさつも、じつは戦争や日本のインドネシア占領の歴史と無関係ではないのだが、そのときの私はそんなことも知らなかった。

ポカーンとして聞いている私に、エンダさんはさらにつづけた。

「いまのスハルト大統領はね、日本の占領時代に日本軍に訓練されたギユーグンの将校だったのよ」

ギユーグン？　いったい何なのだろう。さらに、エンダさん自身は日本の文部省奨学金できていた留学生だが、同じインドネシアからの留学生仲間で、日本で知り合って結婚した彼女のおつれあいは「バイショー留学生」だということだった。

一九五一年に締結されたサンフランシスコ講和条約のなかで、日本は戦争中に被害をあたえたアジア諸国に対して賠償金を支払うことを約束した。これにもとづいて一九五八年に、インドネシア共和国とのあいだにも賠償協定が締結された。その賠償金は、日本製品の購入や公共事業の建設プロジェクト、さらには日本への留学生派遣のために使われることが取り決められた。そのようなかたちで日本にやってきたのが「賠償留学生」で、一九五八年から九年間に三百七十八人が送られてきた。

エンダさんのおつれあいリリー・サタリさんもその一人だったのである。サタリさんは早稲田大学理工学部で博士号をとり、帰国後空軍に入り、その後ハビビ大統領が社長をつとめる国営航空機製造会社の副社長に就任した。まったく採算がとれず大赤字ではあるが、国威発揚のために貢献しているこの国策会社の是非は、つねにこの国の論争の的になっている。エンダさんのほうは、帰国後、インドネシアにおける日本語教育のパイオニアである国立パジャジャラン大学日本語学科で教鞭をとり、学科長をつとめたこともある。

デヴィ夫人も戦争と無関係ではないといったが、彼女はこの賠償協定に関係していたのだ。

そのころ、賠償資金で賄うプロジェクトの利権をめぐって、日本の企業が激しい受注競争を展開していた。そのうちのひとつ、東日貿易という小さな商社が、おぼえをめでたくしようとスカルノに紹介したのがデヴィ夫人だったのである。彼女はスカルノにひじょうに気に入られ、彼の求めに応じてインドネシアへ渡ることになった。当時は簡単には日本人が海外へ渡れなかったので、彼女は東日貿易のタイピストという身分で渡航した。そして、日陰の愛人生活をへて、数年後、正式に第三夫人の座を獲得したのだった。

このように、戦争中の日本とインドネシアの関係は、敗戦そしてインドネシアの独立をもって途切れたわけではなく、戦後から現代にいたるまでずっとつながっていたのである。そのことに、私の好奇心はますますそそりたてられた。

この間の事情について、エンダさんにさらに訊《き》いてみたのだが、彼女も戦後生まれで、あまりくわしいことは知らないということだった。その日はそれだけの会話に終わったのだが、私はこの日本の占領期のことが気になってならなかった。

遅れをとっていたインドネシア研究

日本がやったことなら、何かきっと記録が残っているだろう。そう思って私は、図書館に行き、当時出ていた昭和史の本をいくつか繰ってみたのだが、日本軍がインドネシアで何をやっていたかということにふれているものはほとんどなかった。大半は、日米戦争や日中戦争、それも劇的な戦闘記録物、あるいは戦時下の日本国内に関するもので、たまに「南方」や「南洋」に関する記述があっても、戦闘記録物がほとんどで、「センデンブ」や「ギユーグン」はどこにも登場してこなかった。占領地で日本が何をしたのか、占領地の住民がどういう運命をたどったのか、といったことについて教えてくれる書物は見つからなかった。

そのころ私は、東京大学の教養学部に在籍し、駒場キャンパスで国際関係論を専攻していた。いまでこそ国際○○という名称の学部や学科が、ひとつのファッションのようにあちこちの大学に設けられているが、当時としてはひじょうに目新しい学問だった。というより当時はまだ、国際関係論は確固とした学問としては成り立っておらず、既成の学問の枠におさまりきらない社会科学の研究が、この枠組みのなかで試みられていたのだった。そのひとつに、開発途上国を対象とした地域研究があった。そして当時、早稲田大学の増田与先生が私の大学に出向して、「インドネシア現代史」という講義をしておられたのだった。

増田先生は若き日に、スカルノ時代のインドネシアに留学されたという、当時としてはめずらしい経歴の持ち主である。バンドゥンのパジャジャラン大学で法学を勉強され、日本とインドネシア共和国の憲法比較で博士号を取得された。日本人留学生などスカルノ時代を通じて数えるほどしかいなかった時代に、どういうつてでインドネシアへ渡航することになったのかなど、個人的な話はまったくされなかった。そのためか、増田先生はどこか神秘的な雰囲気を漂わせていたが、インドネシアに対して強烈なノスタルジアを感じておられることは充分にうかがえた。しかし、なぜかそのころはもう、インドネシアへあまり足を向けておられなかった。

私のインドネシアに関する学問的関心は、増田先生の講義をうけるなかですでに芽生えてきていたのだが、エンダさんの話を聞いたときも、さっそく先生のもとにうかがい、疑問をぶつけてみた。

インドネシアの大学への留学経験のある先生はさすがに事情を熟知しておられ、一九五九年に発行された『インドネシアにおける日本軍政の研究』という古びた本を見せてくださった。それは、占領行政に直接関与した二人の日本人、西嶋重忠氏と岸幸一氏がまとめたひじょうに詳細な記録であった。この編纂に、じつは若き日の増田先生も関与していたのである。この本によって私は、「軍政」と呼ばれるインドネシアにおける占領行政のアウトラインを知ることができた。これが、私と軍政研究との出会いであった。二十歳の冬のことである。そのカビくさいにおいのする本を読み終わったとき、勉強部屋の外を粉雪が舞っていたことを、いまでもはっきり覚えている。その内容をかいつまんで説明すると、つぎのとおりである。

一九四一年十二月八日に「大東亜」戦争を開始した日本は、破竹の勢いで東南アジアの各地に侵攻し、当時オランダ領東インド(蘭印《らんいん》)と呼ばれていたインドネシアは、翌一九四二年三月九日に日本の手中に落ちた。オランダ軍を降伏させ、総督以下のオランダ人を抑留して植民地政府を崩壊させた日本は、この地に軍政監部と称する行政機構を設置して「軍政」を敷き、これ以後一九四五年八月十五日の敗戦までの三年五カ月間この地を統治した。何千万人もの人が社会的、経済的、文化的に、日本軍政からさまざまな影響をうけたのである。

インドネシアにおける日本軍政の研究は、日本では一九五九年にこの本が出版されただけで、あとにも先にも皆無という状況だった。そして、この唯一の研究さえ、アメリカのコーネル大学の教授の勧めで、ロックフェラー財団の助成を得ておこなわれ、単行本としてまとめられたものであった。それはひとつには、当時はこのテーマは日本人にとってはあまりにもなまなましくて、客観的な社会科学、あるいは人文科学の分析の対象としては認識しにくかったということがあったのであろう。

戦前、戦中に東南アジア——当時はまだ南方と呼ばれていた——に関する研究に従事したのは、東亜研究所、満鉄調査部、台湾総督府の調査研究機関など、国策レベルの研究機関に籍をおく人びとが中心であったが、彼らの大部分は戦争中、南方の各占領地に調査員として派遣され、占領行政の手助けをする運命に追い込まれた。そのことに対する負い目があったのであろうか、戦後彼らは、戦争中に得た体験や知識を生かして東南アジアの専門家になるという道を選ばず、方向転換する者が多かった。戦後のアメリカの東南アジア学が、第二次世界大戦中に軍の命令によってアジアに関与した人たちによって中心的に担《にな》われてきたのとは対照的である。

いずれにせよこのために戦後長いあいだ、日本の東南アジア研究は遅れをとってしまった。この世代の研究者にとって、みずからが手を貸した日本の南方占領の歴史を、客観的な研究対象として認識し、分析することに気がすすまなかったことは、充分に想像できる。また、自分が渦中にいたことについては客観的になれないと思っている人もいただろう。増田先生から渡された『インドネシアにおける日本軍政の研究』をさらに発展させるような研究が、その後長いあいだ出てこなかったのもうなずけることであった。

私が大学に在籍していたころの日本は、戦後の復興期から抜け出て、高度成長のまっただなかにあり、輸出中心の時代から、海外への投資の時代がはじまろうとしていた。その投資先はブラジル、台湾、香港とともに、東南アジアであったことはいうまでもない。一方、東南アジアの大国インドネシアでは、一九六五年九月三十日のクーデター未遂(九・三〇事件)につづく共産党(PKI)攻撃のなかで、スカルノが事実上失脚し、経済開発路線を掲げるスハルト政権が誕生し、外資導入を歓迎するムードに沸いていたときであった。双方のニーズが一致したところで、日本経済の積極的なインドネシア進出が、タイやフィリピンより数年遅れて開始されたのである。

しかし、充分な知識も準備もなく、ただ経済的利益のみを追求するやり方は、いたるところで摩擦を生じた。すでに日本人は「エコノミック・アニマル」というありがたくない呼び名をつけられていた。私自身がそうであったように、多くの日本人は東南アジアの歴史も文化も風俗も知らずに、ただ経済活動に必要な目先の知識や情報だけを頼りにその社会と接したのであるから、摩擦が生じたのは当然のことであったろう。準備をしようにも、当時の日本では(いまも、欧米・中国に関する知識にくらべ、東南アジアについてのそれはお寒いかぎりだが）、東南アジアについての情報が欠如していたのである。

そうとわかればわかるほど、私は、それらの国々のことをもっと知りたいと思うようになった。とくに、私たちの親の世代がこれらの国々を、たとえ一時的にせよ占領し、その土地の人びとの運命に深くかかわったという事実があるなら、その体験をまず正しく知り、そこから学ばなければならないのではないかと考えるようになった。当時、そのことを、ほんとうにこのように筋道を立てて認識していたかどうかは定かではないが、ともかくそのような漠然とした思いと、ただ未知のものを知りたいという強い欲求とが交差したところで、私のインドネシアとのかかわりははじまった。

文革のさなかの訪中

私がインドネシアとの出会いを体験していた一九六〇年代の末期、大学とその周辺は、未曽有《みぞう》の混乱のなかにあった。一連の学園闘争と、ヴェトナム反戦の市民運動の高まりである。東大で「闘争」がはじまったのは、一九六八年、私が二年生の冬、医学部学生によるストを契機としてであった。

じつはこの夏、私は初めての海外旅行を体験した。旅行といってものんびりしたものではなく、文化大革命まっただなかの中国への訪問で、一種の勉強会のような学生グループの一員としてだった。

当時は直行便などなかったから、日本から中国へ入るには、香港まで飛行機で行って、そのあと汽車で国境を越えて広州へ入るしかなかった。そのとき私たちが自前で払った費用は、香港までの日航の正規の航空運賃(そのころの日本には格安航空券などなかった)と、香港での宿泊代とに相当する計十五万円だけで、あとはほとんど、中国側が招待ということで負担してくれたのだ。

それでも当時の十五万円はいまでいえば六十万円程度に相当し、私は親からの借金でこの負担金を工面し、国際関係論を学ぶ一学生としての一応真剣な社会的関心から、日中友好協会が企画した百人以上からなるこの学生訪中団に参加を決めたのだった。まだ日本とは国交がなかった時代のことである。その年は年間を通じて日本からの訪問団はわれわれの学生グループただひとつだったという。政治感覚に乏しかった私は、世界を驚愕させていた文化大革命のまっただなかに訪中するということの政治的な意味を充分に理解していなかった。

そんななかでの三週間の訪問は、すべて中国側によってお膳立てされ、早朝から夜遅くまで、政治的なスケジュールがぎっしり詰まっていた。その当時、毛沢東はまったく「神聖にして侵すべからず」存在で、道行く人びとは胸に真っ赤な毛沢東バッジをつけ、赤い毛沢東語録を手にしていた。そして、行く先々での会合の始めと終わりには、あるいは演説の前後には、かならず全員で「毛主席万歳」を三唱した。私たちに準備された訪問先は、毛沢東の生家や井崗山《せいこうざん》など、彼にゆかりの土地ばかりであった。

北京、上海をはじめ全国各地をまわったが、どこへ行っても、お膳立てされた見学以外はホテルに缶詰めにされ、町をブラリと見て歩くなどということはかなわなかった。人びとのなまの姿を見たかったのに、靴の上から足を掻くようなはがゆさを感じた。訪中も終わり、ふたたび国境を越えて香港へ出るという日、これでは何をしにきたのかからないという不満がつのり、ついに早朝、広東のホテルをそっと出て、友人と二人で周囲を散歩することにした。ホテルの入口を出るときは、呼びとめられやしないかとヒヤリとしたが、誰何《すいか》もされず意外とすんなり通過できたので、これはしめたとばかり、カメラ片手にその辺をブラブラしたのだった。

ところが、カトリック教会を見つけて――そこは鍵がかかっていて、まるで廃墟のようになっていたのだが――、「キリストの代わりに毛沢東の像がおいてあるんじゃない？」などといいながら、外からのぞきこんで写真を撮ろうとした瞬間、数人の中国人にワッと体を押さえこまれてしまったのである。とっさのことで何のことやら理解できなかったが、さかんに激しい口調で私たちを罵っている。出発まえに速成で習った中国語で、「プー・チー・タオ（わかりません）」をくりかえしたが、どんどん引っ張っていかれた。中国は治安がものすごくよくて、忘れ物をしてもかならず出てくる国だと聞かされていたので、物取りに襲われたとは思わなかった。むしろもっと恐ろしいものを感じて、背筋が寒くなった。案の定、私たちが連れていかれた先は公安当局だった。

カーッとなっていたのでよく覚えてはいないが、そこへまもなく、われわれ訪中団の責任者と通訳の人が呼ばれてきて、彼らの同席のもとで「尋問」がはじまった。要するに勝手に町を歩きまわったためにスパイ容疑で捕まったようだった。スパイといわれてもじつは何もしていないのだから、と高をくっていたが、そのころ長らくスパイ容疑で拘留されている日本の新聞記者がいたことを思いだして、不安になってきた。しかも尋問のときに、「あなたはこれまでも毛沢東思想への賛意を示さず、態度が悪かった」といわれたのにはまいった。毛語録を振りながら「毛主席万歳」をみんなが唱えるときに、私は「フン」という感じでしらけていたのだが、こういったことが逐一監視され、報告されていたのだ。

幸い、同行していた日中友好協会系の旅行社の人のとりなしで、始末書を書いただけで釈放された。ただし、そのとき持っていたカメラのフィルムは当局に抜き取られた。もっとも、そのころの中国は、外国人は誰でも出国する際に使用済みのフィルムをすべて当局に引き渡すことが義務づけられていた。それらは中国側で現像され、さしさわりのあるところがあれば切り取ったあと、本国へ送り返してくれるのだった。税関でカバンのすみずみまで調べられるから、隠して持ち帰ることは絶対にできなかった。のちにもどってきた私のフィルムは、「事件」以前のコマも、いたるところカットされていた。

この事件のあとにもちろん、旅行社の人からお小言をちょうだいし、一行の仲間からは冷たい視線で迎えられた。この同じ団体が主催した団体旅行はその後も数年つづいたそうだが、何年後かの参加者の一人が、広州市のホテルから飛び降り自殺するという事件が起こった。それを聞いたとき、同じ広州でのあの日の仲間の視線を思いだしてゾッとした。

私にとって驚きだったのは、旅行中に私のように苛立ちを感じた人が意外に少なく、百何人かいた参加者のほとんどが、文化大革命を熱狂的に歓迎していたことだった。帰国とともにいろいろな新聞社からインタビューをうけたが、ほとんどの参加者は文革に肯定的な発言をしていた。私は、ある人民解放軍兵士が「親が危篤だと知らせてきたときにも、任務を遂行するために帰郷しませんでした」と誇らしげに話しており、また周囲もそれを優秀な陸軍兵士の典型として紹介したことを例にあげ、「死んでもラッパを離しませんでした」という話を思いだしたと語ったことを覚えている。

東大闘争に参加して

さて、激しいカルチャーショックと、文化大革命の緊張感や息苦しさに全身クタクタになってもどってきた日本では、東大闘争がさらに激化していた。医学部に端を発した闘争はあちこちの学部に飛び火し、全学ストライキで授業は中断し、学生は校舎に立てこもってバリケードを築いた。

この時期、学園内で起こっていた一連の出来事は、教師と学生の、そして学生同士の人間関係をズタズタに引き裂いた。大学の古い体質に対する抵抗がこの闘争の最大の動機であったから、その主体になったのは、研究者をめざす大学院生や、若手の助手たちであった。自分たちの指導教官ともろに対決した彼らのなかには、闘いに敗れたのち、研究者としての将来の展望を失うことになった人も多い。少なくとも、不遇をかこたなければならなかった。もちろん、闘争は私たち学部学生をも巻き込んで、東大キャンパスのすみずみにまで造反の嵐が吹き荒れた。

学生同士も三分された。「全共闘派」「民青派(日共系)」、そしていわゆる「ノンポリ学生」である。闘争の主役はもちろん全共闘派である。

全共闘というと、「革マル」や「中核」といった反日共系組織に属するメンバーで、ヘルメットに覆面、そしてゲバ棒という独特のスタイルを思いだす人が多いかもしれないが、東大全共闘の大多数は、いわゆる「ノンセクト・ラディカル」という、特定の政治組織には所属していない学生たちであった。こういう、いわば学生運動の素人たちが主力となって一斉に立ち上がったがゆえに、あれだけの大きなエネルギーを結集できたのである。その一方で、運動の主導権を奪われた民青派は、かといって大学当局の側につくこともできず、不毛な争いを全共闘派に対して挑んでいた。

ノンポリ学生というのは、当時世間の目からはいわゆる常識派と見られ、その後、社会へ出てからは「出世」街道をもっともまっすぐに歩いた人たちであるが、あの時期のあれだけの闘争のなかにあってノンポリでいることは、現実逃避以外の何ものでもないように思われた。社会性をおびた問題を真剣に考えるということよりも、酒やマージャンに、そして勉強にと、いわばわが道を歩みつづけた人たちといってもいいかもしれない。もちろんそのなかには、集会にも遠巻きに参加し、真剣に討論に耳をかたむける人、つねに自分はどうすべきか迷いつづけている人、あるいは政治的高揚を冷めた目で見ている学生もいた。しかしいずれにしても、最後には、長びくストによる授業日数不足で卒業が遅れるのではないかという不安にかられ、「もうこんなのいやだ、早く授業をやろーよ」という感じで、いわゆる大学「正常化」に向けて動きまわったのも、このノンポリ学生たちであった。そういう人たちは、先生たちと連絡をとりあって学外で授業をうけたりして、ちゃんと単位をもらっていた。

私の大学時代の後半の二年間はデモと集会に明け暮れた、といっても過言ではない。

私の人生のなかで東大闘争は、自分をどこに位置づけるかという選択を迫られた最初の体験であった。それまでの私は政治にはまったく無縁の生活をしており、民青も中核も革マルも、はるかかなたの存在であった。しかし、一九六八年の国際社会は、そして日本は、もうそういうことではすまされない状況を私たちにつきつけていた。フランスでもこの年の五月、パリの学生街カルチエ・ラタンを中心に運動が盛りあがっていた。アジアでは、アメリカのヴェトナム介入がエスカレートし、沖縄が北爆の出撃基地となっていた。アメリカでの反戦運動は徴兵拒否という明確なかたちにまで発展していた。中国では、一九六六年以来の文化大革命が荒れ狂っており、社会主義のあり方についてさまざまな問題が提起されていた。日本では、一九七〇年の「安保更新」をまえに、国民のあいだに反安保感情が高まり、また、いまだに米軍の占領下にあった沖縄の返還問題が渦巻いていた。社民党までが「安保の存続を考えてもいい」などといいだしている現在からは、想像もつかないような時期だったのである。

また巷では、ヴェトナム反戦運動が「ベ平連(ベトナムに平和を!市民連合)」を中心に市民のあいだで盛りあがっていた。当時の日本の若者は、このヴェトナム問題を避けて通ることはほとんど不可能であった。

まだ冷戦たけなわの六〇年代末から七〇年代初頭にかけて、アジアはアメリカのヴェトナム介入をめぐって緊張した。ひとつの国が共産化すれば隣の国もやがて倒れ、それが将棋のコマが倒れるようにつぎつぎに隣国へ伝播するというドミノ理論を信じたアメリカは、北ヴェトナムのイデオロギーを南にまで伝播させてはならぬと決心してこの国に介入した。そして、安保条約にもとづいて日本は、この戦争に間接的に加担した。北ヴェトナムを空爆する爆撃機は当時まだアメリカの支配下にあった沖縄の基地から飛び立ち、横田基地は傷病兵や休暇のためにやってくる米兵を毎日のように受け入れた。そして何より、日本の経済はヴェトナム戦争の特需でうるおった。

このような日本のアジア関与を通じて、日本の目はすこしずつ東南アジアにそそがれるようになっていた。

べ平連は、いまではまったく生活の一部となった、いわゆる市民運動の先駆的な存在であった。現在の市民運動は、環境問題とか消費者問題といった、生活により身近な問題が主で、なまなましい政治色のあるものは姿を消してしまったようであるが、当時の市民運動はもっと政治的であった。ただ、東大闘争にせよべ平連にせよ、その担い手は政治のプロであった人たちではなく、なんとなく心にモヤモヤしたものを感じていた一学生、一市民が気軽に参加できる運動という点で、新しい性格をもっていた。

一九六八年の、「熱い政治の夏」のなかに身をおいていた私は、日本を、そして、何よりも自分をとりまく日本の社会や政治に対して、無関心ではいられなくなってきていた。ノンポリ学生として全共闘の集会を遠巻きに見学しているうちに、なんとなくそのあとのデモにまでついていくようになり、さらにつぎの集会にもなんとなく顔を出すようになった。野次馬なのか参加者なのかわからないようなかたちで、しかし、なぜかいつも大きなデモの渦のなかに身をおくようになっていた。

沖縄返還闘争、一〇・二一国際反戦闘争など、キャンパスを越えて街頭へくりだす群れのなかに私もいた。「インターナショナル」の歌も「ワルシャワ労働歌」も、そして南ヴェトナム解放民族戦線の歌も、いつしか自然に口をついて出てくるようになった。しかし、機動隊はやっぱり怖かった。こちらへ向かって襲ってくるときには、真っ先に逃げた。「筋金入り」にはほど遠く、友人たちにくっついて歩くだけの私だったが、検挙された友人のためのカンパや、あるいはルポといって、デモのときに機動隊の動きを調べて通報するいわば「諜報員」の役割などを徐々に受け持つようになっていた。

こうして私のなかに政治性がようやく開花しようとしていた矢先、東大闘争は粉砕されてしまった。三年生の冬(一九六九年一月)、闘争は「安田講堂事件」でピークを迎え、この年、東大は入試を中止するという、前代未聞の事態を迎えた。この安田講堂事件で大学当局は機動隊を導入し、これ以降、学園「正常化」に向けて巻き返しをはかったのである。長い長い休暇にあきあきし、また留年の恐怖におびえはじめて授業再開を心から望んでいた多くの学生たちがこれを支援した。学問の自立を叫んでいたキャンパスのあちこちに機動隊が導入され、校舎に立てこもっていた学生は排除された。

遅れを取りもどすべくただちに授業が再開され、その年の残りの短い期間で集中的に授業をおこない、一年分の単位が出された。このような事態に対して、全共闘の仲間の多くはこれをボイコットし、みずから留年や卒業延期の道を選んだが、なかには大学に見切りをつけてさっさと卒業した者もいる。教授連も、うるさい学生は早く去ってくれといわんばかりに、いとも簡単に単位を出してくれた。私自身も、一九六九年四月の四年生の春から、殺伐とした校内でしらけた気分で授業に復帰し、増田先生の個人的指導をうけて卒業論文を書いた。「闘争」がはじまるまえにすでにかなりの単位をとっていたので、ブランクがあってもなんとか卒業のための単位は足りており、留年せずに出てしまうことにした。

しかし「東大闘争」は一挙に終わってしまったわけではなく、その余波はその後数年つづいた。安田講堂事件から一年たって卒業を迎えた私のときには、卒業式などやるような雰囲気ではなかった。学生は、三月末の指定された日にそれぞれ事務室へ行って、卒業証書を受け取ることになっていた。しかし私は、それすら取りにいった記憶がない。私の卒業証書はまだ東大駒場のどこかの倉庫に眠っているのかもしれない。

こうして大学はいつのまにか「正常化」され、全共闘に結集した学生たちも、一、二年遅れで最終的に卒業していった。

インドネシア研究にのめりこむ

私のインドネシアとのかかわりは、この時期のさまざまな個人的体験と表裏の関係にあった。日本とアジアのかかわりに関する、もろもろの政治的意識に無関心でいられなくなったのは、文化大革命やヴェトナム問題など、大学の内外でのさまざまな政治的動きを通じてであったし、また研究者としてやっていく困難さを実感させられ、にもかかわらずその道へとのめりこんでいったのも、この闘争の過程においてであった。

いま思いかえすと、私がインドネシアに惹《ひ》かれるようになったのは、日本の占領とその後のオランダの再支配のなかで、自由を求めて銃をとって立ちあがったインドネシアの青年たちの運命と、このころの体験を重ね合わせて考えていたせいもあると思う。「軍政」時代直後の嵐、独立の嵐、さらにはスカルノ体制崩壊時のどうしようもない混乱の歴史の流れのなかで、ある者は確信をもって、あるものは半ば偶然に参加したり巻き込まれたりして自分の人生を変えていった。そんな人たちのことが、思想の左右を問わず私にはよくわかるような気がしたのである。

私の最初のインドネシア研究とでもいうべき卒業論文は、こうした背景のなかで書かれた。

第二次大戦期の日本軍の東南アジア占領について知りたいという、まえまえからの願望にくわえ、さらに一九六八年夏に中国で見聞したことが心のどこか深いところで私を突きあげていた。あの旅行中、行く先々でかならずといってよいほど用意されていたのが、革命の成果を誇らしげに回想する話と並んで、日中戦争による犠牲者たちの証言を聴く会であった。日本軍によっていかにひどいめにあったかを涙ながらに語る老人たちの話は、二十歳になったばかりの私にはあまりにも強烈で、耳をふさぎたくなるものばかりだった。

そのころ、戦争中にインドネシアの人びとが体験した出来事を調べようにも、日本にはほとんど資料がないことは、すでに増田先生から聞いて承知していた。そのようななかで、「こんなものがありますよ」といって、卒業論文の資料にと増田先生が持ってきてくださったのは、なんとインドネシア語の文献であった。〈まさかこれを読めとおっしゃるのではないでしょうね〉という目で見上げた私を見つめる先生の視線には、うむをいわせない、何か強い強制力を感じさせるものがあった。

そして、ちょうどこれと前後して、当時、国際関係論の大学院に在籍のままインドネシアの古都ジョクジャカルタに留学していた先輩の土屋健治氏から、『バハサクというインドネシアの小学校の国語の教科書が送られてきた。なんの手紙もついていなかったが、その、はるかかなたのジャワ島から無造作に送りつけられた本のなかに、何か私を強く突きあげるものがあるのを感じた。

「ひょっとして、やはりインドネシア語をやらざるを得ないのだろうか」と覚悟をかためはじめたとき、友人の紹介で前田和子さんという女性に引き合わされた。

前田さんは、数年まえインドネシアの男性のもとに嫁いだのだがうまくいかず、夢破れて小さな娘さんを連れて帰国したということだった。そして、生計を立てるために当時、大東文化大学でインドネシア語を教えておられた。私は前田さんにインドネシア語のイロハを個人的に教えていただきたいと頼み込んだところ、快く引き受けてくださった。一間だけの小さなアパートに小学校にあがったばかりの娘さんと暮らす彼女の生活は、明治・大正期のジャーナリストにして翻訳家の黒岩涙香《るいこう》の孫娘だとは誰も気がつかないような質素なものだった。

前田先生を通じて私は、むさぼるようにインドネシアのにおいを嗅ごうとした。彼女はあまり多くを語ろうとはしなかったが、私は知らず知らずのあいだに、いろいろなことを学んでいた。彼女の心だけでなく体までをも蝕《むしば》んだという苦悩に満ちた生活の思い出ゆえに、彼女は、インドネシアを忘却のかなたに葬り去りたいと考えていたように思う。しかしその一方で、インドネシアは、夫のもとに残してこざるを得なかった息子の住む国でもあった。インドネシアへの愛憎がいりまじった複雑な思いのなかで、その国の言葉を教えることを生活の糧としなければならないという現実は過酷だった。のちに私がインドネシアへ留学することになったとき、彼女は、もはや会うことのできない息子にと、万年筆を私に託した。直接手渡すことなく、指定された知人宛てに届けただけだったが、そのときの彼女の気持ちを考えると、いまでも私の胸は熱くなる。

余談になるが、それから二十数年して、経済発展を遂げて見ちがえるようになったジャカルタで、私は彼女の一人息子スルヤ君と、私がインドネシア語を習っていたころにかたわらで恥ずかしそうに眺めていた睦世《むつよ》さんに、それぞれ別個に出会った。二人が兄妹だということも、また前田先生のお子さんだということもまったく知らずに！

睦世さんは自分がインドネシア人の血をうけていることを知らずに育ったが、十八歳のとき、母を探し求めて日本へやってきた兄の突然の出現で出自を知った。いろいろ葛藤があったのだろうが、最後には彼女は自分のなかの「インドネシア」を受け入れ、父の国へやってきて大学に籍をおき、もうひとつの祖国の言葉を学ぶことにした。私はそのときの彼女に出会ったのである。

さて話が飛んだが、このようにして私のインドネシア語の勉強がはじまった。前田先生に一年間師事したのち、東京外国語大学インドネシア語科の伊東定典教授のもとで、インドネシア語をさらに高める機会を得た。伊東先生は、よその大学の学生である私に、わざわざ週に一度個人教授をしてくださったのだ。同じ東京外語大でオランダ語を教えておられた渋沢元則先生からはオランダ語を学んだ。こうして私は、「まさか」「まさか」と思いながら、どんどんインドネシア研究の深みにはまっていったのだった。

私は、増田先生に手渡されたヌグロホ・ノトスサントというインドネシアの国軍史研究所の所長が書いた本を底本として、日本占領下のインドネシアで起こったある反日蜂起について卒論を書いた。スハルト前大統領が「ギユーグン」出身だということは先にふれたが、「ギユーグン」とは正式にはジャワ郷土防衛義勇軍といい、日本軍によって育成されたインドネシア人の軍隊のことである。私の卒論は、このジャワ防衛義勇軍の将兵たちが、やむにやまれぬ状況のなかで、自分たちの恩師である日本人将兵に向かって武器をとり、絶望的な闘いを挑んで力尽きた、という事件についての研究であった。私は、無意識のうちに彼らの運命に、学園闘争に参加した自分たち学生の姿をだぶらせていたのかもしれない。論文のなかで私は、この蜂起を「インドネシア独立運動の原点」として位置づけた。そのような解釈が正しいかどうかはわからない。しかし、私のインドネシア研究は最初、そのような政治的なものとしてはじまったのである。

粉砕の対象だった東大大学院へすすむ

一九七〇年に卒業と同時に、私は同じ東大の国際関係論の大学院へすすんだ。「闘争」を挑んで「解体」を叫んだその対象である東大に結局は身をゆだねざるを得なかったという挫折感、屈辱感、そして罪悪感はあったものの、勉強がしたかった。そしてまた、ほかに行くところがなかったのである。

東大闘争の数少ない「成果」として、われわれの学科の大学院入試制度が改革され、私は新制度での最初の受験生となった。闘争以前は、「内部選考」というのがあって、東大の当該学科の学生は、卒論審査だけでよかったのである。ところが、私の年からそれが廃止になり、他大学から受験する学生たちと同様に、第一次試験(語学二科目)、第二次試験(小論文)、そして面接というプロセスをへなければならなくなった。その結果、たいへんな異変が起こってしまった。第一次試験、つまり語学で東大生がバタバタと落ちてしまったのだ。私にとっても、英語のほかに独、仏、西、露、中国語からもう一カ国語を選んで受験するというのは、じつにきつかった。私にとっての実質的な第二外国語はインドネシア語だが、そんなものは受験科目として認めてもらえないのである。しかたなく、フランス語をもう一度やり直しての必死の受験だった。

そんなにまでして、しかも「解体せよ」と叫んだその対象の東大大学院になぜ入るのか？　「闘争」のひとつの目的は、旧弊な講座制に起因する国立大学の体質に対する批判であった。大学の教官というのは、教授何名、助教授何名、助手何名といったふうに定数の決まった講座に属し、そのヒエラルキーの頂点にいる教授は絶対的な権限をもっていた。上司が退官するか、他大学へ転出しなければ、部下の昇進はない。たとえば、すぐ上の教授との年齢差が五歳だとすれば、その助教授はいくら業績をあげても、教授が定年になってから自分が定年になるまでの五年間だけしか教授でいられないのである。

しかしそれすらも、教授に睨まれれば、他の人を外の大学から呼んできて「跡継ぎ」にするかもしれないので、かならずしも自動的な昇進が確約されているわけではない。若手の助手や助教授は、教授に逆らえば研究もしにくいし、学界での活躍の場もなくなる。ときには、部下にやらせた研究をもとにして教授が論文を書き、自分の業績にすることもある。また、こうした制度のもとで勉強する大学院生は、指導教授に逆らえば、奨学金や助成金もまわってこないし、就職もおぼつかない。そういったいろいろな弊害がとりざたされていた。そんなところへなぜ行くのだろう。自分自身でも釈然としないところが多かった。しかし、大学院ですこしまともに勉強したいという気持ちのほうが克《か》ち、大学闘争が終わるころには、もうそのような気持ちに決まっていた。

たしかに私のすすもうとしていた大学院の研究科では、「闘争」のひとつの成果として、一人の教授が大学院生の生殺与奪を握ることになりかねないこれまでの指導教官制を廃止するなど、一定程度の改革をおこなってはいた。しかし、それだけで古い学者の世界が一挙に変わるとは思えなかった。ただし、大学闘争後の三十年間で徒弟制度的な大学の封建的体質はずいぶん変わったように思う。講座制は徐々に廃止され、また教授が助教授や助手を自分の「部下」とみなすような雰囲気は少なくなってきた。大きな予算を組んで、共同で大規模な実験を継続しなければならない理科系はべつとして、助教授や助手までが教授の手足となって同じ研究の手伝いをするなどということは、少なくとも文科系の学部では見られなくなった。それが、一九六〇年代末の一連の大学闘争の直接の成果であったかどうかはわからないが、その一因となったことは間違いないだろう。

いずれにせよ、そのときの私はそんなことを見抜いていたわけではなく、大学院へすすもうと思ったのは、大学での後半の二年間は結局、ほとんど何も勉強しなかったので、このままで社会へ出るのはなんとなく物足りない感じがしたことと、この先何をやるのかを考える時間が欲しかったというのが、本音のところだったような気がする。つまり執行猶予期間として大学院を選んだという感じだった。しかし、心の底では、インドネシアで日本が何をしたのかを探究してみたいという衝動に近いものがあったこともたしかである。

当時、大学院へ行くということは、ことに文科系の場合は、ほぼ百パーセント研究者の道を歩むことを前提としていた。だから大学院入試の面接のとき、東南アジア研究で食べていくことはひじょうにむずかしいが、両親にはそれを支えるだけの財力があるか、と何度も試験官に尋ねられた。私の父はふつうのサラリーマンで、貧しくはないが金持ちでもなく、ごく平凡な家庭だった。両親は私が就職をせずに大学院へすすむことにはとくに反対はしなかったが、かといって、その娘をこれからも当分のあいだ経済的にサポートする覚悟もとくになかったような気がする。しかし、じつのところそのころの私は、そんな先のことはほとんど考えていなかった。生来の楽天性から、なんとかなると思っていたのである。入試のときの先生方の言葉の意味が身に染みて感じられるようになったのは、もうすこしあとになってからのことだった。

先ほどふれた早稲田大学の増田与先生や、インドネシア語やオランダ語の先生たちのほかに、私をインドネシアに向けて引っ張る力となった人びとが何人かいる。その一人は東大文学部東洋史学科の永積昭先生である。

永積先生は、その二、三年まえ、アメリカのコーネル大学で博士号をとって帰国し、東京外国語大学のアジア・アフリカ言語文化研究所にしばらく勤めたのち、ちょうど母校東大の助教授として迎えられたところ、私が大学院へ進んだのであった。日本における東南アジア研究は戦後長いあいだ不毛であったから、われわれの先生格の方はほんとうに数えるほどしかいない。永積先生は、そのようななかで、新しい時代の東南アジア研究のホープとして日本へ舞いもどられたのだった。宮内庁侍従の御子息ということで、インドネシア史などという、いささかばんカラな、しかも当時の史学界ではいわば亜流の研究に取り組む学者というイメージとはかなりかけはなれた人物で、物腰や立ち居振る舞いには、ちょっと近寄りがたいほど繊細なところがあった。しかも夫人（のちにやはり東大教授になられた洋子夫人）は終戦直後に獄死した哲学者三木清の一人娘で、日本史の研究者であった。

永積先生は、黎明期《れいめい》のインドネシア民族運動の歴史を、オランダの文書館にある文献を使って克明に研究され、コーネル大学で博士号をとられた。東大の大学院で同級だった洋子夫人は、そのころはおつれあいの勉学を応援するために、自分はどこにも就職せず、子育てをしながらコツコツとマイペースで研究をつづけておられるということだった。やはりどちらか一人がとなると、男性を立てるしかないのかなと、なんとなく納得がいかないような、しかし、これが日本の現実なんだなと、当時の私は意外とすんなりその現実を受け入れてしまったものだ。

洋子夫人の研究テーマは長崎における日蘭交易の歴史だったから、オランダで文献を探して研究するという点で、二人には接点があった。だから、永積先生の研究の場はインドネシアよりはオランダで、しかもそのスタイルは、インドネシアに何か強い思い入れがあってというタイプのものではなく、オランダ教育をうけたインドネシア知識人の世界を、感情を排して淡々と研究しておられた。研究者は研究対象に情緒的にのめり込んではいけないという教訓を、永積先生の態度から学んだような気がした。

先生の出られたコーネル大学は、東南アジア研究の世界のメッカといっても過言ではないところであるということは、私も知っていた。なにせそのころ使っていたインドネシア関係の辞書だとか研究書の大半は、発行所が「ニューヨーク州イサカ、コーネル大学出版会」と記されていて、それまで聞いたことがなかったイサカという小さな町が、いつのまにか私の憧れの地にさえなっていたからである(それから十数年後、私はこの小さなアメリカの町で男の子を出産したが、そのときこの子を勇佳《いさか》と名づけた。将来、ばかなコーネルかぶれの母親をもったものだと、この子は嘆くかもしれないが)。

さて、そのコーネル帰りの紳士、永積先生の東洋史のゼミが、私の大学院生活の中心になった。永積先生はそれから十数年たった一九八七年に、私が先生の母校コーネル大学で待望の博士号をとったころ、五十九歳の若さで亡くなった。研究の成果を報告することもできなかったのが残念でならない。

永積先生の死後、洋子夫人は東大教授になられた。もちろん、フィリピンのアキノ大統領のように夫の遺志を継いでなどということができるわけはなく、まったくの実力である。しかも、同じポストを継いだわけではない。それ以前も夫人は研究をつづけ、非常勤講師としてあちこちの大学で教鞭をとっておられ、その業績を認められてのことであった。しかし、ちょうど夫と入れ代わるかたちで教授職に就いたことから、夫の生前は夫を第一とし、その死後ようやく自分の道を思いきって歩もうとされたのだろうか、それまでは学者としてよりは女としての道を優先しておられたのだろうかと思い、感無量だった。

永積ゼミとはべつに、もうひとつ私の研究を支えてくれたのは、ちょうどそのころインドネシア留学を終えてもどり、私と同じ東大の大学院の博士課程に籍をおいていた先輩の土屋健治さんを中心に発足したインドネシア研究会である。毎週一回、東大駒場に集まって勉強会を開いていた。

この研究会には、東大はもちろんのこと、アジア経済研究所、早稲田、一橋、ＩＣＵなどから、インドネシア研究に取り組んでいる若い人たちが集《つど》っていた。この研究会の先輩や仲間たちから、私はインドネシアのことを学んだだけでなく、彼らにそなわった、研究者としてのガッツや粘り強さを学んだ。

こうして東南アジア研究は、長いあいだの不毛ののち、一九七〇年代に多くの若いインドネシア研究者が学界に仲間入りした。後藤乾一(現早大名誉教授)、加納啓良(現東大名誉教授)、大木昌(現明治学院大学名誉教授)、白石隆(現京大名誉教授ならびに政策研究大学院前学長)など、現在、日本のインドネシア研究を担う第一線の研究者の多くが、そのなかから育ってきたといっても過言ではない。しかし、その中心となった土屋健治さんはその後、京都大学教授となり、永積先生亡きあとのインドネシア研究を担って大活躍の最中の一九九五年に、五十二歳の若さで逝ってしまった。

土屋さんは、インドネシアをトータルに愛し、彼の書く文章の行間には、インドネシアへの熱い思い入れがつねにあふれていた。その点で、永積先生とはいささかタイプのちがう研究者だった。土屋さんには、面と向かってインドネシアの悪口などとてもいえないような雰囲気があった。その強烈な情念が彼の研究のいわば燃料になり、日本のインドネシア研究の水準を一挙に引き上げていったのだと思う。

気がついてみたら、研究者としての揺籃《ようらん》のころの私を導いてくれた師と先輩が、二人とも姿を消してしまっていた。

学生結婚、そしてインドネシアへ

大学院の一年目が修了したとき、私は二十四歳で結婚した。相手は、大学一年のときからの長い友人で、彼との出会いは、入学して最初の登校日だった。

新入生オリエンテーションで帰りがすこし遅くなったとき、たまたま同じ電車の沿線に住んでいた彼と帰宅が一緒になったのだった。それ以来、授業でノートを交換しあう仲になり、やがて示し合わせて同じ学科から同じ大学院へすすみ、同じく東南アジア研究に取り組むことになった。ただ彼はインドネシアではなく、ヴェトナムを研究の対象としていた。いつごろからか私は自然に、いつかはこの人と結婚するようになるのだろうと思っていた。

まだほんとうにヒヨコのような学生同士が結婚するのは経済的にもたいへんなことは

わかっていたが、長すぎた春になることを恐れる気持ちがあったのか、私たちはこの道を選んだ。当時学生結婚はまだ少なく、経済力もないのに生意気だ、という風潮が強かったが、幸い二人とも育英会の奨学金をもらうことができたので、それに家庭教師のアルバイト収入を足せば、なんとか親のすねをかじらずにやっていくことができた。そうはいっても、私の両親は当初、大反対であった。まだ一人前でない者が結婚なんてとんでもない、というのである。当時としてはあたりまえのことだったろう。それでも最後は、この娘にはもう何をいってもだめだと思ったのか、あきらめて認めてくれた。そんな結婚だったから、意地でも親のすねをかじることはできなかったのである。

当時、修士課程の学生のための育英会奨学金が一人あたり月額一万七千円、家庭教師の収入は週に一回二時間教えて月額三千円から四千円であった。大学新卒者の初任給が四万円ぐらいの時代だから、二人合わせればなんとか食べてはいかれたが、結婚生活というより、二人の若者の共同生活という感じだった。

結婚式のときの永積先生のスピーチがいまでも強く心に残っている。先生は、やはり在学中に結婚された自分の例をあげ、そのときに友人たちが「二人で一緒に研究生活をつづけて、もし洋子さんだけが博士課程にうかったらどうする、イッヒッヒ」と友人にひやかされたことを話されて、同じ研究者の卵どうしの結婚がいかに精神的にたいへんなものかを語られたのだ。そのときの私は、新しい生活がはじまる喜びですべてがバラ色だったから、〈そういうこともあるかもしれないが、でも私たちは……〉という自信のほうが勝っていて、先生の話を聞き流してしまった。

私たちは、むしろ同じ分野で一緒に研究生活をつづけることのメリットの面しか考えていなかった。二人の知識や知恵や情報を分かち合い、また不足を補い合い、他の人の二倍の成果を出すことだってできる、と思っていた。私たちの夢は、将来共著で本を書くこと、つまり彼が大陸部東南アジアを、私が島嶼《とうしょ》部東南アジアを担当して、新しい東南アジア研究の書を世に出すことだった。その先に控えている苦労よりも、希望のほうが限りなく大きい時代だった。

そのころから彼も私も、修士課程を終えたら、一度東南アジアへ行ってみることを真剣に考えるようになった。行くといっても旅行ではない。留学というようなかたちでの長期滞在である。いまでこそ大学院生を東南アジアへ派遣するための文部省の奨学金制度があるが、そのころそんなものはなかった。自費で行くにも、いまとちがってとてつもなくたいへんなことだった。

対ドル・レートは、サンフランシスコ体制以来長いあいだつづいていた一ドル＝三百六十円時代が、この年の十二月にスミソニアン合意でくずれて三百八円になったばかりだった。このようにドルとの交換レートがいまの三分の一ほどであったのにくわえ、一人あたり国民所得が八十数万円程度のころだったから、一九九〇年代以降の学生が留学する場合に海外でかかる費用の十数倍という感覚であった。ドル建ての航空運賃は、日本人にとってはたいへん高く、またいまのようにディスカウント・チケットも出まわっておらず、当時の東京―ジャカルタ間が往復約二十万円、大学新卒者の給料の五カ月分もしたのである。ちなみに、現在の東京―ジャカルタ間は、安いチケットを入手できれば往復八万円程度で、これは大学新卒者の一カ月の給料の半分以下である。

しかも、インドネシアという国は、はっきりした所属やスポンサーなしでそう簡単に長期滞在ビザを出してくれるところではない。それでも私は、インドネシアに留学する方法を模索しはじめた。

なんとか留学への手がかりをつかみたいと思い、目黒にある在日インドネシア大使館の教育文化部にもしばしば足を運んだ。そこに田村三郎さんという年配の方が勤めておられた。田村さんは戦前ジャワに住んでおり、戦争中はジャワのバニュマス州の州庁に通訳として勤務しておられた。私の研究計画を聞いてたいへん関心をもってくださり、いろいろ手を尽くしてインドネシア側での受け入れ制度を探してくださった。

何カ月か待ったある日、田村さんが電話で、「あったよ。インドネシアで奨学金をくれるところが」といってきた。すぐ飛んでいって事情を聞くと、それはシスワ・ロカンタラ財団という民間の小さな財団で、渡航費は自分持ち、しかも支給してくれる奨学金はわずか月額二五〇〇ルピア(約一九〇〇円)だが、宿舎と食事は提供してくれるということだった。ちゃんとしたスポンサーになってくれて、生活の基盤さえ保証してくれれば、私にはもう充分だ。さっそく応募手続きをとった。審査は主に書類でおこなわれ、大使館の教育文化部長ウマル・アリさんが財団の理事会にかわって面接を実施した。なんとか審査をパスし、こうして私の最初のインドネシア行きが決まった。

夫もヴェトナムへ行く方法を模索したが、戦火の荒れ狂うこの国への留学はもっとむずかしかった。というより不可能に近かった。そこで彼は、観光ビザで入り、許されるかぎり滞在して、ビザが切れたらインドネシアで私と合流し、ふたたび入国する、つまり二つの国のあいだを行ったり来たりするということにした。

その当時、東南アジアはいまとちがって日本からは遠い世界であり、しかも若い女性が長期滞在するようなところではなかったのだが、私たちの決定に対して両親は反対しなかった。もともと、主婦になって平凡な道を歩んでほしくないという信念で私を育ててきた両親は、むしろいつも私が冒険するのを激励するようなところさえあった。小さいころから勉強しなさいといわれたこともなければ、そんなことをやってはいけませんといって私の意欲をそいだこともない。そんな親だったから、このときも私の行く道にとやかくいわなかった。

2 インドネシアへ貧乏留学

戦渦のサイゴンへ

結婚した翌年、つまり一九七二年の春、修士論文を提出して博士課程にすすみ、それと同時に休学手続きをとって、憧れの東南アジアへ向けて旅立つことになった。

修士論文は、日本の降伏後独立を宣言したばかりのインドネシアが、終戦処理のためにやってきた連合軍(イギリス軍)を阻止しようとして挑んだ闘いについて書いた。ようやく自由の身になり「独立か死か」のスローガンのもとに血気さかんなインドネシア人、その独立を認めまいとする連合軍、そのあいだにたって複雑な反応を示す日本軍――混沌とした時期にこの三者がそれぞれに見せた動きを、東部ジャワの軍港スラバヤを例にとって書いたのだが、何か戦闘記録物のようになってしまった。まだ見たことのないインドネシアのことをいくら文献で追っていても臨場感がなく、白々しかった。

しかし、これからはようやく、東南アジアの地をこの目で見、この耳で確かめることができるのだ。夫はサイゴンへ、私はジャカルタへ向けての出発で、これ以後一九七五年四月の「ヴェトナム解放」(「サイゴン陥落」とも呼ばれる)の日までの三年間を、私たちは、ときには半別居結婚生活をしながら、ヴェトナムとインドネシアのあいだを行ったり来たりして暮らすようになるのである。

四月十七日に、私たちは、両親や友人たちの盛大な見送りをうけて羽田空港を飛び立ち、まずは一緒にタイの首都バンコクへ向かった。その四年まえの夏に文化大革命のさなかに行った中国旅行に次いで、二度目の「海外」であった。いまでこそ、大学生たちもほんとうに気軽に国際線のゲートをくぐるご時勢になったが、一九七二年当時「海外」へ行くということはたいへんなことであった。

とくに東南アジアについては情報量自体がかなり少なかったから、友人たちは「虎が出るんじゃねぇの?」「チフスやコレラ菌がウヨウヨしてんだろう?」「トイレットペーパーもないそうだよ」「フィルムは一年分ぐらい持っていったほうがいいよ」などと、無責任に不安をあおるようなことばかりいった。

それをすっかり信じたわけではないものの、薬から日用品まで、あれもこれも持っていこうということになり、荷物もたいそうなものになってしまった。そんなわけで、当時海外へ行くというのはたいへんなことなのであり、いざ出発の日には、まるでこれで今生の別れかと思うほどに、たくさんの友人が見送りにきてくれた。

私たちは、まずそろってヴェトナムに入り、そのあと私だけが単身でジャカルタ入りをすることにしていたのだが、最初にまずバンコクへ飛んだのは、単純に飛行ルートのためである。このとき、日本からサイゴンへの直行便は少なくて、香港経由かバンコク経由で入るしかなかったのだ。ただ、いついつまでにどこに到着しなくてはならないという旅ではなかったから、とりあえずしばらくバンコクで平和な東南アジアの空気を吸ってからサイゴン入りをしようということになった。バンコクはいまのように交通渋滞もないのどかな町だったが、四月は暑季のまっさかりで、猛暑に悩まされた。

ＮＨＫの国際局からタイに留学にきていた男性が、勉学を終えて数日後にちょうど帰国することになっていて、その途中サイゴンに寄るというので、彼に同行してヴェトナム入りすることにした。サイゴンに着いてからは、彼のおかげでＮＨＫの支局にしばしば出入りするようになり、ヴェトナム戦争報道の最前線で取材する報道カメラマンの緊張した様子を目のあたりにすることになった。そのときサイゴン支局長だった長野克亨《かつすけ》記者は、その後ジャカルタ支局へ転勤になって、そちらでもまた顔を合わせることになった。

日本で一年間懸命にアルバイトをし、生活費を切りつめてようやく貯めた数十万円が私たち二人の軍資金であった。いつまで持ちこたえられるかはわからないが、ともかく行けるだけ行ってみよう、というのが若い二人の考えだった。これといった具体的なスケジュールも、また留学先の大学もあるわけではない。ただ若さと冒険心、そして「何でも見てやろう」式の好奇心だけで出発したようなものだった。

ヴェトナムはそのころの日本の若者にとって、心理的には他の東南アジアの国よりも身近な国であった。ヴェトナム戦争を通じて、この国の出来事はしばしば日本でも報道されていたし、反戦運動をめぐって人びとの関心も高かった。「坊や大きくならないで」「ジョニーは戦場へ行った」などの流行歌やチン・コン・ソンの反戦歌などを通じてもヴェトナムは私たち日本の若者の心のなかに入り込んでいた。それでも、初めて現実に足を踏み入れてみると、そこには日本では想像できないような世界があった。

私たちが初めて行ったころのヴェトナムは、一九六八年のテト攻勢以後、米軍の撤退、すなわち戦争の「ヴェトナム化」がすこしずつすすんでいるときであった。米兵の数はひところにくらべると減ってはいたが、それでもサイゴン市内のいたるところにその姿が目についた。さらに、米兵のみならず、タイ、オーストラリア、韓国からきた兵隊たちも見受けられた。他の東南アジア諸国とちがって、報道関係者以外の在留邦人の数は少なく、一方、韓国人の数が多かったので、われわれはしばしば通りすがりに、ヴェトナム人から「ダイハーン(大韓)」と冷たい視線で声をかけられたものである。

私たちが降りたったタンソンニュット空港は半分が軍用飛行場になっていて、きびしい警戒下におかれていた。いたるところで銃を構えた兵士が警備にあたっており、乗降客以外の人物が送迎のために空港に立ち入るのもかなり制限されていた。空港から町までは二十分程度の道のりだったが、この短い距離の間にも、鉄条網をはりめぐらした軍用施設をいくつも通りすぎた。そのとき初めて、「ああ、戦場の国へきたんだ」という緊張感が背筋を走った。

しかし、サイゴンの町はいたって平穏で、人びとはごくふつうの生活を営んでいた。戦やたら人が多く、路地という路地に人家が密集し、路上に人びとがたむろしていた。戦火に村を追われた難民たちが町にどっとあふれ、平時の何倍もの人口にふくれあがっているのだ。

町に近づくにつれ、街路には人だけではなく、さまざまな乗り物があふれてきた。ふつうのバスや乗用車、そして軍用トラックにまじって、ミゼットのような小型三輪自動車、オートバイ、シクロ(自転車のまえに二輪の座席をつけて客を乗せ、後ろから運転手が自転車をこいで運ぶ乗り物)などが雑然と道を埋め、それぞれ回転数の高いエンジンの音をたてて三重奏、四重奏をかなでている。

そのなかをムッとするような、魚の腐ったようなにおいが漂っていて、町じゅうどこへ行ってもこれが消えることはない。どこかで嗅いだにおいだな、と思ったら、私が中学校時代をすごした函館の町の、北洋漁業の倉庫が立ち並ぶ裏道にしみこんでいた、あのにおいだった。捨て去られたイカや魚の内臓が腐ったり発酵したりして放つ、あの北洋漁業の基地のにおいである。これが、ヴェトナム料理に欠かせないニョック・マム(魚醤《ぎょしょう》)のにおいだった。日本でいえばしょっつるに似ていて、なんともいえぬ悪臭だが、どことなく日本人にはなじめるにおいである。

さて、到着の夜は、とりあえず小さな旅館を見つけて投宿した。夜、あたりが静かになると、郊外に照明弾が打ち上げられ夜空を照らすのが見えた。遠くでかすかに砲声が聞こえる。夜中の十二時からは外出禁止になる。路上のいたるところに立っている兵士が、早く帰るようにと急《せ》かせる。このころでも、南ヴェトナム解放民族戦線の闘士たちがかなりの数、市中にまぎれ込んでいるということだった。これはあとでわかったことだが、NHKの支局に長年勤めて、日本人記者たちの信頼を集めていた長老のローカルスタッフの一人も解放民族戦線の要員であったという。こういう「隠れヴェトコン」たちの手によってしばしば爆弾テロがおこなわれ、日本の新聞をもにぎわしていた。「戦場の国」へきたという意識が不安と好奇心がないまぜになった緊張感を引きだす。平和なバンコクから飛行機でわずか一時間のこの地は、まったくの別世界であった。

貧乏学生の身分では、旅館に何日も泊まりつづけることはとうていできない。そこで翌日、日本にいるあるヴェトナム人留学生から紹介された彼らの家族を訪ね、小さな下宿を斡旋してもらった。表通りに面していたので、回転数の高い三輪自動車やオートバイの音と排気ガスにまみれ、そのうえひどく風通しが悪い、うだるように暑い部屋だったが、ともかくもここに腰を落ちつけた。隣の部屋には、米兵のお妾さんが住んでいて、夕方から夜にかけては、けたたましい笑い声がよく聞こえてきた。

ジャカルタに降り立つ

さて、私はほんのしばらくサイゴンに滞在して、夫の生活が落ちつくのを見届けたあと、ただちにジャカルタへ向かう予定であったが、あともうすこし、さらにもう一日と、なんとなく延ばし延ばしになってしまった。

見るもの聞くものすべてが目新しく、あちこち歩きまわっているあいだに日にちがたってしまった、といえば聞こえがいいが、ほんとうのところは、夫と別れて、一人で知らない国へ旅立つのがなんとなく不安だったからなのだ。バンコク、サイゴンと、ここまでは二人一緒だったからなんとか冒険もできた。不安より好奇心が先立った。お金がなくて、道端の屋台で食事をしても、蚊がブンブンうなる部屋で寝ていても、苦痛には感じなかった。その体験を分かちあう人がいたからだ。こうして、いつのまにか二週間近くがすぎてしまった。

いよいよ明日はジャカルタへたつという日、私はまるで死刑執行を待つ受刑者のようにすっかりうちひしがれて、〈ああ、なんでインドネシアへ行くなんていうことを考えたんだろう〉と、つくづく後悔したものである。そのとき、夫とどんな言葉を交わしたのか、また少ない持ち合わせを二人でどのように分けたのかよく覚えていない。軍用を兼ねた飛行場のうす暗いターミナルだけが、いまでも私の目に焼きついている。

鉛のようなものが胸にドッシリつっかかっているような重苦しさをかかえてタンソンニュット空港を飛び立ったとき、それまで張りつめていたものがドッとあふれて、私はエア・ヴェトナム機のなかでワンワン泣いた。食いしん坊の私が機内食にも手をつけず、気がついたらもうシンガポール空港に着いていた。ここで私は、インドネシアのガルーダ航空に乗り継ぐのだ。アオザイ姿のエア・ヴェトナムのスチュワーデスたちを乗せて、ふたたびサイゴンに向けもどっていく飛行機に飛び乗りたい衝動に駆られながら、私は乗り換えのジャカルタ行きガルーダ航空の飛行機に搭乗した。儒教文化とお箸の食生活に別れを告げて、マレー文化圏、ムスリムの世界へと入っていくのだ。乗り込んだとたん、なんだか機内のにおいまですっかりちがうような気がした。サイゴン—シンガポール間のエア・ヴェトナム機では一人も見かけなかった日本人乗客の姿も見うけられた。

シンガポールからジャカルタへは一時間あまりで到着する。飛び立ってジュースを一杯飲んだら、もう下降に入るという感じだ。その当時は、ジャカルタ市の真ん中にある小さなクマヨラン空港が国際線国内線共用の唯一の空港であった。ちなみに、私がつぎにこの国にきたときには、国際線だけハリム軍用空港に移っていた。そして、さらに三度目の滞在のため一九九一年にこの国を訪れたときには、三十キロ離れた郊外に大きなスカルノ＝ハッタ国際空港ができていた。

　クマヨラン空港は、いま世界の多くの飛行場がそうであるようにゲートの間際に飛行機が横づけになるのではなく、タラップを降りて、まずジャカルタの大地に直接足をおろす。小さな空港だからバスもなく、目と鼻の先のターミナルまで歩いていく。ターミナルといっても平屋づくりの小さなもので、空港というよりは田舎の停車場という感じであった。

　荷物が到着するとポーターたちがドッとやってきて、ひとつしかない私の荷物に十人ぐらいのポーターがいっせいに殺到する。

「ティダ・ウサ(必要ないわよ)」

と、とっさに私の口からインドネシア語が飛びだした。バンコクやサイゴンでは口にする機会のなかった言葉である。タイやヴェトナムでは言葉が通じないためになんとなくイライラしていたのが、この飛行場でのやりとりですっかり吹きとんでしまった。〈ああ、インドネシアへきたのだ〉という感慨が、それまでのセンチメンタルな思いを押しのけてジワジワと生じてきた。

　さあ、いよいよ通関である。これがたいへんなんだと脅かされてやってきたのだが、私はべつに禁制品も贅沢品ももっていないから大丈夫と高をくくっていた。ところが、

荷物をひととおり調べた担当官は、安カメラとテープレコーダーを指さして、

「これを持ち込むには税金がいる」

といった。

「ウントゥック・サヤ・スンディリ(自分自身の持ち物ですよ)」

とねばっても、なかなかウンといわない。私のほうも、インドネシア語の勉強だと思ってねばりつづけ、押し問答をくりかえしたあげく、結局パスポートに、そのカメラとテープレコーダーの機種や製造ナンバーを書きこんで、「(この国で販売することなく)帰国時にかならず持ち帰ること」という一筆を担当官が書き添えることで、やっと一件落着した。難なく通関できるように、あらかじめパスポートのあいだに五十ドル紙幣をはさんでおいて渡すのがジャカルタの空港での通関の常識だと教えてくれた人もいたが、私は、この最初のいざこざ以来今日にいたるまで、一度もお金をつつんだことはない。

汗びっしょりになって通関を終えて外に出ると、もうあたりは真っ暗になっていた。さて、これからどうしたらいいんだろうと考えていると、後ろからポンと背中をたたいて、

「アイコか?」

と尋ねる人がいた。ふりむくと、背の高い、口ひげをはやした彫りの深い顔立ちの男の人が立っていた。

私がこれまで東京で親しんでいた何人かの留学生とはいくぶんちがった顔つきをしていたが、ともかくもインドネシア人だと思われた。彼は、ジョセフと名乗った。私のスポンサーであるシスワ・ロカンタラ財団の学生寮の管理人だという。サイゴンから打った国際電報(ファックスもインターネットもない時代である!)がどうやら届いていたようだった。ジョセフというクリスチャン・ネームがついているところをみると、彼はアンボンか、メナドかフローレスか、いずれにせよカトリック教徒の多い地域の出身なのだろう。ともかく、私が以前出した手紙やら書類やらのファイルを持っていることから見ても、財団の人に間違いはなさそうだった。出迎えてくれる人がいたのはうれしかった。これからタクシーを探して、値段の交渉からはじめなければならないのかと思っていた矢先だから、ほんとうに全身の力が抜けるほどホッとした。

クマヨラン空港を出ると、ジャカルタの町にはもう夜の帳《とばり》がおりていた。ジョセフの運転するワゴン車に腰をおろして学生寮へ向かった。寮までの道中、初めてのジャカルタの町を目を皿のようにして見た。町の中心部を通り抜けたのだが、驚くほど暗かった。それでもこれまで歴史書で名前にはなじみのあった、独立記念広場(ムルデカ広場)、独立記念塔、ガンビル駅、あるいはタムリン通りなど通りの名前や地名の標識を読みとっては、「ああ、ここが!」と、ひとつひとつ感激にひたった。

そのころの車はエアコンなどないから、窓を開けて生暖かい南国の風を頬にうけながらすすんでいった。町の闇夜には、丁子《ちょうじ》タバコのにおいが漂っていた。道路わきには、アセチレンガスのランプをともして商品を広げている露店があって、市民がたむろしていた。ネオン輝く東京の町にはほど遠いが、サイゴンよりは落ちつきがあってのどかで、それでいて、人いきれのとぎれることのない活気のある町だと思った。人びとが身にまとっているサロンやペチと呼ばれるイスラム帽は、これまで書物のなかの写真で見てきたそのままに、エキゾチックなにおいを今度は現実に私に感じさせたのだった。〈ああ、ついに来たんだ〉という感激が体じゅうを走った。ついさっきまでインドネシアにやって来たことをあれほど後悔していたのがうそのようであった。

留学生としての第一歩

ジョセフの車で案内されて着いたのはシスワ・ロカンタラ財団の学生寮であった。寮といっても外観はごくふつうの二階建て住宅で、一階が台所と食堂と管理人室、二階にはいくつかの個室が並んでいた。

「アイコの部屋は二階だよ」

とジョセフがいうので、スーツケースを持って階段を上ろうとしたら、三十歳ぐらいの痩せた小柄な男の人がサッとやってきて私の手を払い、自分でさっさとその重いスーツケースを運んでくれた。六畳ぐらいの小ぎれいな部屋に案内され、ここで旅装を解き、その夜はともかく何もわからないままにぐっすり眠った。

翌朝早くジョセフがノックし、

「カントールへ行くから早く準備しろ」

といった。

カントールというのはオフィスという意味のオランダ語で、いまでもインドネシア語として幅広い意味に使われている。どこのカントールへ行くのかわからなかったが、ともかく階下の食堂へ下りて用意されていた朝食を急いで平らげ、パスポートや何やら重要書類を持ってジョセフのあとについていった。外には、昨日私を空港で迎えてくれたワゴン車が止まっていて、それに乗り込むと、車は出発した。

途中その近辺の何軒かの家に立ち寄ると、その都度、何人かの人たちが乗り込んだ。そのたびにジョセフは私のことを、

「これがうちの新しい学生、アイコです。ゆうべ到着しました」

と紹介した。説明によるとどうやら、その人たちはシスワ・ロカンタラ財団およびその関連財団の職員の人たちで、いつもこの車でカントールへ出勤することになっているようだった。ジャカルタは交通事情が悪いので、このように職場の車が職員の送り迎えをしているところが多い、ということをあとで知った。車のなかで財団の職員の人たち

――ほとんどが中年の女性たちであった――から質問攻めにあい、四苦八苦しているうちに車はカントールへ着いた。ビルの立ち並ぶオフィス街を連想していたのだが、着いたところは、朝出てきた学生寮とあまり変わらない白壁の住宅がつづく地区だった。

クボン・シリ通りにあるシスワ・ロカンタラ財団のカントールも、外から見たらまったく個人住宅と思われるような建物だったが、なかへ入っていくと、どの部屋にも机や椅子やロッカーやタイプライターが所狭しとおかれていた。ジョセフは、私を、シスワ・ロカンタラ財団のスマントリ理事と、さらにその親財団にあたるダナ・バントゥアン財団の主だった人びとのところへ挨拶に連れていった。スマントリさんは、六十歳ぐらいの穏やかな老紳士で、「お父さん」と呼びたくなるような感じの人だった。名刺にはS《エス》・H《ハー》という称号がついている。S・Hというのは、法学士という意味であるが、この年齢で法学士の称号をもっているということは、戦前にオランダの大学に留学したか、あるいはバタヴィア(現在のジャカルタ)にあった法科大学を卒業しているかのいずれかだと考えられた。

いずれにしても、たいへんなエリートである。スマントリさんは、

「私はね、日本の占領時代にナイムブにいたんだよ。ナイムブのヨントーギョーセイカンだった」

と語りはじめた。

軍政監部内務部の四等行政官ということらしい。

「そのとき一緒だったのはオーシマさん。いい人だった……」

と彼の話はつづいた。

ずっとあとになってから、オーシマさんというのは一九七一年から八七年まで大阪市長をつとめた大島靖氏のことだとわかった。私が何度目かにインドネシアへ行ったおりに、スマントリさんからお土産をことづかって届けたためである。

親財団のダナ・バントゥアン財団の理事の一人に、アンワル・チョクロアミノトという人がいた。これもあとになってわかったことだが、この人は黎明期のインドネシア民族運動の大指導者ホス・チョクロアミノトの子息で、スカルノの最初の妻ウタリの兄でもあった。アンワル氏は日本の占領時代には「アシア・ラヤ」という、軍の統制下で発行された新聞の記者をしていたということだった。ダナ・バントゥアン財団は、社会省の認可を得て宝くじを発売し、それで得た資金でさまざまな社会福祉活動をおこなっている財団で、奨学金供与もその一環であった。

「ヨントーギョーセイカン」だったスマントリ氏の役所(内務部社会福祉課)は、独立のときに社会省という新しい役所になり、彼はそれ以来ずっとここの高級官僚として活躍してきた。そのときの人脈でこのような社会福祉関係の財団をつくったのだが、こういう財団は人脈を頼りに運営しているから、時の政府や関係官庁のおえらいさんとの関係が良好なときはよいが、そうでなくなると、とたんにやりにくくなるのである。もともとそれほど大規模な財団ではなかったこの財団も、私が行ったころは理事たちの政治力も衰えてきており、さらに社会省との人脈も途切れたりして宝くじの発売権を失い、財政的に傾きはじめているときだった。だから、「外国人学生への奨学金支給も、もうアイコが最後だ」といわれた。貧しい国の、こんな貧しい財団からお金をしぼりとって、私の初めての留学は実現したのだった。

財団への挨拶をすませると、つぎは、移民局や内務省、あるいは警察などへ行って滞在手続きをしなければならなかった。さらに、学術調査をするための手続きや、別便で日本から送られてくる荷物の通関手続きなどもしなければならない。ふたたびジョセフに連れられて出かけた。どの役所へ行っても手続きがすんなり終わったことはなかった。長いあいだ待たされたあげくに、「この部分が不備だから記入しなおせ」だとか「こんな書類が足りない」などといわれてつき返された。移民局では指紋押捺までさせられた。コールタールのようにベトベトした黒インクに指を入れたときのあの感触の悪さはいまでも忘れられない。

役人の態度はほんとうに横柄だった。反対に、窓口に並ぶ人びとはみんな必要以上に低姿勢でペコペコしていた。外国人登録関係のところには中国人が多くいた。インドネシアは、一九六〇年に中華人民共和国とのあいだで二重国籍を廃止する条約を締結し、その際、インドネシア籍をとる者と中華人民共和国籍をとる者とに分かれた。後者は、たとえ親の代から生活していようとも「外国人」であるから、滞在延長の手続きをしなければならない。しかも、この国には外国人税というものがあって、彼らはそれも払いつづけなければならない。そんな不便を感じて、インドネシア国籍の取得を希望するようになる者は多いが、その手続きは煩雑なうえに、莫大な費用がかかるということだった。

滞在しているうちにわかってきたことだが、この国では、そもそも「手続きの費用」というものがはっきり明示されていないのである。同じ手続きに行っても、人によってかかった費用にずいぶん差があるのだ。法解釈のちがいによるものなのか、担当者の気分によるのか、どうもよくわからない。拒否されるか許可されるかの基準もまた一定ではないから、官公庁へ手続きに行く人はつねに、なかば運を天にまかせるしかなかった。

この日は、ジョセフが私に代わってすべてをやってくれ、私はいわれたところにサインをするだけだったが、それだけにいっそう何がどうなっているのか皆目見当もつかなかった。ジョセフはひっきりなしに、「ストゥンガ・マティ」「ストゥンガ・マティ」とはき出すようにいっていた。「半分死ぬ」という意味のインドネシア語だが、「ああ、もうくたくただ」という意味にも使われる。とうていその日一日で事は片づかず、時間切れになってつぎの日も、そしてそのつぎの日も同じように手続きにまわらなければならなかった。すでに一年間の長期ビザをとってきているのに、あらためて滞在許可をとる必要があり、さらに警察にも登録に行き、登録済の証明書を発行してもらわなければならない。結局、一週間ぐらい毎日通いつめただろうか。

別送便の通関手続きもたいへんだった。中身はほとんど辞書や書籍なので、なんの問題もなかろうと思っていたのだが、その日本語の本を一冊一冊検閲するというのである。九・三〇クーデター未遂事件(一九六五年九月三十日に発生)で共産党が非合法化されて七年目になるというのに、当局はまだ各地に共産党の残党が残っているのではないかという危惧を抱いていたのか、共産主義に対してはいまだ敏感であった。そのため、私が持ち込んだ日本の書物のなかに、共産主義にかかわるものがないかどうかを検閲するというわけだった。

ガスも水道もない学生寮

到着直後の、さまざまな手続きや挨拶を終えて、ようやく通常の生活がスタートしたのは、十日ぐらいたってからであろうか。そのころまでには、学生寮の同居者の顔ぶれや生活様式なども、しだいにわかるようになってきた。

私の一年間の住居となった学生寮は、ジャカルタ市南部の高級住宅街クバヨラン・バル地区のなかにあり、周辺はほとんどすべて一般の住宅であった。ブラビジャヤ大通りにあったこの寮も、当初はふつうの住居であったらしい。この辺の住宅はすべて間口が二十メートルほどもある大邸宅ばかりで、広い前庭や中庭がついている。

学生寮の管理人のジョセフはシスワ・ロカンタラ財団の職員で、他の職員の送迎用の車の運転手を兼ねているということだった。そのかわり、住居費も食費もいらないうえに、公用車も夕方からは手もとにおいて自由に使えるというわけである。彼は、ジャワ島のはるか東方にあるフローレス島出身のカトリック教徒であった。

妻のトゥリスは中部ジャワのスマラン出身の小柄な中国系インドネシア人で、いつも亭主や二人の幼い子供たちをヒステリックに怒鳴りつけていた。彼女は、

「私の育った家はね、商売をしていて使用人もたくさん使っていたのよ。おじいさんの代でインドネシアへきたんだけど、父はオランダ式の学校へ行っていたから中国語よりオランダ語のほうができるの」

などと自分の実家が裕福だったこと、オランダ式教育をうけて上流階級に属していたことをよく自慢げに話した。それにくらべて夫のジョセフのことは、

「薄給でうだつがあがらず、しかも何も副業をしていないから、いつも家計は火の車だ」

と、いつもくどくどこぼしていた。

この国では、戦前オランダの支配下にあったころ、ごく一握りの、オランダ人のもとで働くエリートだけが特権としてオランダ式教育をうけることができた。中国人は、もう数百年もまえから住んでいた人もいるが、多くは、オランダの植民地時代に鉱山労働者や商人としてやってきた者たちだった。彼らは、オランダ人と「原住民」とのあいだにたって、植民地支配の手助けをし、あるいは流通機構を握って経済を支配していた。そして、多くの者が支配者の宗教であるキリスト教に入信した。だから、中国人は一般にインドネシアの人びとからは嫌われていて、独立後にインドネシア国籍をとった者にも、都市部以外に居住してはならないなど、法的に制限が課せられていた。とくにこの当時は、共産党との関係を疑われて、中国系住民は警戒され、中国語の学校は閉鎖され、中国語の使用も禁止された。それでも彼らは相変わらず経済的には底力をもっていたのである。

トゥリスの実家で何か行事があってもジョセフは行かずに、彼女が二人の子供だけを連れて出かけた。彼女の実家の人たちが遊びにきているのは見たことがなかった。家族の反対を押しきってプリブミ(中国系インドネシア人に対して、純粋なインドネシア人を指す言葉)との結婚に踏みきったからなのであろうか。一方、ジョセフの出身地フローレス島からは、あるとき年老いた父親と、言葉数の少ない妹が上京してきて泊まっていったことがあった。トゥリスは、

「こんな赤いお米を持ってきたのよ。食べられやしないわよねえ」と、義父がはるばるフローレスから持ってきたお米を私に見せて、嫌みをいった。義父も妹も、この都会育ちの活発な嫁のまえでは手も足も出ないようで、すっかり萎縮していた。

異なる種族間の結婚はいろいろな文化的摩擦を生じるようだ。とくに一方が華人(中国系住民)の場合にはそれが強い。華人とプリブミ(多くはイスラム教徒)との結婚は、宗教的な問題もあってひじょうに限られているのだが、ジョセフとトゥリスの場合は、ともにカトリック教徒だからそのような問題もなかったのだろう。二人を結びつける共通の関心事や絆がよほど強いときにはいいが、そうでないときには、結婚生活はむずかしい。

トゥリスの世代になると、もうほとんどが中国語はできず、インドネシア語が母語になっている。生活スタイルもプリブミのそれとほとんど変わりない。それでもどこかしら、フローレス人の義妹よりも、同じ肌の色の日本人の私に文化的近似性を感じていたのか、トゥリスは事あるごとに「だからインドネシアはねぇ……」と、他人事のように私に話しかけてきた。ともかく、そういう家庭内のギスギスしたところが不愉快で、私はいちばん身近なジョセフ一家に、最後まで家庭のにおいを感じとることができなかった。

ジョセフ夫妻の管理のもとに、寮には何人かの使用人が働いていた。インドネシアでは中産階級以上の家庭にはたいてい二、三人のお手伝いさんがいる。私が到着した夜に、サッとやってきて荷物を運んでくれた男性はクセンというボーイさんだった。口数の少ない、腰の低いジャワ人で、近くのカンポン(比較的低所得者が住んでいる路地裏の集落)に妻と子と住み、朝早くからここへ通ってきて、掃除、井戸の水汲みその他の雑用をこなすのだった。ジャカルタ滞在を通じて、私は彼には口では言いあらわせないほどお世話になった。その後も、ジャカルタを訪れるたびに私は彼を訪ね、交流がつづいている。彼のほかに料理担当と洗濯担当の女性がいたが、彼女たちは、二、三カ月で頻繁に入れ替わっていたので、名前もよく覚えていない。

この寮では、三食が供与された。しかし、財団の予算は一日一人百六十ルピア(当時のレートで百二十円)程度で、いくらいまより物価が安かったとはいえ、首都ジャカルタで、この金額で三食をまかなうのはたいへんなことであった。朝は、トーストしていない食パン二切れに、黄身が青くなるほど固ゆでした卵ひとつとコーヒーである。この取り合わせがなんと三百六十五日まったく変わらずつづいた。パンにはマーガリンのほかに、オランダ式にチョコレートの小さな粒がついてきた。マーガリンをぬった上にこれをまぶして甘味をつけて食べるのである。

つまらないことのようだが、私はトーストしていない食パンを食べると学校給食を思いだして、どうもいやなイメージがつきまとうのだ。なぜかというと、米軍による占領が終わったばかりのころに小学校へあがった私が食べた学校給食の思い出といえば、鼻をつまんで飲まなければならないほどまずい脱脂粉乳とあの食パンの味につきるからである。パンはなんといってもトーストして、あつあつのところにバターをジューッと塗って……。毎日、それが恋しかった。

コーヒーは、細かく挽いた粉をインスタント式に入れて湯をさし、沈澱させて飲むインドネシア式のものである。充分沈澱しないうちにあわてて飲むと、口のなかもまわりも、コーヒーの粉がねっとりまとわりついてたいへんなことになってしまう。しかし飲み方を心得てさえいれば、苦味はちょっと強いが香りのよいコーヒーである。酸味のあまり好きではない私の口には、そのまろやかさがちょうどよかった。

ジャワの人びとは、お茶やコーヒーを飲むとき、驚くほど大量に砂糖を入れる。まるで「砂糖にコーヒーをかけて飲む」といったほうがいいくらいである。客に対して、砂糖をたくさん入れれば入れるほど手厚いもてなしだという考え方があって、相手の好みも聞かずにあらかじめ砂糖を入れてもってくるので、水あめのように甘いコーヒーを飲まざるを得なくて困ってしまうことが多い。私の寮で出たコーヒーも甘かった。ただでさえ予算が少ないのだから、すこしでも節約すればいいと思うのだが、いくらいっても砂糖の量はたいして減らなかった。

お昼ご飯はインドネシア人にとって一日でいちばんのご馳走で、経済的に許すかぎりはかならずご飯を炊く。インドネシアには「米を食べなきゃ飯を食べたことにはならない」という言いまわしがあるが、パンや麺類は食事ではなく、スナックあつかいなのである。私の寮でも、お昼は炊きたてのご飯とできたてのおかずを口にすることができた。

とはいっても限りのある予算なので、たいしたご馳走が出るわけではない。ご飯はおかわり自由だが、おかずは、たとえばいわしか小あじのようなサイズの魚の唐揚げ二切れほどに、いためた野菜が少々、それに味のうすいスープがつくくらいである。鶏肉が一切れついたときなどは、「やった！」という感じである。インドネシアの庶民の食生活にくらべれば、これでもけっして悪くはないのだが、グルメブームのいまほどではないにせよ、かなりの美食に慣れ親しんでいた日本人の私にはつらいものがあった。さらに驚いたことには、夜の食事は、その昼の残りを食べるのである。ご飯もおかずも、まったくそのままに……。だから、炊事係のお手伝いさんが忙しいのは午前からお昼にかけてまでなのだ。

インドネシア料理は油をたくさん使うものが多いので、しつこく、しかもそのころは椰子油だったので、においがきつかった。また、椰子の実の内壁の白い肉をこすりとって乾燥させて絞ったココナッツ・ミルクを使うことが多い。それと、赤や青のトウガラシを使って辛い味付けにする。辛いのはさほど苦にならなかったが、油こくてしつこいのにはまいった。それらもたまに食べるとおいしいのだが、毎日つづくと、いやになってしまう。

経済発展がすすみ、欧米のライフスタイルがずいぶん入り込んできたいまでは、インドネシア人の食生活もだいぶ変わりつつある。若者たちはマクドナルドやケンタッキー・フライドチキン、あるいはピザ・ハットに好んで集うのだ。また、一部の富裕階層のあいだでは、日本の味が一種の流行にさえなっている。このようにいまは外国の食文化の影響がかなり入り込んでいるが、一九七〇年代初めは伝統的なインドネシア料理しか食べないという家庭が圧倒的だった。三百五十年間にわたってオランダの植民地支配をうけた国とは思えないほど、欧米の食文化はしみ込んでいなかったのである。オランダの政策は、「原住民」にはできるかぎりこれまでの伝統のなかで生活させ、オランダ人とは一線を画することを基本にしてきた。その点、支配地の住民に対して徹底的な同化政策をとったフランスとは対照的で、かつてフランスの植民地であったヴェトナムでは、焼き立てのおいしいフランスパンが毎朝街角で売られていたし、庶民の生活のなかにもフランスの味がずいぶん入り込んでいた。

そんな状況だったから、寮で毎日出される変化のない味付けの食事に、まもなくうんざりしてしまった。暑くて食欲のないときには、お茶漬けのようにさっぱりしたものが食べたくなる。インドネシアに着いて三カ月ぐらいたったころ、ついにインドネシアの食べ物が一口も喉を通らなくなってしまった。しかたなく、毎日、日本から持ってきた貴重な梅干しを一粒ずつご飯にまぶして食べた。日本にいて好きなインドネシア料理の名前を聞いただけで口のなかで唾が出てくるような、そしてたまにインドネシアに行くと真っ先にソト・アヤム(鶏肉と春雨のインドネシア式スープ)やテンペ(大豆を発酵させてつくった納豆のような食べ物)を探し求めるいまの私からは想像もつかない。

この寮には、電気はきていたが、ガスや水道はなかった。水は庭の井戸から手動式のポンプで汲み上げて、ボーイのクセンが毎日風呂場やトイレまで運ぶのである。バケツを両手に持って、何度も階段を上り下りして二階のマンディ場(水浴び場)に水をためるクセンの姿が、いまでも目に焼きついている。いまでは一般の家庭でもサンヨーのポンプ(他のメーカーがつくったポンプでも人びとは〝サンヨー〟を普通名詞の代わりに使う)が普及しているから、蛇口をひねれば水が出てくるが、当時はほんとうに高級住宅でないと、そんな利便さは期待できなかったのである。

インドネシア人は、風呂とはいっても、水槽にためた水を汲みだして体にかける水浴び(マンディ)ですます。気候が暑いから、水でも日本で考えるほどつらくはないが、それでも雨上がりの涼しい夕方とか、あるいは髪を洗うときなどは熱いお湯が恋しくなった。近ごろでは、インドネシア人のなかにも、ときたまお湯のシャワーを使う人が出てきた。もちろん、ジャカルタ在住の外国人が借りるような住居は、ほとんど全部お湯が出るようにつくられている。しかし、その当時は日本人駐在員の家庭でさえ、お湯の出るシャワールームが備わっている家は少なく、多くは、台所の大鍋でお湯を沸かして、お手伝いさんに風呂場まで運ばせていたのだ。私もとてもお湯のお風呂が恋しくて、ときたま日本からきた知人が「星」のついたホテルに泊まったりしていると、無理をいってバスを使わせてもらったりしたものだ。

トイレは手動水洗、つまり、用を足したあと、ためおきの水を柄杓《ひしゃく》で汲んで流すのである。もちろん浄化槽などないから、土の奥深く汚物が流れていくだけだった。だから汚い話だが、トイレットペーパーを使用するとすぐに詰まってしまうし、井戸の水に汚物が混入することもあった。私の寮でも一時期、まったく土色に変色して油の浮いた汚い水が井戸から出てきて、飲食はおろかマンディすらできなくなったことがあった。石造りの一見豪邸に住んでいても、このようにユーティリティの面はたいへんお粗末であった。

電気はきているといったが、この寮には、電気製品といえば電灯とアイロン以外は何もなかった。日本の感覚からいえば豪華な大邸宅なのだが、テレビも洗濯機も冷蔵庫も、もちろんクーラーもなかった。テレビはそのころジャカルタの中産階級のあいだにすこしずつ普及しつつあり、われわれの寮でも管理人のジョセフ夫妻は自分たちの居室に個人的に所有していた。

電気洗濯機は、これを買うよりも、洗濯女を雇ったほうが安くつくとかで、当時はなかなか普及しなかった。もっとも、洗濯機を使うには水道の蛇口から水が出ないとやはり不便で、手押しポンプで汲み上げて、というような状況ではかえって手間がかかるといえなくもない。私たちの洗濯物は、寮の洗濯係がやってくれるのでほとんど不自由はなかったが、合理主義者の私には、一人の人間が一日がかりでたかだか十人かそこらの洗濯物を洗い、干し、アイロンをかけるという仕事だけのために存在するということに、なんとも割りきれない、もったいないような気がしてならなかった。すこしでも多くの人に雇用の機会を創りだしていかなければならないという経済状況のもとでは、機械化ということはとんでもない反社会的な行為なのだろう。それがたとえどんなに非合理であっても。

それでも、一九八〇年代後半以降のインドネシアの経済発展、とくに製造業の発展はめざましく、工場労働者として多くの人手が吸収されていった結果、家庭労働における合理化や機械化もかなり実現してきた。そして現にいまでは、多くの中産階級が電気洗濯機を使うようになった。お手伝いさんも、人手不足でかなりの給料を出さなくてはきてもらえなくなってきた。

さて、洗濯機がないのは、そんなわけで私自身には直接何の不都合もなかったが、つらかったのは冷蔵庫のないことだった。常夏の国で、冷たい飲み物が飲めないというほどつらいことはない。毎朝、ボーイのクセンが、道の角にある氷売りの詰め所に行って、ひとかたまりの氷を買ってきて、砕いて魔法瓶に詰めてくれたので、午前中だけはなんとか冷たいお茶にありつくことができたが、午後のうだるような暑さがやってくるころには氷はもう解けてしまい、私はひたすら、かき氷や冷たく冷えた麦茶を思い浮かべながら、宿舎でうちわをあおぎつづけたものである。

ジャカルタ点景

一九七〇年代初めのジャカルタは人口約六〇〇万人。開発優先政策のもとで多くの人びとがこの都市に流れ込み、人口が急激にふくれあがっていたが、それでもまだどことなく牧歌的なたたずまいを残していた。

この町はかつてオランダ東インド会社という特許会社が建設した植民地都市である。もともと西部ジャワのイスラム王国が支配する小さな港だったこの地に、十七世紀の初め、ちょうど徳川幕府の初期のころ、オランダ式の町を建設してバタヴィアと名づけたのである。じつは、オランダ東インド会社が、インドネシア植民地化の最初の基地としてバタヴィアの町を建設したときに、何人かの日本人が関与していたという記録が残っている。最初は一六一三年に、そして二回目はその二年後に、それぞれ六十八人と五十九人の日本人職人や武士が、オランダ東インド会社との契約で海を渡り、町の建設や防衛に従事していたのである。

もっとも、鎖国以前にはこのような例はほかにもずいぶんあったらしい。東南アジアの諸島にヨーロッパ勢力が進出してきたのは、種子島に漂流してきたポルトガル人が日本に鉄砲を伝え、その後イエズス会関係者らが布教のためにつぎつぎに来日した、あの大航海時代のことである。つまり日本も東南アジアもほぼ同じころに、西洋世界との本格的な出会いを体験しているのである。日本はちょうど戦国時代で、伝統的な社会秩序が大きく変動し、新しい世界を求めて目を外地に向ける人びとが出現していたときである。そのようななかで、多くの日本人が海を渡った。ある者は主君がいくさに敗れて浪人の身を余儀なくされたために、ある者は一旗あげて財をなす野望をもって、ある者はカトリック信仰にもとづく学びのために、ある者は単純な冒険心から、ヨーロッパ人に雇われたり朱印船に乗りこんだりして、南シナ海の荒波を越え、南へ南へと向かったのである。

行く先々で日本人は、主だった港湾都市の一角にかたまって集落を成して住みついた。そのいくつかは日本人町(ポルトガル語でカルティエ)として知られている。

バタヴィアでは日本人町が形成されるほどのことはなかったが、それでも市役所の住民登録によれば、一六二三年の時点で百五十九人の日本人が居住し、九十五人が婚姻届を出していたことが記されている。

そのような日本人の海外渡航も、突然の鎖国令で途絶えてしまった。東南アジア各地に住みついていた日本人は帰国の機会を奪われ、その地で生涯を終えることを余儀なくされた。一方、ヨーロッパ人の父と日本人の母とのあいだに生まれた混血児たちは、母親と引き離されて日本から追放されることになった。日本で生まれ日本の文化のなかで育ち、日本語しか話せない彼らが、である。そのうちの二十三人が寛永の鎖国令で一六三九年にバタヴィアに追放になったという。そのなかの一人、お春という娘がバタヴィアで書きつづり、長崎へ向かうオランダ船に託したといわれるのが、有名な「ジャガタラ文《ぶみ》」である。

話がそれたが、このようにジャカルタの町は、港を中心としてつくられた貿易都市だったので、北部の、海岸に近いほうから発達した。市の北部の、コタと呼ばれる旧バタヴィア市街地区では、大小いくつかの運河が建設されている。そしてその両岸には、銀行や商事会社などとして使われていたオランダ式の古い中層ビルが立ち並び、アムステルダムを思いださせるたたずまいだ。アムステルダムの運河には、小さな個人所有のボート(運河沿いに住む人びとの自家用車代わり)がひっきりなしに通行して、いまでも運河は交通路として活躍している。ところが残念なことにジャカルタの運河は、裏通りに住む貧しい住民たちの水浴びや洗濯の場と化してしまった。黄土色に濁った、ほとんど流れのないその水のなかに、ひとときの涼を求めて彼らは体を浸し、またイスラムの礼拝のまえの潔《きよ》めをおこなう。

その運河の両岸を一九五〇年代のシボレー(米国車)やオプレット(英国車)やフィアット(イタリア車)にまじって、最新式のトヨタやニッサンの車が走っていた。いまでこそ、現地ノックダウン方式で大量に生産される日本車が全体のシェアの九〇パーセントを占めているが、日本の進出がようやく本格的にはじまったばかりの一九七〇年代初めは、まだ欧米の古いポンコツ車が主流だった。それらの古い大型の乗用車は、自家用車ではなく、乗合タクシーのようなかたちで運用されていた。

市外へのびる鉄道の始発駅であるジャカルタ・コタ駅から大きな運河沿いにハヤムルク通りを南下して、さらにハルモニーを越えると大きな独立記念広場があり、その真ん中に高さ百三十七メートルの細長い独立記念塔が立っている。その広場の北、つまり独立北通りに大統領宮殿があり、一方、独立西通りには国営放送局(RRI)や国軍司令部や情報省、さらに私が毎日通った国立博物館がある。国立図書館は、この博物館の建物のなかにある。独立西通りを南下していくと、市のメインストリート、タムリン通りに出る。タムリン通りには、インドネシア銀行、宗教省などの建物にまじって、日本の戦時賠償金でつくられたサリーナ・デパートとホテル・インドネシアがある。

その近くに日本大使館があり、さらにそのころは同じ構内にあった別棟に、東京銀行(当時)をはじめとする日本企業の駐在事務所がかたまって入居していた。在外公館と同じ敷地に私企業の事務所が入っているというのもなんとも奇妙だが、やがてこれらの企業の多くは、私の滞在中に大使館の向かい側にできたインドネシア最初の三十階建ての高層ビル、ウィスマ・ヌサンタラに移り、いまでもこのビルは日系企業の牙城、日本の経済進出のシンボルになっている。しかも、このビルと渡り廊下でつながるかたちででききたプレジデント・ホテル(当時)はJALの経営で、宿泊客の大部分は日本人である。商用でやってきた日本人は、このホテルに泊まり、そのなかの日本レストランで食事をし、隣のヌサンタラ・ビルで仕事をし、何かあったらタムリン通りの向かい側にある日本大使館へ駆けこむこともできる。ちょっとしたリトル・トーキョーであった。

ところで、ヌサンタラ・ビルは、大成建設が、当初賠償資金で手がけたものであるが、途中で資金が底をついて工事が長いあいだ中断されていた。しかし、その後再開されて、一九七二年に完成した。この間に、日本で初めての超高層ビル、霞が関ビルが東京に誕生した。同じ建設会社が、ほぼ同じ高さのビルを建てたということで、「あれはまずインドネシアで実験しようとしたんじゃないか」といううわさが飛びかったくらいである。いまではジャカルタにも高層ビルが林立しているが、当時はヌサンタラ・ビルはとにかく目立ち、しかもその屋上には日本のある家電メーカーと自動車メーカーのネオンサインが大きく輝いて、ジャカルタの夜空を照らしていた。それは、その後十数年にわたって飛躍に飛躍をつづけた日本の経済進出を象徴しているかのようであった。

タムリン通りの東側はメンテン地区と呼ばれ、ここにはインドネシア政府の官公庁、外国大使館や大使公邸、および政府高官や軍の高級将校の官邸をはじめとする最高級住宅が立ち並んでいる。この地区に住む日本人も少なくなかった。建物の多くは、オランダ植民地時代からのもので、相当に年月はたっているが、ゆったりと建てられた植民地スタイルのこれらの家は涼しく、居心地がいい。

独立前のジャカルタ市は規模も小さく、メンテンのすこし南ぐらいがもう市のはずれであったが、独立後、市の人口がどんどんふくれあがるにしたがって、まず南へ向けて都市開発がすすんだ。もちろん、それらの地域にもカンポンと呼ばれる庶民の集落は以前からポツポツ散在し、その合間は、自然の緑地帯になっていたという。貧しい集落を立ち退かせ、それを造成しなおし、道をつくり、新しく開発されたのが、私の学生寮があったクバヨラン・バルの高級住宅街である。メンテン地区とクバヨラン・バル地区を結んで南北に走るスディルマン通りの両脇には、私の学生時代は古びた住居や小さな二階建ての事務所などが雑然と並んでいたが、いまでは超高級ホテル、貸しビル、大ショッピングセンターなどの高層ビルが立ち並んでいる。

いまから思えば私は、開発の時代が本格的にはじまるまえの、バタヴィアの雰囲気が色濃く残っていた貴重な時代を経験したのだと思う。

博物館通いの毎日

一段落するとようやく、すこしずつ〝研究〟活動を開始した。
最初の日課は国立博物館のなかにある図書館へ通うことだった。私の寮があった南部のクバヨラン・バル地区から町の中心部、独立記念広場のまえにある博物館までは、コタ(旧市街)へ向かうバスで、スディルマン通りやタムリン通りなどの目抜きを通って一本で行ける。寮の近くのバス停まで歩くかベチャという輪タクに乗り、そこからバスに乗る。

朝や昼すぎのラッシュ時には、バスは満員になる。開け放ったドアに乗客が鈴なりにぶら下がっており、息をつくのもやっとである(ずっとあとになって一九九四年に、バスはドアを閉めて走行することを義務づけた法令ができたが、それにもかかわらずその後もドアは開け放たれたまま走行している)。しかも、そのころのバスは車両がひどく古くて、手すりなどはサビや人の汗で握るとザラザラネトネトしており、また座席は破れたり傾いたりしていた。しかし、ジャカルタにはバス以外に公共の乗り物はなかった。電車もないし、地盤が軟弱で地下鉄は掘れないと聞いていた。ところが一九九〇年代になって、ジャカルタに地下鉄をつくるといって騒いでいる。

オランダ時代は、旧市街からダウンタウンにかけては路面電車が走っていたそうだが、一九七〇年代にはそれもなくなっていた。人口六百万(現在は一千万)の都市に鉄道がないのだから、道路が渋滞し、バスが超満員になるのも無理はない。しかも、バスは一台ごとの独立採算の運営で、お客の入りが多ければ多いほど運転手と車掌の取り分が多くなるという方式だったから、車掌は懸命に客の呼び込みをする。まとまった人数が集まるまで停留所に止まって呼び込みをつづけることもざらにある。熱気でムンムンする車内で、早く発車しないかと待っている客にはいい迷惑である。そんなふうだから、渋滞のない時間に乗用車なら十五分ぐらいで行ける博物館まで、バスに乗るとその三倍もの時間がかかるのだった。

ジャカルタ在住の日本人は「ヘエー、バスに乗っているの?」「危ないよ」などと、なかばあきれた様子で私を見ていたが、とくに危険を感じたことは一度もなかった。けっして快適とはいえないが、運よく座ることができたときなど、隣の席の人がかならずといってよいほど話しかけてきた。さしさわりのない会話を交わすのもけっこう楽しかった。しかも、料金はどこまで乗っても十五ルピア(当時のレートで約十円)だから、文句はいえなかった。

独立西通りに面している国立博物館の隣にある国防省の建物は、戦時中、日本の憲兵隊司令部として使われていたので、このあたりは年配のインドネシア人には悪夢のような思い出とつながっている。また広場の北側の独立北通りには大統領宮殿がある。ここはかつてはオランダ総督官邸、日本占領時代には軍司令部があったところで、いつの世でも権力の象徴となっているところである。

当時、この博物館に国立図書館が併設されていて、私が勉強しようとしている日本軍政期の新聞、雑誌、その他の刊行物がかなりまとまって保存されていた。私の毎日の日課は、それらの一頁一頁に目を通すことだった。日本占領時、新聞発行はすべて日本軍の統制下におかれ、ジャワ新聞社という官製組織が、ジャワ各地でのすべての新聞発行を一元的におこなうことになった。『ジャワ新聞』という日本語の日刊紙も発行されたが、この新聞社の経営は朝日新聞に委託され、多くの人材が同社からジャワへ送り込まれていた。ちなみにジャワ新聞社の社長は、朝日新聞の編集局長で、戦後NHKの会長をつとめた野村秀雄であった。ジャワ以外でも、セレベスにおける邦字紙発行は毎日新聞が、シンガポールでは読売新聞がこれを担当した。

戦前、オランダ支配下のバタヴィアにおいて、『東印度日報』という邦字紙が発行されていたが、『ジャワ新聞』はその新聞社が持っていた活字その他の資材を接収して発行されたものである。ジャワ新聞社は、この日刊紙のほかに、インドネシア人の日本語学習用の週刊紙『カナ・ジャワ新聞』、インドネシア語と日本語のグラビア隔週誌『ジャワ・バル』、論説を中心とする日本語月刊誌『新ジャワ』などを発行していた。こういったものをはじめとして、インドネシア語のものもふくめて多くの資料が、博物館の図書館に所蔵されていたのである。日本の占領期の出版物であるにもかかわらず、日本国内ではほとんど入手できない貴重な資料であった。

この博物館のまえの道端で、ときどき古本を売っていた。ある日、そのなかにKan Poと題したインドネシア語の古い出版物を見つけた。戦時中、日本の軍政監部が毎月刊行していた『官報』である。手にとって見ると、図書館の整理番号がついていた。

「あれー、こんな本どうして売っているの?」

と尋ねると、

「図書館のいらない本を処分しているんだ」

と男はいった。ほんとうにいいのかな? と思いながらも、このまま誰か値打ちのわからない人の手に渡って散逸してしまうよりはと思って買い求めた。値段は覚えていないが、迷うことなくそのときの持ち合わせで買える程度のものだった。ずっとあとになって、私は日本で、南方軍政関係の資料集を復刻・刊行するプロジェクトに参加することになったのだが、その際にこの官報が重要な一部となった。もちろん、そのときはそんなことになるとは夢にも思わなかった。

そのころは図書館にコピー機が備えられていなかったので、どうしても原文を写したい記事があるときには、筆写するしかなかった。はじめのうちはそうしていたのだが、あまりにも時間がかかるので、図書館の責任者に相談したところ、そこの職員にタイプで打ってもらい、一枚いくらというかたちで支払うということになった。国家公務員である職員が勤務時間中に「アルバイト」をするわけである。それを所属長が率先してやらせるなどというのは信じられないような話であるが、私にとってはとてもありがたかった。たしかその当時、A4判一枚をタイプしてもらって二十五ルピア(約十八円)だったと思う。町に出まわりはじめたコピー屋での料金が一枚五十ルピア(約三十六円)ぐらいのときだから、それからみればずいぶん安かった。当時のジャカルタは、何かにつけて人手に頼るほうが機械を使うより安あがりだった。いまではオフィスの機械化がずいぶんとすすみ、町のいたるところにコピー屋ができて、なんと一枚二円ぐらいでコピーがとれるようになっている。

こうして私は、毎朝九時ごろから午後一時ごろまで、博物館のなかのうす暗いひんやりした図書室で新聞や雑誌を読みつづけた。オランダ時代の石造りの建物は、直射日光が当たらないようにつくられているのでなんとなくうす暗くてカビくさかったが、天井が高く、空気はひんやりしていて快かった。椅子は籐でできていて汗をかいてもべとつかず、とても気持ちがよかったのだが、なぜかこれが南京虫のお気に入りの巣で、資料を読んでいると、太もものあたりを行ったり来たりして、かならず二カ所ずつ刺していった。刺されたところは大きく腫れあがった。戦後育ちの私にとっては、これは初めての体験だった。とはいえ、私のほうもだんだん慣れてきて、古い新聞紙を持参してそれを敷いて座ったりといろいろ工夫してみたが、最後までとうとう「特効薬」は見つからなかった。

カビくさい新聞をめくって読む作業にあきてくると、図書室をそっと抜けだして、博物館の展示物を眺めに歩いた。この博物館の圧巻は古代ジャワ王朝時代の各地の遺跡で発掘されたヒンドゥー教や仏教の石像や碑文のたぐいであるが、中国や日本の古い宝物類も少なくない。そのなかに、柿右衛門など、日本の古い陶器が数多くある。日本にも残っていないような貴重なものもあるということだった。これは、最初にジャワの植民地経営を担当したオランダ東インド会社が、長崎の出島での貿易で鎖国時代の日本から運びだしたものだという。なかには特別注文でオランダ東インド会社のマークをあしらってつくられた伊万里焼の洋皿セットもある。オランダ東インド会社の東洋における最大の拠点はバタヴィア、つまりいまのジャカルタであった。オランダ船はこのバタヴィアを基地として、ここから多くの荷を積んで長崎へ毎年やってきたのである。当然、ジャワの物品が鎖国中の日本へ流れ込むとともに、ジャワに持ち込まれる日本の宝物も多かったのだろう。鎖国時代の日蘭通商は、バタヴィアなしには成り立たなかったといっても過言ではない。

このロマンを秘めた近世の交流とちがって、博物館の図書室に残されていた昭和期の

「交流」の歴史は、じつに重苦しいものがあった。博物館の展示物のあいだを一巡して図書室にもどってくると、ふたたびカビくさい新聞の束のなかから、昭和の交流の歴史を掘り起こすべく、辞書を片手に昼すぎまで読みあさった。しかし、ここで帰らなければならなかった。当時は官庁も民間会社も午後一時ぐらいで仕事を終えていたからである。職員たちは朝七時ごろ出勤して午後一時ごろまで働き、帰宅して遅い昼食をとるのだった。昼食を職場の近くで食べてふたたび午後にも働くというパターンは最近になってからのものである。だから当時は、オフィス街には外食ができるようなところがあまりなかった。朝が早いので私は午後一時まで図書館に座っているとかなり空腹に悩まされたが、かといって帰り道にふらっと入って気軽にソバぐらい食べられるような店も、ファストフードの店もなかった。あるのは、ホテルなどの高級レストランか、あるいは道端にコンロをひとつおいてバソ(肉団子)のスープやラーメンを売る、屋台ともいえないような露天の食べ物屋かというぐあいで、手ごろな店がなかったのである。

しかたなく、一時ごろに空腹をかかえて博物館を出て、またバスに揺られてクバヨランの寮までもどった。汗びっしょりになってたどり着き、冷たい水を全身に浴びた。なんと気持ちのいいことだったか。そのあと昼食をかきこんでお腹がいっぱいになると、全身の血液が胃袋のあたりに集まってきて睡魔が襲ってくる。巷では焼けつくような太陽が地面を照らし、この時間には道行く人影もまばらになる。南方独特の習慣であるお昼寝の時間である。開発のテンポがまだゆるやかで、人びとの生理的な欲求を曲げてまであくせくしなくてよかったこのころは、この時間帯には誰もが体を横たえ、夕方に向けて英気を養うことができたのだ。この心地よい習慣は、やがて多くの職場が欧米や日本にならって夕方五時までの勤務にするようになると、大都市ではすっかり姿を消してしまった。

昼寝ですっかりリフレッシュして目覚めたあとは、町をブラブラしたり、テラスでコーヒーを飲みながら道行く行商人の呼び声に耳を傾けたりした。テレビもディスコもなかったが、けっこう優雅な毎日であった。

博物館への日参と並んで、ここでの私のもうひとつの課題は、インドネシア語をもっと深めることだった。日本ですでに三年ほど断続的に勉強していたが、インドネシア語で聞き取り調査などをするには不充分だった。幸い、シスワ・ロカンタラ財団がひじょうにすばらしい先生を紹介してくれた。

インドネシア大学文学部講師のスジマン夫人である。スジマン先生のお宅は私の宿舎の近くにあって、週に一回、夕方になると管理人のジョセフが財団の車で先生のお宅まで送り迎えしてくれた。

今は亡きおつれあいのスジマン氏は文部省の役人だが、初めて会ったとき、とても流暢な日本語で話しかけてこられたのでびっくりした。

「私は、ナントク・リューガクセイなんですよ」

と彼は説明してくれた。

「ナントク（南特）」、つまり南方特別留学生のことである。これは、将来の祖国を担う南方各地の優秀な青年たちを選抜して日本に留学させるという主旨のもとに、日本の占領下ではじまった制度である。一九四三年に五十二人、四四年に二十九人、計八十人ほどのインドネシア人がこの制度で来日した。彼らは全員日本で終戦を迎え、なかには、広島に留学していて被爆した人もいる。

スジマンさんは、この第一期南方特別留学生として一九四三年六月に二十歳で日本へやってきた。国際学友会で日本語教育をうけたあと、横浜警察練習所や明治大学ですこしずつ勉強し、最後は京都大学法学部にすすんだ。終戦時にこれらの南方特別留学生たちはスポンサーを失い、それぞれ自力で勉学をつづけたり、職を探したり、あるいは帰国の道を模索したりした。スジマンさんは、一九四八年三月に京大を卒業したが、祖国は独立戦争のまっただなかで、国交のない日本からは船便もなかった。ようやく祖国に平和がもどり、また連合国による日本占領も終わろうとしていた一九五〇年に帰国した。なかには最後まで帰国のチャンスを失い、日本人女性と結婚していまなお日本に住みつづけている南方特別留学生もいる。

スジマンさんは日本留学時代にアジア主義者の頭山満《とうやまみつる》と交流があり、「アジア人のアジアだ」と力説した頭山の言葉に感銘をうけ、彼が「われわれアジア人は自然と一体になって生活する。寒ければ自分で体を温めろ。動物はオーバーコートなど着ていないだろう」と語った言葉に忠実に、初めての冬、乾布摩擦をしつづけてオーバーなしですごしたというほどの精神力の持ち主である。貧しい戦時下の日本人は親切だったと、いまでもいい思い出を抱き、日本人びいきの人だ。

スジマン夫妻との出会いは、私にとってほんとうに楽しいものだった。インドネシアの知識人の典型的な家庭を垣間見ることができたからである。キャリアウーマンであるスジマン夫人の三人の娘たちは、夫人が中部ジャワの実家から連れてきたジャワ人のばあやさんが世話をしていた。礼儀正しい育ちのよい娘さんたちで、私は当時まだ小学生だった彼女たちの仲間に入れてもらって、一緒にバリの舞踊を習うことになった。

ジャワやバリの舞踊は、つい最近まで、家庭内や近隣の村社会のなかでおそらくしつけの一環として自然に教えられていたものだろうが、近代化がすすんだ都会では、舞踊はピアノや英語のレッスンなどと同じく、月謝を払って習う稽古事になっていた。日本舞踊がそうであるように、もはや生活や伝統の一部ではなく、あらためて身につけるべき「教養」なのである。

ということで、ジャカルタの町には、都会の子女に伝統舞踊を教える「教室」がボツボツ誕生していた。スジマン夫妻のお嬢さんたちと一緒に私が入門したのは、そんな教室のひとつ「ジュディ・チャンドラ」であった。これはバリ人の開業医のおつれあいが自宅で開いていたものだが、ここにはそれこそ良家の子女たちがたくさん集まってきていた。運転手付きの自家用車で、母親が付き添って連れてくる娘たちは、いずれも小ぎれいに着飾り、暑いのに靴下と靴をはいていた。ジュディ・チャンドラ舞踊教室のまえのエルランガ通りには、毎日レッスンの終わるのを待ちうける運転手付きの車がずらっと駐車していた。私はここで小学生を中心とする娘たちにまじって、半年間ほどバリの踊りを習い、そのリズムにすっかり魅せられてしまった。

さて、そんなふうにスジマン夫妻の家庭は、寮生活を送る私に、温かい家庭の雰囲気と、なんとないやすらぎをあたえてくれた。スジマン氏はその後、在オーストラリアのインドネシア大使館の教育文化アタッシェになって赴任し、夫人も、しばらくしてインドネシア大学から許可をもらって、オーストラリア国立大学の博士課程に留学した。そして、外交官夫人としての役割を果たしながら博士課程を修了し、帰国後はインドネシア大学文学部インドネシア学科の学科長に昇進した。

一方、おつれあいはその後文部省を辞め、一九八六年に、日本へ留学した同窓生たちが中心になってつくったダルマ・プルサダ大学の副学長になった。

まったくの偶然なのだが、私がのちに大学教師になって教えた初めての教え子の浦野崇央君(現摂南大学教授)がそのころインドネシアに留学したが、彼からの手紙を受け取って、私はアッと驚いた。なんと彼の下宿先はスジマン夫妻の家だったのである。私と一緒にバリ・ダンスを習った娘さんたちもいまは成人して家を出ている。浦野君はそのあとに下宿し、息子のようにかわいがられて充実した留学生活を送ったという。ほんとうに世間は狭いものである。

公安当局ににらまれる

インドネシアの生活がようやく軌道に乗り本格的にはじまろうとしたころ、ヒヤッとするようなことが起こった。

ある日、日本人を母にもつインドネシア国軍の情報担当将校が、私の友人を通じてそっと教えてくれたところによれば、私がかつて文化大革命のさなかに中華人民共和国を訪問した事実がインドネシア諜報当局の知るところとなり、当局は警戒して私の素行を調べているというのである。大学三年生のときのあの中国旅行が、五年もたったそのころ、問題になるとは思ってもみなかった。

たしかにあのころはごく一部の限られた人びとにしか中国への渡航の機会はあたえられなかったので、渡航できた人は毛沢東思想のシンパだと考えられてもしかたがなかった。中国に滞在中、集会があるたびに紅衛兵たちと一緒に毛沢東語録を振りかざして

「マウツーシー・ワンスイ(毛主席万歳)」と叫んだり、文革を讃える歌を歌ったりするのがいやでそれに応じなかったため、中国側から反抗的とみなされ、最後には公安当局の取り調べをうけるはめになったことはまえにふれたが、じつは私自身は反文革派だったのだ。

一九七〇年代、インドネシアと中国は、一九六五年の九・三〇クーデター未遂事件を契機として犬猿の仲になっていた。反共の旗印を掲げたインドネシアにとって、最大の脅威は中国であり、さらにインドネシア国内に多数在住している華人たちの祖国であるがゆえに、ソ連やヴェトナムよりもずっと大きな脅威だったのだ。そうした事情を知っていたから、私はインドネシアへの入国ビザ申請に際して「これまでに訪問した国」という欄にあえて何も書かなかったのである。もちろん旅券も数次ではなかったので、よほど本格的に調べないかぎりわかるはずはなかったのである。

しかし、たとえ訪中の事実がなかったにしても、そのころのインドネシア政府が、私のような日本の学生に対してピリピリしていたのには充分な理由がある。

一九七二年というと、日本赤軍の活動がエスカレートして、海外にまで拡散していた時期であった。その年の二月、すなわち私の日本出発のわずか二カ月まえに、浅間山荘事件が起こった。当時、日本赤軍と京浜安保共闘という二つの過激派グループが合併して連合赤軍という組織ができ、常軌を逸した残酷な仲間内のリンチ事件で死者を出すなどして、世間を騒がせていた。この連合赤軍のメンバーが、西丹沢や榛名山のアジトを発見されて警察に追われ、群馬県浅間山麓へ逃げ込み、河合楽器の保養所〝あさま山荘〟の管理人の妻を人質にして立てこもった。二日後、警官隊が突入して人質を無事救出したが、その間の一部始終がテレビで中継された。

そして、私がインドネシアに着いてまもない五月三十日には、イスラエルのテルアビブで、ロッド空港事件が起こった。PFLP(パレスチナ解放人民戦線)と結ぶ日本赤軍の三兵士が、ロッド空港の通関ホールで自動小銃を乱射し、手投げ弾を爆発させて、乗客ら二十六人を死亡させ、七十三人に重軽傷を負わせた事件である。三人のうち二人はその場で射殺されたが、岡本公三という青年だけが生き残ってイスラエル特別軍事法廷で終身刑を言いわたされた。

こうして、パレスチナ・ゲリラと結びついた日本赤軍の海外での活動が、あちこちで注目をあび、警戒されるようになっていたのである。はっきりした所属のない、若い日本人学生の海外居住は、それだけで怪しまれてもしかたのないことだった。しかもそのころは、外務省や企業派遣の研修生を除けば、インドネシアへ「留学」する日本人はきわめて少なかったのである。留学といえば欧米がふつうで、開発途上国は勉強をしにいくところではないという風潮だったからである。おそらくそんなことから、私と同じような立場にある若い学生風の人たちにはすべて、当局の調べの手がまわっていて、そのようななかで、たまたま私の中国行きという事実が出てきたのだと考えられる。

それにしても、諜報当局が動きだしているという情報に私は戦慄した。せっかくたどり着いたインドネシアから国外退去にでもなったらどうしよう、いつ尋問に呼びだされるかもしれないという状況のなかで、いろいろな知人の手を借りて対策を講じることにした。

まず思いついたのが、在留邦人の保護をその任務としている大使館である。人を介して書記官に会い、インドネシア政府に対して「身の潔白」を保証してほしいと依頼したが、役所がそう簡単に動いてくれるはずがない。案の定、「本省に照会します」というのが彼らの回答だった。本省に照会すれば、私の中国旅行の事実が確認されるだけのことである。そのうえで何をしてくれるだろうか？　なんとも頼りない。要するに誰も、私の身元をはっきりと知る人はいないのだから、そんな人たちに「証明してくれ」というのも、考えてみれば変な話である。

大使館ではらちが明かないと思い悩んでいたところ、ジャカルタで知り合いになった新聞記者が、この地に長く住んでインドネシア国軍にコネのある、日本レストランを経営する今は亡き菊池輝武さんを紹介してくれた。菊池さんは、日本軍の軍属としてジャワで終戦を迎え、その後インドネシアの女性と結婚してふたたびこの地にもどってきた人である。そして一九六〇年代末から、メンテン地区で菊川というジャカルタでいちばん古いレストランを開いていた。

　菊池さんは、初対面の私なのに、「関係方面に照会して」などと官僚的なことはいっさいいわず、

「わかりました。何か危険なことになりそうだったら、いつでもここにあなたをかくまってあげます。心配しなくていい」

と、ただそれだけいった。なんと心強い一言だったろう。菊池さんのその一言はいまでも忘れられない。

　結局この件はウヤムヤになったのか、ついに軍当局から尋問のための呼びだしはこなかった。菊池さんが、こっそり裏から手をまわしてくれたのかもしれない。とすれば、私はまだ彼にお礼をいう機会もないままでいることになる。あるいは東京のインドネシア大使館が、私をイデオロギー的に危険な人物ではないという調査報告を本国に送ってきたのかもしれない。いずれにせよ、もしあそこで私が国外退去になっていたら、その時点で私のインドネシア研究は挫折していただろう。

　いまインドネシアは中国とも国交を回復し、多くの中国系インドネシア人が商売のために、家族訪問のために中国を訪れている。あのころの緊張関係がうそのようだ。しかし、それとはべつの角度から、やはりこの国に長期滞在する外国人は、その政治的、思想的な背景についてきびしく監視されている。政治的な活動や集会に参加することは

「資格外活動」としてきびしく取り締まられる。政治的自由があたりまえのことのように保障されている日本人はつい心をゆるめてしまうが、やはりその国にいるあいだはその国の考え方に従わなければならないのである。

熱心なイスラム教徒だった大西さんのこと

さて、私のいた学生寮には当時、私のほかに二人の学生、つまりオランダ系アメリカ人のヘンリーと、インドネシア大学に通うアブドゥル・ラシッド・大西(大西正治)というイスラム教徒の日本人青年しかいなかった。部屋はほかにもあったから、財団の財政状況がいいときには、もっと多くの学生を受け入れていたようだ。しかし、ときおり紹介のあった客を一泊三ドルで空き部屋に宿泊させていた。そのような人たちのなかに、しばしば二、三カ月単位の長期出張できていた日本のある広告会社の森口健さんという豪快な男性もいた。

ヘンリーはいつもインドネシアやこの学生寮のことに不平ばかりいっていた。何の勉強をしているのかよくわからず、いつもなんとなくブラブラしているように見えた。いつのまにか、財団の幹部の娘で、当時、財団の職員をしていた女性と恋仲になっていた。しかし、どうも彼のほうは遊びだったらしく、帰国するときにあっけなく袖にしてしまった。すでに娘盛りをすぎた彼女のほうはかなり入れ込んでいたようで、帰国の当日も彼の部屋で泣きつづけていた。

百五十キロ近くもあるかと思われる巨体をインドネシアのサロンとペチ(黒いイスラム帽)につつんで、ニコッといたずらっぽく笑う大西正治さんは、お父さんの代からの生粋のイスラム教徒で、生真面目な青年だった。それも、そんじょそこらのインドネシア人よりはずっと熱心なイスラム教徒で、プアサ(断食)や一日五回の礼拝は欠かさずおこなっていた。年一回のラマダン(断食月)のあいだだけでなく、毎週二回、日の出から日の入りまでの飲食も完全に断つという徹底ぶりであった。

大西さんは奈良県下の高校を卒業後、父親の勧めでジャワへ赴き、東部ジャワのポノロゴというところにある、ゴントルというプサントレン(イスラム塾)にほうり込まれた。ここは、もともと寄宿生活をしてクルアンの勉強をするイスラム塾であったが、洋式の学問も身につける必要があるという考えから積極的にこれを取り入れ、そのため、ポンドック・モデルン(近代的イスラム塾)と呼ばれていた。大西さんはこのユニークな教育方法で名の知られたプサントレンで二、三年間勉学を積んだあと、ジャカルタへ移ってインドネシア大学文学部に在籍していた。そのとき彼も私と同じシスワ・ロカンタラ財団の奨学生に採用され、この寮に住んでいたのだった。

大西さんはインドネシア大学でも有名な人で、その人柄のよさゆえに誰からも好かれていた。若いときからインドネシアに一人で送られ、ほかに日本人など誰もいないようなところできびしい戒律の生活を送っただけあって、インドネシア人とまったく対等に流暢なインドネシア語を話し、食生活をはじめとしてライフスタイルはすっかりインドネシア化していた。初めてインドネシアに到着したばかりの私には、じつに頼りがいのある先輩だった。

私は、大西さんと彼のお父さんがイスラムに改宗したいきさつについてつねづね一度訊きたいと思っていたのだが、なかなかそのチャンスがなかった。ところがある夕方、私がマンディ(水浴び)を終えて表通りに面した寮のベランダに腰をおろし、道行くえびせんべい売りやジャム(ジャワの伝統的な薬)売りがそれぞれ独特の呼び声をあげて通りすぎていくのを眺めながら夕涼みをしていると、突然、彼が質問してきた。

「ところで愛子さんは、何が目的でインドネシアへきたの?」

私が第二次大戦期の日本軍政に興味をもっているのだと話すと、彼は、

「へーえ、面白いことをするんだなあ」

とどうやら、人並み以上に関心を示してくれて、そこではじめてボソボソと、自分の父は、日本の占領時代にアブドゥル・ハミッド・小野と呼ばれた、イスラム工作を担当した人物だという話をしてくれたのである。

大西さんのお父さんは昭和三(一九二八)年に旧制商業学校を卒業して、当時オランダ

領東インド(蘭印)と呼ばれていたこの国へやってきた。知人が東部ジャワのスラバヤ近くのラモンガンというところで経営していた日用品を売る小さな雑貨商を手伝うためだった。

戦前、ジャワへやってきて住みついた日本人の多くは、ハワイや南米への農業移民とはちがって商業移民であった。裸一貫でジャワに渡り、行商などでコツコツと資本金をためて、地方都市に小さな雑貨商や農産物集荷商を開くというのがよくあるパターンだった。一九三〇年代には、このような日本人経営の店が約二千軒あったという。もちろん時代がすすむにつれて、大企業から派遣され数年だけこの地に滞在する駐在員もこれにくわわったが、ともかく開戦前夜には、在留邦人の数は七千人にもなっていたという。

さて大西さんのお父さんは、五年ほどその知人の店を手伝ってから独立し、わずか九十ギルダー(当時のレートで百八十円)の資本金で近くのパンチャンというところに自分の店を開いた。昭和八(一九三三)年のことである。お父さんがイスラムに入信したのはそんなある日、つぎのようないきさつからだった。

大西さんのお父さんには充分な資本がなかったから、まえの晩に仕入れて翌朝それを売るという方法をとったり、また仕入れのときもお金がないので重い荷物を背負って十数キロを歩くというような苦労をしてやっと小金を貯めて、家具なども買いそろえた。ところがある日、それをすっかり盗まれてしまったのである。ジャワでは、物がなくなってどうしても見つからないと、ドゥクンという祈禱師に頼んで彼の超能力で方角を示してもらう。このとき大西さんのお父さんも、祈禱師の助けを得てようやく盗まれたものが見つかった。近くにちょうどイスラムの九聖人の一人ススナン・カリジョコの修行場があって、盗品が見つかったとき、それは神の加護があったのだからそこへお礼に行けとまわりの人びとが勧めた。そんなことをしているうちにイスラムの教えにいろいろふれる機会を得て、キアイ(イスラム教師)のもとですこしずつ勉強をはじめた。そして二十三歳のとき、割礼をうけて正式に入信した。

その後しばらくして大西さんのお父さんは、ススナン・カリジョコの修行場のジュル・クンチ(管理人)の姪と恋に落ち、結婚した。やがて子供も生まれたが、不幸なことに妻子とも病死してしまった。一九四一年五月のことだったという。その後まもなくして、日本とオランダ領東インドの関係は緊迫し、オランダ当局による邦人資産凍結などもおこなわれ、日本政府の勧告で在留邦人の引き揚げが開始された。

大西さんのお父さんは一九四一年十二月、最後の引揚船の富士丸で、十三年間住みなれたジャワを離れ、台湾まできたとき開戦を知らされたという。このとき、まだ引き揚げを完了できず、蘭印の地で開戦を迎えた日本人が二千人ほどいたが、彼らは敵性国人ということでオランダ官憲によって抑留された。そして日本の侵攻が迫ってきたとき、船に乗せられてオーストラリアへ送られた。そのため彼らは終戦まで、アデレイド近郊のラブダイ収容所ですごさなければならなかった。ただし彼らのなかには捕虜交換で釈放され、そのままジャワへもどって日本軍政に協力した人たちもいる。

大西さんのお父さんは、日本軍の侵攻作戦が終了し軍政が開始されると、かつての在留邦人に自由渡航が許されたため、さっそくふたたびジャワに向かった。そしてジャワを占領していた陸軍第十六軍に軍属として徴用され、「別班」と呼ばれた参謀部の特務機関の回教班に配属されたのである。当時、全部で五人の日本人ムスリムが軍属というかたちでジャワへ派遣され、一部は軍政監部の宗務部に、残りが参謀部別班に配属された。彼らのすべてが心から帰依したムスリムであったかどうかは疑わしいといわれている。開戦まえ、軍の作戦上の必要から、にわか仕立てで多数の者がイスラムに入信し、メッカへ巡礼してハジ(メッカ巡礼を果たした者にあたえられる尊称)を名乗ったからだ。五人のなかで本物のムスリムは、国策とは無関係にムスリムになった大西さんのお父さんと、もう一人、トルコ人女性と結婚するために改宗した男性だけだったともいわれている。

大西さんのお父さん、いやアブドゥル・ハミッド・小野氏は、軍政がはじまるや否や、ジャワ各地を巡回し、知り合いのキアイたちを訪ねては日本軍の主旨を説いてまわった。日本軍としては、イスラム勢力をなんとかして味方につける必要があるということで、対キアイ政策にはかなり力を入れていたのである。

キアイというのは、イスラムの勉強を究めた師に対する尊称である。イスラムには神父、牧師、僧侶にあたるような聖職者はいなくて、イスラムの法や教義について学識深く、それを一般の人びとに教授する「イスラム学の教師」がいるだけで、これをキアイという。このキアイの多くは、ジャワのいたるところにあるプサントレンというイスラム塾で教えている。プサントレンは、一人のキアイが自分の自宅の一部を開放して近所の子供たちにクルアンのイロハを教えているような小規模のものから、多くの教師を雇い入れて、数千人のサントリ(塾生)を抱えているような大規模なものまである。多くの場合、塾生はそこで教師や他の生徒と起居をともにしながら学ぶので、プサントレンの敷地内にポンドック(寄宿舎)が用意されている。だから、プサントレンのことをポンドックと呼ぶ場合も多い。

さて、アブドゥル・ハミッド・小野氏が手がけた対イスラム工作のなかでもっとも重要なのは、回教挺身隊(ヒズブラー)の訓練だったろう。インドネシア青年の武装化するということの試みは、防衛義勇軍と同じく別班が手がけ、各州の熱心なサントリ(プサントレンの塾生。またイスラムに深く帰依すること)青年約五百人が西ジャワのボゴール州チバルサというところに集められて数カ月間の訓練をおこなった。

ここでは、軍事訓練だけでなく、宗教的、イデオロギー的な教科もあった。五百人の青年たちはチバルサでの訓練終了後、各出身地へもどって地元の青年たちを集めてそれぞれ回教挺身隊を編成した。もう終戦まぎわのことだったので、挺身隊が実際になんらかの役割を果たすことはなかったが、対オランダ独立戦争に際しては、挺身隊がイスラム勢力による闘争の中心を担った。

アブドゥル・ハミッド・小野氏は、この間ずっとイスラム信仰を強くもちつづけ、終戦後、無事日本への復員を果たし、その後、大西姓の日本人女性と再婚した。そして生まれたのが、大西正治さんである。正治さんは父親の信仰を受け継ぎ、ムスリムとして立派に育った。そして先ほどふれたように、高校卒業と同時に、さらにイスラム学を修得するためにジャワへ渡ったのである。そして、父親にかわって、スラバヤにある前妻とそのあいだに生まれた子供の墓参をずっとつづけているということだった。

アブドゥル・ハミッド・小野という名は、文献などで知っていたが、それが大西さんのお父さんだとは夢にも思わなかった。なんという奇遇であろう。それから、八年ほどすぎた一九八〇年に、私はおりから帰省中の大西さんの案内で、彼のお父さんを奈良に訪ね、本人の口からさらにくわしく話を聞くことができた。日本にとって重要だった対イスラム工作の中心にいた人物の貴重な証言をテープに収録できたのは、ほんとうに幸運であった。その後わずか数年して、アブドゥル・ハミッド・小野氏は交通事故で他界された。

息子の正治さんは一九八〇年に、それまでのインドネシアでの長い学生生活についに区切りをつけ、外務省に中途採用となり、ジャカルタの大使館に勤務するようになった。現地採用ではなく本省採用である。これはまったくの異例の人事ということだった。それほどまでに彼のインドネシア語とインドネシアに対する知識や教養や人間関係が霞が関で評価されたということだろう。

だからその年、私が農村調査のために再度インドネシアへ赴いたときには、彼はタムリン通りの日本大使館のオフィスにいた。昔二人とも貧乏学生だったころは、権威の象徴みたいで、アルバイトをまわしてもらうときぐらいしか近寄らなかったあのオフィスに。しかし役人になって、似合うとはいえないネクタイと背広に巨体をつつんでいても、彼は昔ながらの彼だった。その夏には、日本からきた花嫁と、イスラムにもとづく盛大な結婚式をあげ、新しい家庭をつくった。

翌年私が帰国するときには、身重のおつれあいと一緒に空港まで見送ってくれた。そして、それが彼の姿を見た最後になった。彼は一九八七年四月四日、スマトラのメダン空港に着陸しようとして落雷にあい大破したガルーダ航空の飛行機に乗り合わせていて亡くなったのである。そのころ彼はメダン領事館勤務になっており、アチェへの出張の帰路だったという。

私はそのニュースを、アメリカのニューヨーク州イサカ市郊外を車で走りながらカーラジオのなかで聴いた。ちょうど博士論文を仕上げるために一年間コーネル大学にもどっていたときのことだった。そのときは犠牲者のなかに三人の日本人がいると報じられただけでくわしいことはわからなかったが、大西さんがメダンにいることを思いだして、なんとなく胸騒ぎがした。その翌日、ニューヨークから一日遅れで運ばれてくる日本の新聞に彼の名を見つけたときには、茫然となってしまった。享年三十八歳、外務省に入って七年目、結婚して七年目。なんとしあわせうすい人生だったのだろう。なんとあわただしい人生だったのだろう。洋子夫人のもとには五歳の男の子が一人残された。大西さんの葬儀はもちろんイスラム式でおこなわれた。その三年まえ交通事故で他界されたアブドゥル・ハミッド・小野氏も、まさか息子がこんなに早く天国へやってくるとは思わなかっただろう。

留学生仲間の助け合い

大西さんの話のついでに、そのころの留学生仲間のことをもうすこし話そう。

いまとちがって、そのころジャカルタにいた日本の留学生はわずか数人であった。芸術の都ジョクジャカルタにはバティックと呼ばれるジャワろうけつ染めを学ぶ吉田恭子さんや、ジャワの音楽を学ぶ日本人女性がいたが、ジャカルタでは女性は私一人だった。インドネシアに留学する日本人の数もほんとうに限られていた時代だったので、貧乏留学生同士の互助精神というのは格別強く、それだけになつかしい思い出が多い。

この時代をともにした友人たちの多くは、それ以来ずっとこの国に住みついていたり、あるいはその後インドネシア関係の仕事に就き、ふたたびこの国へもどってきている。私もその後インドネシアに足を運ぶたびに、なつかしい友人たちとの再会に心が躍ることが多い。

留学生の多くは日本の大学を出てから一、二年言葉の勉強などにきていたのだが、なかに高校を卒業したばかりの〝美少年〟がいた。野村昇さんである。彼は名門インドネシア大学の政治学部に正規の試験をうけて入学し、五年という最短コースで優秀な成績で卒業した。当時、この国では大学は入りやすかったが、ちゃんと卒業し、学士号をとれる人はインドネシア人でも少なかった。それを日本人の彼がやりとげたのである。野村さんも大西さんと同じように能力を認められて、異例のかたちで外務省に採用になった。偶然にも二十年後に私がジャカルタの日本大使館の専門調査員として赴任したとき、彼も一等書記官として同じ政務班に勤務していた。

留学生たちはみんな貧乏だったから、ほとんどがアルバイトに頼って生活しなければならなかった。いちばんいいアルバイトは、やはりなんといっても通訳や翻訳だった。そのころ日本の企業が新たな進出の道を求めてしばしば下見にきたりしていたので、ときおり通訳を頼まれる機会があった。また、日本大使館からもずいぶん通訳や翻訳の仕事をまわしてもらった。私も政府関係者や国会議員のアテンドをしたことがある。そのなかには、のちに官房長官になった労働省(当時)の森山真弓さんや、宮沢喜一氏らもいた。こうした仕事を仲間同士でまわしあったりして助け合ったものだ。青年の船や、その他大きなイベントの団体が到着するようなときには留学生に総動員がかかった。

当時は、レストランとかディスコとかいったところは多くが富裕階層の人びと向けで、私たち学生には高嶺の花だったから、楽しみといえば、夜みんなで連れだって屋台へくりだすことだった。

私の宿舎から歩いて十分ぐらいのところにブロックMという大ショッピングセンターがあり、その一角に小学校の運動場ほどもある空き地があった。夜になるとここに、ソバ、揚げバナナ、サテと呼ばれる焼き鳥、蒸した貝、マルタバと呼ばれるインド風のお好み焼きなどを食べさせる屋台がテントを張ってズラリと並んだ。テントの下でほおばる焼き鳥や焼きそば、そしてぶっかき氷を入れて飲むビールの味は格別だった。ただし、一気に飲まないと、氷が解けてきてだんだん味がうすくなってしまった。

当時、焼き鳥が十本で七十ルピア、つまり五十円ぐらい。また、揚げバナナは一切れ五ルピア、つまり三円ぐらいで、貧しい留学生にもなんとか払える金額だった。アセチレンガスのランプがこうこうと輝く屋台は、午前二時までずっと店をあけている。そのかたわらにはたくさんのベチャ引きがたむろしていて、帰りの足は心配ないから、みんな夜空の星を眺めながら心ゆくまでここで飲食を楽しんでいく。終電を気にしながら飲む、日本のネオン街とは雰囲気がずいぶんちがう。

冷房付きの家に住んで車で行き来するような上流階級の人たちは、こうした庶民相手の屋台にはやってこない。いまこのブロックMは高級ショッピングプラザに変わり、夜はカラオケバーやナイトクラブがひしめくジャカルタ一の歓楽街になり、屋台街もとりこわされてしまったが、そのころはまだ土のにおいのする庶民の憩いの場だった。

その他の楽しみといえば、映画ぐらい。なにせカラオケボックスもゲームセンターもない時代である。

そんななかで、たまにみんなで集まって日本風の食事をつくって食べるのは何よりの楽しみだった。当時ジャカルタには日本レストランが二、三軒しかなく、しかもそれらは私たち留学生にとっては値段が高くて足が向かない。また、いまでこそジャカルタのあちこちにあるスーパーマーケットには日本食品があふれるほど出まわっているが、当時は、免税ショップのようなごく一部の限られたところ以外では、日本料理の材料や調味料は手に入らなかった。一般に手に入るものといえば、キッコーマンの醬油と味噌、それに日本茶や海苔など日持ちのするものばかりだった。そんななかでときたま、「カレーのルーが手に入ったからつくろう」などと誰かが声をかけると、みんなワーッと集まってきた。全員でありあわせの材料でつくった。また醬油を手に入れて、インドネシアのかたい牛肉でスキヤキにしたりして一緒に楽しんだものだ。

苦楽をともにした留学生仲間のことは、いまでもいちばんなつかしい思い出となっている。

マダム・ヨシコからうけた支援

留学中に私が直面していたひとつの問題は、財団から支給される奨学金の不足をいかにして補うかということだった。財団からは、食住の費用と、インドネシア語レッスンの授業料が支給され、そのほかに現金で一カ月二千五百ルピアが支給された。当時、博物館へ行くバスの料金が片道十五ルピアだったので、それだけでも奨学金はかなり減ってしまう。博物館で文献複写の代わりにやってもらうタイプ料だとか、日本への通信費、本や日用品を買ったり、ときおり地方へ旅行するときの費用といったものまでは、奨学金だけでは賄うことができなかった。そのため、どうしてもアルバイトを探さなければ生活していけなかったのである。

幸いジャカルタには、私のように自由に動ける立場にある日本人に対する需要がかなりあった。ひとつは先ほどふれたように通訳や翻訳の仕事である。当時の通訳の報酬は一日二十ドル(当時のレートで約六千円)というのが相場であった。一九九〇年代の日本では、学生でもインドネシア語の通訳なら一日百五十ドルぐらいが相場だが、当時はそんな程度であった。それでも私にはずいぶんと高額に思えた。二十ドルといえば約八千ルピアであるから、私の奨学金の三カ月分以上に相当したのである。

さらに、邦人家庭の子弟の家庭教師という仕事があった。ジャカルタでは一九六九年に日本人小中学校が開校され、それにともなってかなりの数の日本人が家族を同伴して赴任するようになっていた。日本国内と同じカリキュラムで、日本から派遣された現職の教師たちが教えるのであるからその教育レベルは充分に高いのだが、それでも祖国を離れているとなんとなく心配なのだろう。学生アルバイトの家庭教師はかなりひっぱりだこだった。現在ジャカルタには日本の学習塾が進出しているが、当時はそんなものはなかった。私は、おかげで家庭教師のアルバイトを週に何回かやることで、かなりまとまった定収入を確保することができた。そのときの教え子には、前述したＮＨＫのサイゴン支局長からジャカルタ支局長になって来た長野さん、毎日新聞支局長の小木曽功さん、インドネシア銀行の顧問として来ていた東京銀行の吾妻さんらのお子さんがいた。その子たちの当時の日本人学校の同級生が、いまでは駐在員二世になってジャカルタに勤務している。それにしても、アルバイト料にもまして貴重だったのは、それぞれの家庭で授業のあとに出される日本料理の味であった。

そのほかに、インドネシア人に日本語を教える仕事もした。いまほどではないが、日本語熱がジワジワと高まりつつあったときで、これもかなり需要があった。ただ問題なのは日本にくらべて報酬が安いことであった。一時間の授業料が五百ルピア、つまり日本円にして三百五十円ぐらいにしかならなかったのである。

そんなアルバイト頼りの生活のなかで、今は亡きマダム・ヨシコが私に差しのべてくれた支援にはおおいに助けられた。

マダム・ヨシコは本名を近藤芳子といい、私が毎日通っていた博物館のすぐ横にあったジャカルタで二番目に古い日本料理屋の女将である。友人の紹介で、そのレストランのインドネシア人従業員たちに日本語を教えるようになったのが、マダム・ヨシコとの出会いだった。いかにも女将という感じの貫禄のある姉御肌の女性で、一見怖い感じのする人だったが、従業員からは慕われていた。従業員に日本語を教えるというのは、彼らが必要としていたというより、貧乏学生の私に何か職をあたえてあげようというマダム・ヨシコの配慮から仕事をつくってくれたというのがほんとうのところのようだった。

彼女は新潟県出身の純粋な日本人女性である。日本人の父とインドネシア人の母のあいだに生まれた混血男性の近藤氏と恋に落ち、夫の仕事の関係でインドネシアへ渡った。日本がようやくインドネシアとの国交を回復した一九五〇年代の終わりごろのことであった。根本七保子さんがスカルノの招きでひそかに渡航して、やがてデヴィ夫人となったのとちょうど同じ時期である。もちろんその当時、インドネシアに住む日本人は数えるほどしかいなかった。空前のインフレでインドネシアの経済は大混乱におちいり、生活物資の入手にも困難をきたす時代であった。

インドネシアに渡ったマダム・ヨシコは、ジャカルタの日本大使館にローカルスタッフとして採用されて働いた。まもなく長男リオ君、次男ユウキ君につづいて長女のマリちゃんも生まれた。三人の子供を育てながら彼女は働きつづけた。やがてスカルノ失脚後の新体制によって外資導入法が制定されると、日本の経済進出がせきを切ったようにはじまり、インドネシアへやってくる日本人の数も桁ちがいに増えるようになった。

そのようななかで彼女は大使館を辞め、それまでにたくわえた資金をもとにレストランを開いた。ジャカルタのど真ん中の一等地に、である。まだ日本人以外のあいだにはそれほど日本食がブームの時代ではなかったし、材料の仕入れも定まったルートがなく、かなり手間のかかった時代であるから、女手ひとつでそういった難関を越えていくことは、さぞたいへんだったろうと思う。しかし大使館の人脈にくわえて、彼女の気配りや如才ない応対などがうけて、レストランは固定客を獲得していった。庶民には縁のない高級レストランではあるが、主として企業の商談などに使われた。その後、ジャカルタには毎年のように新しい日本レストランがオープンし、その数はのちに百軒にもなったといわれている。大手の資本も進出してきたため競争は激しくなっていったが、レストラン・ヨシコは、その老舗としての地位をゆるがすことなく今日までつづいている。

私が日本語を教えた開店当初からの従業員もいまだに何人か残っていて、息の長い人間関係を大切にする、人情の厚いマダム・ヨシコの人柄がここにもよくあらわれている。彼女は、初めて出会ったときから亡くなるまで、私の研究活動の最大の理解者であり支持者の一人である。私が一人前の研究者になるまでの長い歳月のあいだ、彼女が私にそっと手渡してくれた私的な奨学金は、今日の私の研究生活の基礎を築いてくれたのである。

マダム・ヨシコは、初めてのインドネシア滞在で出会った思い出深い人たちのなかでも、けっして忘れられない一人である。

義勇軍とありし日の柳川宗成さん

今回のインドネシア留学は、語学力をつけ、現地体験をすることが主な目的ではあったが、同時に、いずれ書くであろう博士論文のために、できれば多少なりとも情報を収集したいと思い、そのために関係者とのインタビューもやるつもりでいた。

博士論文は、日本のインドネシア占領期の歴史についてとりあげるという以外、具体的にどのようなテーマで書くかなどまだはっきり決まっていなかったが、卒論でジャワ防衛義勇軍の反日蜂起のことをあつかったので、この、日本によって教育されたインドネシア人の軍隊についてもうすこしくわしく調査したいと思っていた。そのためには当時の義勇軍の将兵に会って直接聞き取りをしたかった。すでに日本を出るまえに、当時義勇軍を「指導」する側にあった日本人指導官には何人か会っていた。その人たちから口をそろえて、「ジャカルタへ行ったらこの人に会いなさい」といって勧められたのが、柳川宗成《もとしげ》さんという人物だった。インドネシアの「ギユーグン創設の父」として、インドネシア国軍関係者から慕われている柳川元中尉である。

どういう事情があったかは知らないが、一九六四年に日本での生活に終止符を打って彼は一家をあげてインドネシアに渡り、インドネシア国軍の要人たちの援助を得て暮らしていた。一九一四年の生まれだから、一九六四年にインドネシアに渡ったときは五十歳になっていた。夫人と二人の子供が一緒だった。その後全員インドネシアに帰化して、私が会ったころにはすでに滞在八年になっていた。

「帰化した日本人」というと多くは、戦争のあと残留し、そのままインドネシアの女性と結婚して今日にいたっている男性か、あるいは、日本へきていた留学生の妻となって海を渡った女性のいずれかである。夫も妻もともに純粋な日本人でありながら、インドネシアに渡って骨を埋めようという人は少ないし、第一、よほどのことがないかぎり外国人はインドネシア国籍はとれないのである。柳川さんの場合、かつての教え子でいまは軍の首脳になっている人たちが一生懸命後押しをしたのだろう。そんな深い信頼関係が柳川さんと元義勇軍将校たちのあいだにはあったようだ。

柳川さんは当時、テベットというジャカルタの中心部に近い住宅街に住んでいた。そのお宅へは、すでに日本で知り合っていた大成建設の中島正周《まさちか》さんが案内してくれた。彼は、戦前バタヴィアで生まれ、小さいときからオランダ式教育をうけたのちスラバヤの医学校に学んだという珍しい経歴の持ち主で、日本軍政期には、柳川さんの属する特務機関の通訳をしていた。柳川さんの住まいは、「親方日の丸」の日本企業の駐在員たちのそれとくらべればけっして豪華とはいえない、こぢんまりした家であった。

私が初めて訪れたとき柳川さんは、長く肝臓病をわずらったあとで、かなり体が弱っていた。うだるようなジャカルタの昼下がり、クーラーもなく、ハエがブンブン飛びかう居間の片隅のベッドに体を横たえていた。それでも、義勇軍の思い出を語るときの柳川さんの目はらんらんと輝いていた。

彼は一九四〇年に特殊工作要員養成のための専門校である陸軍中野学校を卒業したのち、ジャワを占領した陸軍第十六軍参謀部の特務機関員となり、ジャワ島へ敵前上陸をはたした。上陸作戦に際してはインドネシア人に変装してバンドゥンへ一番乗りをしたという勇者である。生粋の情報将校だけあって、年をとってもその鋭い眼光が彼の経歴を物語っていた。何度も彼の家に足を運び、すこしずつ語ってもらった話を総合すると、義勇軍設立のいきさつはほぼつぎのようであった。

ジャワ郷土防衛義勇軍が日本軍の命令でジャワ全土で編成されたのは一九四三年の暮れのことである。ジャワ侵攻作戦当時、二個師団約五万人の兵力を投入していた日本軍であったが、いったん「平定」作戦が完了して治安が回復されると、その主要部隊をラバウルなど太平洋方面の戦場へどんどん転出させたため、一九四三年ごろには、ジャワ防衛のための兵力は一万人あまりに減少していた。

しかし戦局はすでに、一九四三年二月のガダルカナル島からの撤退以降防衛に転じており、ジャワ島にもいつなんどき連合軍が攻撃してくるかわからないというような状況だった。そのようななかで一九四三年九月には、いわゆる「絶対国防圏」が画定され、東南アジアとニューギニア北部は絶対に死守しなければならない地域とされた。しかし、連合軍が再上陸しようとしたとき、ジャワは一万人の兵力ではとても防衛しきれるはずがなかった。すでに「兵補《へいほ》」と呼ばれるインドネシア人兵を日本軍の各部隊ごとに募って、現地における兵力の増強をはかっていたが、彼らはいまひとつ戦闘意欲に欠けていた。というのも、彼らはそのときそのときの日本軍の都合によって、将棋のコマのようにあちこちへ連れていかれ、彼らにはかならずしも「祖国」を守るという意義づけができなかったのである。

そこでジャワの軍政当局は、「ジャワのためのジャワ人の軍隊」をつくり、オランダ植民地主義から「祖国」を防衛するという尊い任務をこれに課そうと考えたのである。

つまり、日本の利益のために働く軍隊ではなく、インドネシア民族のための民族軍だということを強調したのであった。そしてその設立にあたっては、インドネシア民族の側から強い要望があったというかたちをとらせた。ガルットという地方都市に住む、ガトット・マンクプラジャという民族主義者に白羽の矢をたて、彼に軍政監宛ての義勇軍設立建白書なるものを提出させたのである。その翌日の各新聞はいっせいに一面トップでこのことを大きく報じた。さらに、それにつづく数日間、各地の名望家、知識人、宗教指導者たちから相次いで支持声明が出され、これが新聞で報道された。そしてしばらくして、軍政監がこの「原住民の熱意に応えて」ジャワ郷土防衛義勇軍の設立を許可す、という主旨の発表をした。

この一連の演出はみごとに功を奏し、義勇軍は住民から大歓迎された。ただちに各州の行政機構を通じて名望家や官吏の子弟たちから幹部候補生が厳選され、彼らはボゴールに設立された義勇軍錬成隊(のちに幹部教育隊)へ送られた。ここでその教育を担当したのが柳川さんの属する別班と呼ばれる特務機関員たちで、その多くは陸軍中野学校の出身者であった。

日本軍当局の心配をよそに義勇軍への応募者は思いもかけず多かったという。それは、かならずしもこの義勇軍設立に意義を感じてというのではなく、軍隊に入れば衣食住が保証されるという実利的なメリットに魅かれてきた者も多かったようだ。当時の農村青年たちの目には、「腹いっぱい食べられる」ということは、それだけですばらしく魅力的に映ったのである。こうして義勇軍は、最終的にジャワ全土で六十六個大団(大隊)、三万三千名を擁する兵団となった。

柳川さんの紹介で、いろいろな元義勇軍将校に会い、話を聞くことができた。最初はたどたどしいインドネシア語だったから、経歴を尋ねたり、義勇軍入隊の動機や所属部隊の組織のことなど、ほとんど決まりきった質問しかできなかった。質問はあらかじめ用意していけるからいいが、答えはとても充分には理解できない。テープレコーダーに録音しておいて、あとから何度も何度も聞いて文字に書き起こす作業をした。

彼らの話によれば、戦争中の柳川さんは、それはきびしい人であったそうだ。ビンタをくらわなかった者はいないという。

「日本人はすぐ殴る」というのが、もっとも一般的な対日マイナスイメージである。それはとくに、人に頭を触られることを忌み嫌うイスラム社会ではたいへんな汚点となった。しかし義勇軍の将校たちのあいだでは、戦後、どうやらこのビンタはなつかしい思い出へと転化しているようである。それが憎しみより愛情から出たものである場合、その心情はやはり民族を越えて通じるところがあったのであろうか、というのはあまりにも日本びいきの身勝手な推測かもしれないが、ともかくも義勇軍出身のインドネシア人たちは全体としては日本にマイナスイメージは抱いていないようだ。日本軍政のなかで唯一の、多少なりともプラスイメージで受けとめられている事柄といえるかもしれない。

しかし、その義勇軍が日本に叛旗を翻したことがあった。一九四五年二月のこと、東部ジャワのブリタルというところにあった大団の大多数の将兵が武器をとって立ち上がり、その周辺に住む日本人五人(電話局員、ホテル支配人、製糖会社社員二人、警察官)をそれぞれべつの場所で襲い、うち三人を死亡させた。蜂起の理由は、義勇軍が近辺の海岸の防衛工事の監督を担当した際、牛馬のようにこき使われるロームシャ(労務者)たちの状況を目の当たりにして怒りが爆発したからだといわれている。

蜂起はまもなく鎮圧され、五十五人が逮捕されて軍律会議にかけられ、うち六人が死刑になった。しかし、いちばんの首謀者といわれるスプリヤディ小団長は、逮捕されるまえに姿をくらまし、現在にいたるまで生死が確認されていない。そして彼は、不在のまま、独立後に初代の国防相に任命された。

まえにもふれたように、この事件が私の卒論のテーマであった。そのときはヌグロホ氏の著作を訳して紹介するという、オリジナリティに欠ける研究だったが、この機会にすこし自分でも調査をしてみることにした。そしてブリタルへ赴き、生き残りの関係者にインタビューした。

戦後二十七年間息子の帰りを待ちつづけていたスプリヤディ小団長の母とも会った。

物静かな、しかし心の底に何か燃えるような情念を秘めている女性だった。彼女は息子の人生を狂わせた日本という国からやってきた女子学生をどのような気持ちで受け入れたのだろうか。自宅の庭先のベランダに腰をかけ、ようやくその熱気がおさまりかけた夕暮れのひととき、彼女はボソボソと語ってくれた。

彼女によれば、スプリヤディは小さいとき大病をわずらったが、修行によって特別な力(ワフユ)を授かってそれを克服したという。ジャワ人は神秘主義的な信仰を強くもっている人が多く、このように自己鍛練や、修行、黙想を通じて特別な力を得ることができると考えられている。病気になると医者のほかに祈禱師にも頼るという風潮は、知識人のあいだでさえ見られる。

スプリヤディの母は、息子がこの特殊な力を授かって、どこかで生き延びていると信じていた。柳川さんによれば、スプリヤディはある日本人教官を頼って義勇軍遊撃隊司令部にやってきたので、日本が採掘していた大きな炭鉱のある西部ジャワの寒村バヤに逃れさせる手はずを整えたという。しかし、それ以後の運命は誰も知らない。もしほんとうに生きているとすれば、日本の敗戦後なにゆえに姿を現さないのか疑問であるが、そんなロジカルな考え方を拒否して息子の生存を信じずにはいられない母親の悲しい姿を見た。

さて、義勇軍のなかには、それほど高い家柄の出身ではないが、将校に抜擢されたことによってその後の運命が開けて出世した人も多い。日本は競争原理を持ち込み、優秀な者はどんどん登用したからである。まえにふれたように、長きにわたり大統領をつとめたスハルトも、そのような一人であった。彼は、一九二一年に中部ジャワ、ジョクジャカルタ郊外のデサ(人口がだいたい三千人から五千人の村落共同体で、いまは行政村になっている単位のこと)の水利役人の息子として生まれた。

彼の父は、そこそこの土地を所有し、村落社会で指導的な地位を占めていたとはいえ、階層的には平民に属していた。しかし彼は、刻苦勉励してなんとか政府の下級役人になった叔父のもとに預けられ、その叔父が保証人となってオランダ式原住民小学校で教育をうけることを許された。せいぜい村のジャワ語の学校で二、三年の教育をうけられればいいほうであった当時の農村青年にとって、それはかなり異例のことであった。こうして彼はジャワ中部の古都ソロ(スラカルタの別称)の小学校を卒業したのち中等学校に学び、卒業後はオランダ植民地軍(KNIL)の下士官となった。日本がきたときには逃げ、やがて警察に勤務するようになった。そのような彼にとって、義勇軍将校としての誘いはなかなかに魅力的だったのであろう。

スハルト青年は最初、故郷ジョクジャカルタ侯地のワテス大団に小団長として配属された。ここで短期間に頭角を現したのであろう、まもなく再訓練をうけて中団長に昇格した。直接彼の指導にあたった、同じく別班の土屋競《きそう》少尉は、一九七〇年代には静岡県に健在で、インドネシアの独立記念日には、大統領の招待をうける数少ない日本人の一人である。デサの水利役人の息子にすぎなかったスハルト青年が、独立戦争で功績を残し、国軍将校としてトントン拍子に出世をし、最後には大統領にまでなった、その華麗なキャリアのスタートが義勇軍将校であったということは、特筆すべきことだろう。当初は傀儡軍としてつくられた義勇軍が、日本の敗戦後インドネシア国軍として再編され、独立国家建設のため重要な役割を果たしたことによって、スハルト青年は飛躍のチャンスをつかみとることができたのである。

独立後の国軍を担った人びとの多くは多かれ少なかれそのような経歴をもっている。そして、柳川さんがインドネシアに住みついた一九六〇年代には国軍のリーダーの大多数は義勇軍出身者で占められ、しかも彼らは軍人としてだけではなく政界、財界の実力者でもあった。こういう人びとの後ろ盾で、柳川一家のジャカルタ生活ははじまったのである。そして柳川さんの誕生日である七月七日には毎年、まえに話した菊池さんの経営する日本レストランで盛大なパーティが開かれていたが、その際には、時の陸軍参謀長やジャカルタ特別市知事などの要人たちも参加したという。

その柳川さんは一九八五年に亡くなり、インドネシアに葬られた。中学校時代に日本を離れて新しい土地に移ってきた二人のお子さんはいずれもインドネシア人と結婚して、もう完全にこの国の人になっている。

西部ジャワのバンドゥンへ移る

シスワ・ロカンタラ財団の奨学金は一年の約束で、あっという間にその期間がすぎてしまった。延長を申請したが、もう財団自体を閉じるということでかなわなかった。結局、私が最後の留学生だったというわけである。

この一年間で語学力はスジマン先生のレッスンと、また日常生活、そして通訳などのアルバイトを通じてかなり上達したし、博物館での資料収集もほぼ完了した。しかし、義勇軍関係者をはじめとするインタビューはまだスタートしたばかりで、もうすこしつづけたかった。それだけでなく、日本占領期から革命期にかけて、この国の人びとがどんな体験をしたのかを知りたかった。どうしてももうすこしねばりたかった。幸い、そういうこともあろうかと、ジャカルタでのアルバイト収入の一部をたくわえておいたので、あと数カ月はなんとかなりそうであった。どうせ自費で生活するなら、ジャカルタよりは地方都市へ行ってみようということで、西部ジャワの高原都市バンドゥンと中部ジャワのジョクジャカルタに住むことにしてみた。

ジャカルタを出るまえに、すでに知り合っていたある元義勇軍将校から、同じく元義勇軍将校でバンドゥンに住んでいるスジャルワコさん(仮名)を紹介してもらった。彼は、

その地で義勇軍の戦友会を組織しており、顔も広かった。連絡をとると、

「いつまでバンドゥンにいるのかね」

と訊かれた。

「二カ月か三カ月ぐらいです」

と答えると、

「それじゃわが家の離れがあいているからそこへ住んでもいいよ」

ということになって、彼の家に食事付きで下宿することになった。

バンドゥンという町は、ジャカルタから南東へ汽車かバスで約三時間の高原地帯にある。もともとオランダがつくったヨーロッパ調の洒落た町で、植民地時代は国防省などいくつかの重要な役所がおかれていた。鉄道を挟んで、北がオランダ人の居住地、南が「原住民」の居住地になっていた。スカルノ時代にアジア・アフリカ会議がおこなわれた会議場は町の中心部の、ちょうどその南北の境目あたりにあった。人口はそんなに多くはないが、古くから教育と文化の中心地でもあった。

スジャルワコさんの家は町の北側、つまりかつてのオランダ人地区にあった。市を南北に走るダゴ大通りからすこし東に入った高級住宅街で、スカルノの卒業したバンドゥン工業大学や、国立パジャジャジャラン大学からも近いところだった。

同じジャワ島でも、西部ジャワのバンドゥン周辺に住む人びとは、ジャワ人ではなく

スンダ人というべつの種族である。この広大なインドネシアには三百以上の種族が混在しており、それぞれまったく異なる言語や慣習をもっている。

スジャルワコさんはジャワ人だが、どういういきさつからか、このスンダ人の中心地バンドゥンに住みつくようになり、スンダの名門のお嬢さんと結婚した。このお嬢さんのお父さんは、スリヤ・アトマジャといって、オランダ時代にはバンドゥンの隣県、チアンジュールのブパティであった。ブパティというのは、オランダがくる以前にその地域を統治していた封建領主で、植民地化されてからは、そのまま植民地政庁の地方行政官(県知事)として採用され、ほぼ世襲に近いかたちでそのポストがこの家系に引き継がれていた。

だから、スジャルワコ夫人は、日本でいえば藩主の家系に生まれたお姫様といったところで、中級植民地官吏を父として生まれ育ったスジャルワコ氏よりも、ひとつ上の階層の出身者であった。それは二人がうけた教育のちがいにも表れている。夫人は、植民地在住のオランダ人子弟のためにつくられた小学校に特別枠で入学を許され、中等教育もその延長でうけていたのに対して、スジャルワコさんは、オランダ式原住民小学校という、インドネシア人上流階級の子弟のための学校を出ていた。もちろん、原住民小学校でさえ行けたのは人口一万人に十二人という時代だから、スジャルワコさんにしても相当のエリートにはちがいなかった。

その身分差がなんとなく家庭内にも感じられた。夫人の実家とのつきあいは頻繁であったのに対し、スジャルワコさんの親族の話は話題にさえのぼったことがなかった。私も下宿をはじめてまもなく、夫人のお父さんの家に「あいさつ」に連れていかれ、一家の家系図を見せられ、うんざりするほど説明を聞かされた。夫人は何かにつけて「私の娘のころにはね」を連発し、オランダに移住してしまった兄のことをことあるごとに語っていた。祖国が独立したことによって何かを奪いとられてしまったインドネシア人もいるのだな、と複雑な思いがした。

女房に頭の上がらないスジャルワコさんはなんとなく家庭生活が楽しくないのだろう、ほかにいい関係の女の人がいるようだった。というのは、この家には若いスンダ人の夫婦がそれぞれ運転手とお手伝いさんとして住みこんでいたのであるが、スジャルワコさんをその女性のもとへ送り届ける運転手がそのことを女房に話し、女房が「シーッ、奥さんに内証よ」といいながら私に耳打ちしてくれたのだ。

スジャルワコさんには二十になるかならないかの娘がいたが、これが何度か警察の世話になるような不良娘で、しょっちゅう若い男の子が出入りしていた。要するに崩壊家族だったのだろう。家庭的な温かみのあまり感じられない下宿であったが、スジャルワコさんが元義勇軍将校であり、夫人が名門の出であったため、この地方の要人とも親しく、調査はとてもやりやすかった。三カ月ばかりのバンドゥンでの生活のあいだに約三十人ほどのインドネシア人にインタビューし、日本占領期や革命期の彼らの生活について話を聞くことができた。もちろんその多くは、いまはもう亡くなられている。だから、いまとなっては、たどたどしいインドネシア語でやったあまり的を射ていない私のインタビュー記録も、けっこう貴重なデータになっている。

バンドゥンには、独立戦争の初期に、オランダの代わりに終戦処理にやってきたイギリス軍とのあいだに激しい苦しい闘いが展開され、インドネシアの闘士たちは最後は泣く泣く町に火を放って撤退したという歴史がある。そのとき、火の海のように燃えあがるバンドゥン市を眺めた無念さをうたった「ハロー・ハロー・バンドゥン」の歌は現在もっともポピュラーな革命歌となっている。私が会った人びとは、多くがその闘士たちであった。彼らが、青春のもっとも美しく燃えたひとときを語るとき、文字どおり目はらんらんと輝き、話は時を忘れてとめどなくつづいた。汚職にまみれ、財布のなかも体も肥えて脂ぎった現在の軍人たちにもそんな青春があったのだ。

バンドゥンではなつかしい出会いがあった。この本の冒頭で紹介した、私にインドネシアの不思議な魅力を教えてくれた日本への元留学生のエンダさんである。彼女はすでに帰国していて、バンドゥンにある彼女の母校国立パジャジャラン大学の日本語学科の先生をしていた。

この大学はインドネシア全体で見ても、日本語教育においてはパイオニア的な存在である。一九六三年に文学部に日本語学科が創設されて、エンダさんもその創成期の学生の一人だったのだ。しかし、そのころは教授陣も本格的に日本語を勉強した人はいなかった。彼女と何人かの仲間が留学からもどってはじめて本格的な日本研究がはじまったのである。エンダさんの学生さんたちとも仲よくなり、彼女たちが私のインタビューに同行して、不自由なインドネシア語を補ってくれたり、ノートを取るのを手伝ってくれたりした。一九九〇年代には、その人たちがインドネシア各地の大学の日本語学科の教員として第一線で活躍するようになった。

パジャジャラン大学には数は少ないが日本人も留学していた。当時は「日本人同士だ」というだけで親しくなれる雰囲気だったから、短い滞在だったが、彼らとも親しい交わりがはじまった。その一人は蓮田裕太郎さんといい、お父さんが、柳川宗成さんや中島正周さんや、アブドゥル・ハミッド・小野さんのように、戦争中に軍の特務機関に勤務し、それ以来戦後もずっとインドネシアにかかわってきたという人だった。

会社命令で派遣された駐在員はべつとして、当時インドネシアにかかわっていた日本人には、戦争中にその起点がある人が多かった。いまのようにバリ島ブームも、ガムラン・ブームも更紗《さらさ》ブームもなかったから、戦争中のきなくさい関係が両国を結ぶもっとも太い潮流となっていたように思う。ということは、彼らの戦争中の思い出がけっして悪くなかったということを意味する。何か後ろめたい気持ちがあったら、あえて戦後はかかわり合いになりたがらないだろう。

一九六八年夏、文化大革命下の中国で私が体験したことから思うと、中国はとてもではないが、戦争中に中国に関与した日本人が住みついたり、ビジネスをやったりするところではない。インドネシアのこの特異性が私には不思議でならなかった。

裕太郎さんの日本の家には、彼が小さいときから多くのインドネシア人が出入りし、彼はインドネシアの文物や食べ物にも接して育ったという。将来はインドネシアに、ということが小さいころから彼の心の内部では当然のこととして定まっていたのだろう。そして、彼はラディウス・プラウィロという、時の中央銀行総裁であり、その後商業大臣にもなった人物の庇護をうけ、バンドゥンに住む大臣の妹の家に下宿していた。裕太郎さんは、それ以後日本から妻を迎え、のちの農村調査のときも私がジャカルタへ出てくると、ご夫妻にお世話になった。三人のお子さんを得た今日にいたるまでインドネシアに住み、私はジャカルタを訪れるたびに旧交をあたため、白髪のまじるこの歳になっても、「裕太郎さん」「愛子さん」と呼び合う仲である。

この裕太郎さんとともに、もう一人忘れられないのが、矢間《やざま》勝秀さんだ。矢間さんは、成城大学の大学院で社会経済史を専攻していた研究者の卵で、デサと呼ばれるジャワの村落社会の研究をするためにバンドゥンのパジャジャラン大学に留学していた。日本では反代々木系の新左翼、ブント派の闘士で、ひじょうな熱血漢だった。

一九七四年七月にバンドゥンで反華人暴動が荒れ狂ったことがあったが、そのときちょうど、東京外国語大学インドネシア語科の二人の女子学生が夏休みを利用して遊びにきていて、矢間さんの紹介で彼の知り合いの華人の家に泊まっていた。責任感の強い矢間さんは、そのときその家に泊まり込んで、学園闘争でお手のものだったバリケードを上手に築き、みんなを暴徒から守ったという経緯があった。ところで彼は、大学時代のクラブの後輩と将来を誓っていたのだったが、どうやら日本にいる彼女との雲行きが怪しくなってきたとかで、心を痛めていた。ちなみにそのときの二人の「女子学生」とは、ずっとのちに、一九九〇年代初め私が大使館の専門調査員としてジャカルタで勤務したときに、在留邦人同士として顔を合わせることになった。矢島恵子さんは、日経新聞の記者の妻として、もうひとりの宮川陽子さんは、東京銀行(当時)の、この地で初めての女性駐在員として。

学生時代彼らとは、短いあいだだったが、一緒にピクニックに行ったり、町の屋台街をうろついたり、楽しいつきあいができた。いまのようにどこへ行っても日本人の姿が見られ、日本の情報も食べ物もあふれている時代には、たんに日本人だからというだけで親しくなることはまず考えられない。とくに大都市では、知らない日本人を見かけても会釈すらしないことが多い。しかしあのころは、少ないものを都合しあい、限られた楽しみを共有しようとする気持ちがあった。だから思想、信条、立場を超えて助け合わなくてはと誰もが思っていたのだった。

中部ジャワのジョクジャカルタへ

バンドゥンでの三カ月間を終えたところで、そのころちょうどヴェトナムからインドネシアにやってきてこの高原の町でいっしょにすごしていた夫に、もしかしたら日本語教師として長期にわたってヴェトナムへ行けるかもしれないという話がもちあがって、彼は一足先に帰国することになった。いったんジャカルタへ出て、夫を見送ったあと、私は、中部ジャワのジョクジャカルタへ移り住んだ。かつてのマタラムというイスラム王国の王都の一つで、現在でもスルタンと呼ばれる伝統的な王家が続いている。ここには、ガジャ・マダという国立の名門大学があって学究の中心地でもあり、ちょうど京都のような感じのしっとりとしたいい町である。

ここでは、サルビニさん(仮名)という農業省の下級役人の家に下宿した。染谷臣道さん(静岡大学名誉教授。故人)という若い文化人類学者がすでに下宿していて、そこに私も押しかけるようなかたちになった。中学生の娘、ピピンと同室で、家族のように受け入れられて楽しい生活がはじまった。

サルビニ夫人は、高等学校の英語の先生で、うだつのあがらないお人好しのご主人よりずっとバリバリのキャリアウーマンだった。学校で教えるかたわら、家で英語教室を開いたり、テレビのローカル番組で英語を教えたりと、じつに活発な人だった。資産はとくになく、賄賂もはいらず、純粋にみずからの勤労による所得だけで生活している善良な中産階級の家庭だった。バンドゥンのスジャルワコさん一家とくらべると、家も食事も質素ではあったが、子供たちはすくすくと健全に育ち、温かみの感じられる家庭だった。

ただひとつまいったのは、私がどこに行こうとしても、サルビニさんが「一人じゃ危ない、危ない」といって行かせてくれなかったことだ。そして時間があるときには、彼の自慢のジープで送ってくれた。しょっちゅう途中でエンコして、降りてヨイコラショと押さなければならなかったこのおんぼろジープは、じつは役所の公用車だった。しかしインドネシアでは、こういったものは職務で日常的に使う立場にある人がなんとなく私物化してしまうのがふつうなのだ。それはけっして不正ではなく、彼の役得なのである。そうやってサルビニさんに連れていってもらえるときはよかったが、もちろん彼とてもいつでも時間があるというわけではない。そのうえ「もうすぐ連れていってやるから、ちょっと待ってな」などといいながらコーヒーをもう一杯飲んでなかなか腰をあげず、そのうち雨でも降ってくれば、「ああ、また明日にしよう」というぐあいになるので、彼の都合に合わせていると貴重な時間がどんどんすぎてしまう。おかげで、ジョクジャカルタでのインタビューはあまりはかどらなかったが、ゆったりした愉快な日々をすごすことができた。

しかし、サルビニさんと私がいつも一緒に出かけるものだから、夫人が嫉妬して、最後はちょっとした家庭騒動になってしまった。だから、後味の悪いジョクジャカルタ滞在になってしまったが、それでもその後ジョクジャカルタへ行くたびにサルビニ家に足を運び、旧交を温めている。女好きのサルビニさんは、その後、若い恋人をつくって家を出てしまい、夫人はかつて私に焼き餅を焼いてひと騒動になったことなどすっかり忘れてしまったかのように泣き言を言い、私はやつれたサルビニ夫人のなぐさめ役になってしまった。バリバリ働く有能な夫人のかたわらで、影のうすいサルビニさんには不満が高じていたのだろう。それにしても、バンドゥンのスジャルワコさんといい、このサルビニさんといい、インドネシアの男性はどうしてこんなにだらしがないのだろう。

そのころ私と寝起きをともにした長女のピピンは、下宿生の染谷さんの影響をうけて大学で文化人類学を専攻したのち結婚して、その後ジャカルタの国立図書館に職を得た。いまだにジャカルタへ行くとかならず図書館通いをする私にとってはうれしいつながりである。

3　ヴェトナムで暮らす

サイゴンでの主婦生活

一九七三年のある日、すでにひと足先に日本へ帰っていた夫から、国際交流基金の日本語講師としてサイゴンへ赴任することが決まったという連絡があった。彼はなんとかしてヴェトナムに長期滞在する方法を模索していたのだが、ようやくその道が見つかったようだった。

国際交流基金はその前年に外務省、文部省、文化庁の外郭団体として発足した政府機関で、その活動の一環として海外諸国に日本語講師を派遣していた。日本人なら誰でも日本語を教えられるというものではなく、本来ならその専門家が派遣されるべきなのだが、なにしろそのころはまだ専門家が少なかったうえに、戦渦のヴェトナムへ行こうという希望者はあまりいなかったらしい。それで渡航を強く希望する彼にお鉢がまわってきたというわけである。私はそんな戦場の国にまで日本語講師を派遣してどうするのだろうと不思議に思った。もちろん勉強したい者がいるからそれに応えるために講師が派遣されるのだが、このことで日本の文化帝国主義といわれるのではないかと不安でもあった。

私も一緒にサイゴンへ赴任するようにということだったので、急遽帰国してあらためて出かけることになった。シスワ・ロカンタラ財団からの奨学金も途絶えてひさしく、ちょうど懐も寂しくなってきていたときなので、喜んでこの話に乗った。今度はサイゴンを拠点として、私がジャカルタとのあいだを行ったり来たりするわけだ。しかもインドネシアで私が得ていた奨学金にくらべると、日本語講師としての彼の給料は段違いによかった。

一九七三年の暮れに、私たちはふたたび日本をあとにした。私にとっては一年半ぶりのサイゴンであった。

サイゴンに着いてみると、この一年のあいだにサイゴンの状況は素人目にもずいぶん変化していた。この年の一月二十七日のパリ和平協定調印以後、実質的な戦闘はむしろ激化していたが、少なくとも米軍の数はますます減って、戦争のヴェトナム化が顕著になっていた。難民の数はさらにふえ、サイゴンのいたるところに人びとが無気力にたむろしていた。

私たちは、タン・ディン市場の裏手の、小さな路地の一角に家を借りて腰を落ちつけた。まえの滞在のときは間借りだったが、今回は自分たちの城ができたのである。ここは一戸建てではなく、隣家と棟続きのいわゆる長屋で、庭もなく、けっして豪華とはいえない二間だけの住居だったが、路地の奥だから車も通らず、静かで落ちついた環境であった。家賃はたったの百五十ドルで、ほかの日本人が借りている家よりはずっと安かった。

私もしばらくはサイゴンに暮らしてみることにした。ちょうど、それまでインドネシアでやってきた調査の成果を、日本語とインドネシア語の両方で論文にまとめる作業をやろうと思っていたので、このようにまとまった時間がとれるようになったのは、またとない幸運であった。こうして、私のこれまでの研究生活のなかでもっとも優雅な一時期を、戦渦のサイゴンですごすことになったのである。

五十歳をすぎた今日、ふり返ってみると、私が「主婦」というステイタスを得たのは、ほんとうにこの一年半だけであった。夫に扶養され、それにくわえて配偶者には、国際交流基金から夫の給料の二五パーセントにあたる額を配偶者手当として支給されたので、生活のためにアルバイトをする必要もなかった。そのうえ、お手伝いさんがいたのでほとんど家事をする必要もなく、自分の勉強だけをしていればよかったのである。

お手伝いさんは、バー・チン(九番目の女の子という意味)というあだ名で呼ばれていた四十代の女性で、近くに住んでいて通ってきてくれた。バー・チンは、小柄で色白、細面のやや繊細で神経質な感じの人だった。いつも地味な半袖のブラウスに、ヴェトナム式の幅の広い黒いズボンをはいて、胸を張って外股で歩いていた。夫を亡くし、何人もの子供を自力で養っているということだった。彼女がその日の買い物を近くの市場ですませ、そのあと、掃除、洗濯、料理をすべて一人でこなした。

バー・チンには高校生の娘さんがいて、私は彼女にヴェトナム語を習うことになった。それよりまえにその娘さんが病気になったとき、治療費がないということでバー・チンにわずかばかりのお金を貸してあげたことがあった。その後全快した娘さんはそのことに恩義を感じて、お礼にヴェトナム語の会話を教えてあげると申し出てくれたのであった。こんなささやかな援助に恩義を感じてというのは、儒教的な発想なのだろうか。イスラム教徒が多数を占めるインドネシアでは、多少ともお金がある者はない者を助けるのがあたりまえで、そんなことでいちいちお礼などするという発想はあまりない。とても意外な感じがしたが、嬉しかった。彼女は奉仕のつもりで申し出てくれたのだが、もちろんわずかばかりの謝礼を払ってレッスンがはじまった。

ヴェトナム語は、中国語のように声調のある言語で、しかも中国語は四声しかないのに、ヴェトナム語は六声もあってやたらにむずかしい。同じ表記の単語でも、音の上がり下がりによって六通りの異なる意味になるのだ。もとは漢字を使っていただけあって、漢語系の言葉はわれわれ日本人にはなんとなく連想が可能で親しみやすいのだが、発音だけはどうにもならなかった。かといって仕事で忙しい夫に頼ることはできず、私は初日から一人で放りだされたから、さっそくバー・チンと身振り手振りをまじえて、ヴェトナム語でコミュニケーションをしていたのである。

娘さんから個人レッスンをうけたものの、私のヴェトナム語はブロークンで、最後まででついに教養のかけらもないものであったが、それでも、生活のなかで覚えた言葉はなかなか忘れないものである。いまではほとんど話す機会のないヴェトナム語であるが、先日も、大阪の街角でヴェトナム難民と思われる人たちの会話を通りすがりに耳にして、はっとなつかしさに立ちどまり、その抑揚に富んだ響きにしばし耳を傾けたものである。

ヴェトナムでの夫の仕事は、日本大使館付属の文化センターに開設された日本語講座で、ヴェトナムの社会人相手に日本語を教えることであった。そのころ国際交流基金はこのほかに国立サイゴン大学の日本語学科にも講師を派遣し、ここでは独身の日本人女性が教えていた。

職場が大使館の管轄下にあったので、これまでまったくといっていいほど無縁であった外務省その他の役人とのつきあいが多くなった。自然に、外交官たちの生活を近くから垣間見るようになったのだが、これがたいへんな世界だった。

大使館というところはきびしい階級社会である。大使、公使、参事官、一等書記官、二等書記官、理事官といったぐあいに職階があって、もちろん夫人たちの会合もそれにしたがって序列が決まっている。外務省には上級職のほかに、語学の専門職というのがある。ヴェトナム語のような特殊言語を身につけて、この国の専門家になる人たちのことである。ところが驚いたことに、この人たちの地位は、ジェネラリストの外交官より低いのである。入省の際の試験がちがうからとはいえ、入省後のあつかいがこれほどまでにちがうのには驚いた。要するに彼らは、「通訳官」とみなされているのであるが、実際にはその国での勤務期間が長い彼らこそが、現地の事情にもっともくわしいのである。

アメリカなどでは、国務省の上級職の外交官が特殊言語も身につけて、その国の専門家になっている。ところが日本では、エリートは二、三年ごとに、ようやくその国の事情がわかりかけてきたころに転勤になってしまう。そして、専門家はエリートの道を歩めないのである。これはのちにわかったことだが、こうした不合理に嫌気がさして、外務省を辞め、研究者の道へ方向転換して大成した人も多い。ともかく、彼らの語学能力と現地事情に関する知識、さらに体験は、地域研究にとってはひじょうに貴重なものであることがしだいにわかってきた。

そのころ、キャリアの一等書記官としてサイゴンの日本大使館に勤務していた一人に、一九九六年の天皇誕生日のレセプションの最中に日本大使公邸がゲリラに占拠された事件で話題になった青木盛久ペルー大使がいた。とても大柄で、神経質な官僚タイプとはちがい、どこか鷹揚な感じをあたえる人だった。

ちなみにそのころ、南ヴェトナム解放民族戦線によるテロが相次いでいたサイゴンの町でも、日本大使館や日本人社会では四月二十九日の天皇誕生日(当時)はナショナル・デーとして華やかに祝賀されていた。

しかし、ときおり起こるテロを除けば、サイゴンでの生活はふだんはほとんど戦争とは無縁の、のどかなものであった。もちろん国土のあちこちが戦場になっており、サイゴンから二、三十キロも外に出ると危ないこともあったが、市内にとどまっているかぎりは、ふつうに生活を営むことができた。

それでも夜になると、ビエン・ホア方面の夜空が照明弾で明るく照らしだされるのが見え、犬の遠吠えのように砲声が聞こえてきた。十二時をすぎると町は、夜間外出禁止になった。ときおり夜中に政府軍による臨検があるということで、日本人の家は日の丸を入口に貼っておいたほうがいい、などといわれたが、幸い私たちの家はそんな目にあわなかった。戦況を見て、状況のいいときにはできるかぎり地方へも足を運んだ。自家用車で行くのは危ないので、たいてい乗合バスで行った。けっして乗り心地はよくなかったが、それはもうインドネシアで慣れていた。そのころ解放戦線と政府軍は、あちこちの拠点を取ったり取られたりのいたちごっこをくりかえしていた。政府軍が押さえているのは都市だけで、その点と点を結ぶ面、すなわち村落部はすべて解放戦線が掌握していた。

戦時下のヴェトナムにも日本の技術協力の一環として、多くの技術者、とくに農業技術者がＯＴＣＡ（海外技術協力事業団。一九七四年八月に国際協力事業団の設立にともなって解散。二〇〇三年ＪＩＣＡ〔国際協力機構〕に改組）から派遣されて、サイゴンをはじめメコンデルタの各地や、中部高原に常駐していた。第二次大戦中、日本軍は南方各地の占領地に食糧増産のために多くの農業技術者を派遣したが、私はその姿にだぶらせて彼らを見ていた。彼らは、そのときどきの政権の思惑に利用されているのであるが、しかし、個々の技術者には一種の技術者魂のようなものがあって、脱政治的にひたすらに農業の振興を願って努力していた。こんな戦渦のヴェトナムにまでやってきたというのは、そういう精神によるものであって、南ヴェトナム政府に益するというような、ちっぽけな政治的束縛からは自由であったようだ。そして、おそらく「大東亜」戦争下の技術者も同じだったのだろうと思った。

あるとき、顔見知りの二人の農業技術者が市外へ出張中に解放戦線に拉致されて行方不明になったことがあった。何の音信もないままに一カ月がすぎ、二カ月がすぎ……家族はもちろんのこと、大使館やＯＴＣＡ事務所も、いや、小さな日本人社会の全員が案じていたところ、だいぶたってから、突然彼らは釈放されてもどってきた。

戦時下のヴェトナムの在留邦人はわずか三百人ぐらいで、他の東南アジア諸国の十分の一以下の小さな日本人社会を形成していた。それでも日本人子女のための学校があったのには驚いた。他の東南アジアの日本人社会と多少おもむきがちがうのは、報道関係者や反戦団体、宗教団体などの関係者などがけっこう大勢いたことであろう。ここではとくに報道関係者が主役であった。長期滞在者だけでなく、一時的に取材にきている人もふくめると常時百人ぐらいはいたのではないか。特ダネを求めて限界に挑戦し、取材中に命を落とした人、行方不明になった人も少なくない。

サイゴンで聞いたジャカルタの反田中暴動

さて、私たちがサイゴン生活をはじめてひと月ほどたったころ、ジャカルタで大きな反日暴動事件が起こった。それ以前からくすぶっていた反日の気運が、一九七四年一月十五日の田中角栄首相のインドネシア訪問をきっかけとして爆発したのである。

田中首相の訪問に反対するインドネシアの学生や市民の運動はジャカルタ全域で展開され、一部の地域で暴動のような状況になった。田中首相は宿舎から一歩も出られず、ヘリコプターで空港に向かって逃げ帰るという前代未聞の事態になった。この事件をインドネシアでは一月十五日事件と呼ぶ。

もっとも、この事件の背後にはインドネシア政界内の権力争いもからんでいたといわれる。つまり日本との提携をより推進しようとする派閥と、反対にアメリカとの関係を深めようとする派閥とのあいだに争いがあり、後者が住民を煽動したともいわれている。しかしいずれにせよ、日本のやり方を不快に思っている人びとが多かったのはたしかであろう。デモ隊は、トヨタのショールームや街角の日本車を焼き討ちしたり、日本料理店に投石したりと激しい行動をとった。そして、多くの知識人たちがデモを煽動したとして逮捕された。こういったニュースは、サイゴンでは二、三日遅れで届く日本の新聞からしか伝わってこなかった。マダム・ヨシコの店はどうだったろうか？　菊池さんのレストランは？　他の日本人の友人たちはどうしているだろうか？　もどかしくてならなかった。もうしばらくインドネシアに残っていればこの歴史的な事件をこの目で目撃できたのにと、残念でならなかった。

あとで知ったことだが、博物館に通っていたころ毎日のように顔を合わせていたシャフリル君が、この事件の首謀者の一人として逮捕されていた。彼は、当時インドネシア大学経済学部の学生で、丸顔の小太りの弁舌家だった。図書館で初めて話しかけてきたとき、なんとなくなれなれしくて、私は警戒心のほうが先立って無視した。それでも何度か顔を合わせているうちに、私は本から目をはなして相槌を打つようになった。彼は、自分は現政権を憂えるインドネシア大学の教師や学生たちでつくっているディスカッションョン・グループのメンバーだといっていた。

このややこしい国で政治的なことには巻き込まれたくないな、と思いながらも、「日本の経済進出をどう思う?」だとか「日中国交正常化(ちょうど一九七二年九月に実現した)をどう思う?」などという質問に相槌を打っているうちにだんだん親しくなり、彼もときおり私の寮に訪ねてきたりするようになった。

そして一九七三年のある日、自分たちのディスカッション・グループの集まりで講演をしてくれないかと頼まれた。日本の現在の政治経済の諸問題を語ってほしいというのである。いざ日本のことを話せといわれると、意外に何も知らないことに気づいて当惑したのだが、なんとなく断れない雰囲気で承諾してしまった。当日会場に行ってみると、ユオノ・スダルソノ氏ら当時のインドネシア大学のバリバリの若手社会科学者たちが顔を連ねていて、とうてい私のような「素人」のくる場所ではないことがすぐわかり、萎縮してしまった。この日の私の話は、だいたいつぎのような内容だった。

日本が戦後の荒廃から回復しはじめたとき、ちょうど冷戦構造が深刻化してきたため、アメリカは日本に積極的にテコ入れし、また日米安保条約によって防衛を肩代わりしてくれたことによって、日本はかなりの防衛費を節約できた。そして、それによって蓄えられた日本経済の余力がいま、東南アジアに資本投下されている。しかし、日米安保が存在することによって日本が東西対立に巻き込まれることを日本の若者たちは憂慮しているし、また東南アジアへの急激かつ大規模な資本進出が、土着の企業を破壊し、また環境汚染をもたらすのではないかと危惧している——。

というような話で、日本の経済進出に批判的なトーンだったように思う。

一月十五日事件のあと、このディスカッション・グループの事務所が当局によって家宅捜索をうけたのだが、そのなかにディスカッション・グループの会合で私がおこなった「講演」の記録もあったのだそうだ。法廷に立ったシャフリル君は、その「講演」をおこなった日本人について尋問をうけたという。

「アイコ、きみの名前がインドネシアの法廷で飛びだしたんだよ」

一九八九年に、十六年ぶりにジャカルタで再会したとき、シャフリル君はそういって声高に笑った。刑期を終えて出所した彼はその後、「国外追放」のようなかたちでアメリカに留学し、そのすこしまえにようやくインドネシアへもどってきたところだと語った。「お互いじいさんばあさんになったね」と、かつての美男美女はなつかしさのあまり時間の許すかぎり語り明かした。

このかつての政治犯は、再会時には、民間の研究機関を主宰し、なぜかとても羽振りがいい。そのころはまだほんとうのVIPしか使用していなかったカーテレフォンを備えた車を乗りまわし、日本と変わらない国際価格のジャカルタのサリ・パシフィック・ホテルで夕食をごちそうしてくれた。彼はこの国のもっとも売れっ子の経済評論家として、毎日のようにジャカルタの新聞に登場していた(二〇〇八年逝去)。

もっとも、ディスカッション・グループに名を連ねていたインドネシア大学の若手の教師たちも、その後はみんなそこそこに重要なポストをあたえられて活躍している。たとえばユオノ・スダルソノ氏は、インドネシア大学政治社会学部の学部長をへて、軍のシンクタンクの副所長や、大統領を選出する最高の立法機関である国民協議会の任命議員をつとめ、一九九八年三月に組織された最後のスハルト内閣でついに大臣のポストを射止めた。そして、一九九八年五月のスハルト退陣後も、歴代の大統領のもとで引きつづき入閣し、教育文化大臣や国防大臣を歴任した。政府の側でも、過去はどうであれ知識人や能力のある人びとは優遇しなければならないという発想があるのだろう。

それにしても、私もずいぶん無鉄砲なことをしたものである。へたをすれば、ブラックリストに載って、つぎの入国申請は却下されていたかもしれないのだ。

それはともかく、一月十五日事件のあと、サイゴンの日本大使館もなんとなく慌ただしくなった。サイゴンをふくむ東南アジア各地の日本大使館の文化担当官がどこかに招集されて、緊急の話し合いがもたれたようであった。日本政府は相当なショックをうけたようである。すでにそのまえの年に、これほど大規模ではないがタイでも反日デモが起こっていた。一九七〇年代初めの大規模かつ性急な経済進出のゆがみがいっせいに火を噴いたという感じであった。

田中首相がインドネシアでうけたあつかいは、日本の関係者に大きな警鐘となったようで、それ以後、日本側はいちおう、東南アジアをそう甘く見てはいけない、ということを理解したようだった。少なくともわれわれがあまりにも東南アジアのことを知らなさすぎるということには気がついたようで、文化摩擦とか異文化理解といった言葉がしきりに人びとの口の端にのぼるようになった。

トヨタ自動車が資金を出して、東南アジア理解のための学術・文化活動に助成金を支給する財団を創設したのも、一月十五日事件を契機としてであった。私たちが希望するものにはほど遠いが、ともかく無視されていたに等しい東南アジアの社会とか文化とかというものに、なんらかの関心が払われるようになったというのは一歩前進であった。

研究論文が活字になった！

インドネシアのそんな政治状況を耳にすると、居ても立ってもいられなくなり、早く目的の論文を仕上げてインドネシアに行かなくてはと心があせった。

主婦生活を送りながらサイゴンで書き綴っていた私のインドネシア語の論文はすこしずつ形をなしてきたが、これを活字にするには文章を誰かにチェックしてもらう必要があった。何事にもほとんど不自由のないサイゴンでの生活であったが、南ヴェトナムと正式国交のないインドネシアの人を探すことだけはほんとうに至難の業であった。しかしラッキーなことに、前年(一九七三年)のパリ和平協定にもとづいて設置された国際管理監視委員会のメンバー国のひとつにインドネシアが選ばれていたため、当時何人かのインドネシア人がサイゴンに駐在していることがわかった。そこで、そのオフィスを聞きだし、直接訪ねていった。強引に頼んでみると、政府派遣の役人の一人が快くひきうけてくれた。

それから彼のもとに何度も足を運び、数十頁におよぶインドネシア語をなおしてもらった。ともかくそのおかげでなんとか論文を書きあげることができた。それを携えて一九七四年七月に、私はふたたびインドネシアを訪れることになった。反田中暴動から半年がたっていた。

インドネシアに滞在中に、たまたま国際アジア歴史学者会議という大規模な国際会議がジョクジャカルタのガジャ・マダ大学で開催されたので、ちょうどいい機会とばかりに私も参加してみた。世界じゅうからアジアの歴史を専門とする学者やその卵が集まり、元副大統領のハッタ氏やその後副大統領になったジョクジャカルタのスルタン・ハメンクブオノ九世なども開会式に出席した。インドネシア側はたいへんな熱の入れようであった。私にとっては初めての国際会議で、もちろん自分はまだ研究発表をするところまではいかないが、世界の著名な研究者の御尊顔を拝するだけでもとても大きな刺激をうけた。日本からは永積先生ら何人かの研究者が参加し、研究発表をした。英語で発表し、つぎつぎと矢継ぎ早に出されるきびしい質問にも流暢な英語で応対している先生方を目のあたりにして、一人前の研究者への道というのはとてつもなく遠いのだと感じて気が重くなった。

この滞在中、サイゴンで仕上げたインドネシア語の原稿をインドネシア大学の文化人類学者クンチャラニングラット教授に渡す機会を得た。まえにふれたように、この論文は日本軍が占領時代に戦力補強のためにジャワにつくった防衛義勇軍と呼ばれるインドネシア人部隊について書いたものであった。

防衛義勇軍が、南方軍総司令部の稲田正純少将の発案を東条首相が受け入れて設立が決まった経緯などについては、すでに日本にいたころ、元日本軍の関係者にインタビューしてデータを集めていたし、義勇軍の幹部候補生の訓練校で指導教官をしていた柳川宗成さんにも話をうかがう機会があった。このような日本サイドからの情報にくわえ、初めての留学中に元義勇軍の将校を探しだして、つたないインドネシア語ですこしずつおこなったインタビューの成果をくわえてまとめたものであった。

選抜はどのようにおこなわれたか、部隊ではどのような訓練をうけたか、その訓練は彼らの人生にどのような意味をもったかなどの質問にくわえて、彼らの社会的バックグラウンドをこまかに尋ねた。というのは、この義勇軍の将校たちは、戦後インドネシアの政治に大きな影響力をもつ国軍の幹部になったので、その意味で彼らが主としてどのような社会階層から出てきているのかを分析することは意義あることだと思ったからである。これまであまり知られていなかった事実をたくさん盛り込むことができ、私としてはかなりオリジナリティのある論文に仕上がったという自負もあった。しかし、私のような若い院生にとって出版の機会にめぐまれるというのはクジに当たるほどまれなことであった。

クンチャラニングラット教授は、まだ私が東大の学生だったころ、東京を訪問したことがあり、そのときに私が人に頼まれて教授を歌舞伎座などへ案内したりしたことがあった。教授はそのことをよく覚えていて、私がインドネシアへ行ってから何かと心配りをしてくれた。教授は私の原稿を、歴史学者のタウフィック・アブドゥラー氏に渡し、タウフィック氏は、翌年彼の所属する国立インドネシア科学院の経済社会研究所から、モノグラフとして出版してくれたのである。

一年に三編も四編もの論文をあちこちに書くようになったいまとはちがって、何年も温め、心をこめて戦渦のサイゴンで一字一句を書き綴ったその原稿には、ほんとうに汗のにおいがしみついている。同じ論文の日本語版も、ほぼ時を同じくして東南アジア史学会(当時)の学会誌に掲載されたという嬉しいニュースが伝わってきた。私の初めての研究成果が日本語とインドネシア語で活字になったのである。ようやく研究者の卵の仲間入りをしたという気負いとともに、ゾクゾクするようなファイトを感じた。

インドネシアには、その年の十月まで滞在し、まえにやり残したリサーチを片づけたりした。サイゴンにもどるまえにバンドゥンにふたたび行ったところ、前年の三カ月間を楽しくすごした留学仲間の矢間さんが、すこしまえに東京で急死したというショッキングなニュースを耳にした。留学中に日本に残してきた恋人から別れ話をきりだされ、関係修復のために帰国していたのだが、直腸がんが発見されて、あっという間に他界してしまったのだ。帰国して結局その彼女と結婚したのだが、短い結婚生活だったという。その年の秋にアジア政経学会で研究発表し、学界にデビューする予定で、プログラムも組まれていた矢先の突然の死だったと聞いた。享年二十九歳。これからというときに、さぞ無念であったろう。最後の病床で「インドネシア・ラヤ」の歌を口ずさんでいたと聞いて、なんともやりきれない気持ちになった。いまは故郷の和歌山県串本に眠っている。

興奮や不安や喜びや悲しみをいっぱいかかえて、この年の十月、ふたたびサイゴンにもどった。ところが、まだまだつづくと思っていたサイゴン生活は思いがけない事態の変化によって意外に早く終止符が打たれることになり、翌年にもう一度行こうと思っていたインドネシアにもついに行く機会を失ってしまった。

サイゴン陥落を目のあたりにして

一九七五年春、ヴェトナム戦争は大きな転換期を迎えた。解放民族戦線が春期攻勢を開始し、三月十二日には中部高原のダルラク省都バンメトゥオットが陥落したのである。驚いたグエン＝ヴァン・チュー政権が、中部高原二省（プレーク、コントゥーム）の放棄を決定したため、これ以後、政府軍側に動揺が起こり、雪崩を打って大敗走がつづいた。しかし、戦況が大きくゆれることはこれまでにもしばしばあり、かならずしもそれがサイゴンにおける危機を意味しなかったから、サイゴンにいる外国人たちはそれほど危機感を抱いていなかった。だから三月末の休暇には、私たち夫婦はタイ経由でネパールに遊びに行ったほどであった。

ヒマラヤでトレッキングのまねごとのようなことをして、エベレストの五合目あたりをうろついていたのだが、ある日、ナムチェ・バザールという基地にある日本資本の高級ホテルを見つけ、ひさしぶりに栄養補給をしたくなってなかに足を踏み入れた。そこの食堂でひさびさに料理と名のつくものを口にしてホッと一息ついていたとき、ふと目にした英字新聞を見てびっくり仰天した。フエ陥落、ダナン陥落といった文字が一面に大きく躍っていたのだ。いずれも南ヴェトナムの重要な拠点である。もっと小さな町ならこれまでにも取ったり取られたりということをくりかえしていたが、フエやダナンのような大都市が解放戦線側の手に落ちるというのはたいへんな事態を意味していた。

「こりゃー急いで帰らなければ」と、大慌てでナムチェ・バザールの簡易飛行場から飛び立つセスナ機でカトマンズへもどることにした。ところがその翌日、飛行場へ行ってみると、予約を入れてあったのに、何かの都合でその日は二機飛ぶはずのものが一機しか飛ばなかったのである。そして、どの乗客を乗せるかという段になって、なんとそのセスナ機を運行している観光会社は、日本資本のその高級ホテルの宿泊客を優先したのである。

私たちは、一泊百ドルもするそんな高級ホテルにはとても泊まれず、一泊一ドルでシエルパの家に泊まっていたので、その日の搭乗リストからはずされてしまった。「至急サイゴンへ帰らなければならないのだから」とわめきちらしたが、どうしても聞きいれてもらえなかった。それどころか、医療協力のために日本からやってきて岩村昇医師のもとで働いていた看護婦さんが腹痛を起こして、盲腸炎の疑いがあるということで最優先での搭乗を求めたのだが、それすらも聞きいれられなかった。遊びにきて、その留守に家が危なくなったから早く帰りたいという私たちの言い分はかなり勝手なものだったかもしれないが、急病の看護婦さんの願いまで無視したのには驚いた。おそらくそのセスナ便は、本来その高級ホテルの宿泊客の送迎用に運行していたものなのだろうが、それにしても金持ち優先といわんばかりのやり方には腹が立った。しかたなく私たちは、はやる心を抑えてもう一泊し、ようやくつぎの日の便に乗ることができた。

じつは私たちは、登ってくるときにも、一合目からのトレッキングをしないでこのセスナ機を利用したのであるが、そのときにも忘れられないようなことが起こった。

そのとき二機のセスナが同時にカトマンズ空港を飛び立ったのだが、そのうちの一機が墜落し、乗員、乗客全員が死亡するという惨事になったのだ。ナムチェ・バザールに着いてそれを知ったとき、もし私たちが乗っていたのがそのもう一機のほうだったら、と考えると背筋が寒くなった。そのときの乗客のひとりが、エベレストに初登頂したイギリスのヒラリーのおつれあいだったこともあって、そのニュースが伝わったとき、近くにいた登山家たちのあいだでざわめきが起こった。

さて、大慌てでバンコク経由でサイゴンへもどったのだが、バンコクからのタイ航空機は異様な雰囲気につつまれていた。閑散としていて乗っているのは殺気だった目つきのジャーナリストばかりである。あとで思えば、民間人があの手この手を考えてサイゴンからの脱出をはかっていたそのころ、反対にサイゴンへ乗り込む民間人などいるはずはなかった。

サイゴンへ着くと、町は異様な数の人間であふれかえっていた。ダラットに住む友人マイさん一家もサイゴンへ出てきていた。彼女は、その春ダラットの大学を卒業した裕福な家庭のお嬢さんであったが、家も家財も捨てて逃げてきたということだった。毎日、大量の人間がサイゴンへなだれこんできていた。町には軍用トラックがあふれ、わが愛車フォルクスワーゲンを運転するたびにあちこちをぶつけられた。どの道路にも車がひしめき、激しい渋滞がつづき、こちらも遠慮していたらとてもすすめなかった。私の運転がいまでもちょっと荒っぽいのは、そのときの名残かもしれない。

食糧の買いだめや預金の引きおろしなど、緊急時にそなえて急いでやらなければならないことが山ほどあった。ヴェトナム人の知人もしばしば訪問してきた。その多くはドルを売ってくれないかとか、骨董品を買ってくれないかというような依頼であった。そのころドルの闇レートが高騰し、とんでもない金額になっていた。誰もが、ピアストルはまもなく紙切れ同然になってしまうことを予期していたし、それよりなにより国外へ逃げるにはドルがなければ、航空券も手に入らなかった。私だってまもなく紙屑になってしまうかもしれない紙幣をいくらもらっても、ドルと換えるのはいやである。しかし、骨董品ならまだなんとか持って帰れるかもしれなかった。結局、頼まれてずいぶんたくさんの骨董品をドルと交換したが、結果的には、これらのものはすべてもちだすことができずに大損害を被った。

既婚者である私たちの場合には縁のない話であったが、ヴェトナムを脱出するために偽装結婚してくれないかと外国人男性に泣きつくヴェトナム人女性も多かったと聞いている。現に夫の教え子の一人は、そうやって後日、日本へやってくるのに成功した。

日本大使館からは、すでに四月のはじめに婦女子の引き揚げ勧告が出ていた。実際、私がサイゴンに残っていなければならない理由はまったくなかった。東南アジア研究者の卵として、南ヴェトナムの敗北という歴史的な瞬間を目撃したかった、といえば聞こえがよいが、要するに抗しがたい好奇心と野次馬根性で、なんとか一日でも長くサイゴンにとどまりたかったのである。恐怖心はまったくなかった。日本人に対して解放戦線や北ヴェトナム軍が危害をくわえるなどということは考えられなかったし、政治的なことにかかわっていたわけでもないからである。

そのころは多くの日本人知識人が、南ヴェトナム解放民族戦線にシンパシーを抱いていたといっても過言ではない。その後のヴェトナムはカンボジア問題などで大国主義的な態度をとる侵略的な国というイメージがあるが、そのころは解放戦線は北ヴェトナムとは一線を画する組織と考えられていた。その北ヴェトナムも、必死でアメリカ帝国主義と戦うけなげな国というイメージがあり、彼らの闘いにひそかに声援を送っていた人は多かったのである。

もちろん、彼らは罪なき一市民の敵ではあり得ないとしても、その死にもの狂いの最後の闘いのなかで、私たちも流れ弾に当たる可能性や、ひとつ間違えば危害をくわえられる可能性がなかったわけではない。しかしそのときの私は、こんな貴重な歴史の一コマを見逃してなるものかという気持ちでいっぱいであったから、そんな悲観的な可能性など考えてもみなかった。だが、日本大使館からの帰国要請は日に日に強くなってきた。婦女子の引き揚げのために、ふつうではなかなか取れない飛行機のチケットの手配も手伝ってくれて、多くの人がすでにほとんど引き揚げていた。

大使館付属の文化センターの日本語講座も無期限閉鎖になり、仕事のなくなった夫に対して国際交流基金からも帰国を促してきた。自由な個人として行っているわけではなく、いやしくも公用旅券で行っている以上、何か起こった場合には責任問題もあり、政府に迷惑をかける可能性も高いと説得され、ついに帰国することにした。ところが、状況は刻一刻と深刻さを増しており、ぐずぐずしているうちに、飛行機のチケットはほとんど取れなくなってしまっていた。外国人だけでなく、多くのヴェトナム人が脱出をはかっており、そのころのタンソンニュット空港は大混乱になっていた。香港行きのキャセイ航空の席がやっと一つ取れたのは、四月十五日のことであった。

夫のほうは帰れるあてはなかったが、一応身のまわりのものを整理して別便で送りだすだけの時間的余裕はあった。ただ、荷物の発送を頼んだエア・ヴェトナムの担当者は、それを確実に送り届けるためにといってかなり高い特別料金をドルで要求し、私もこんな場合だからとそれを払ったのを覚えている。

夫も一足遅れて二十二日に、最後の民間航空機でサイゴンを離れることができた。その前日、南ヴェトナムのグエン＝ヴァン・チュー大統領が辞任し、家族と財産を携えて台湾へ亡命した。二十六日に北ヴェトナム軍と解放戦線側は、いわゆるホー・チ・ミン作戦を発動し、サイゴン総攻撃を開始した。そして、三十日、サイゴン市内に突入して大統領官邸を占拠し、チュー大統領に代わって首班に選ばれていたズオン＝ヴァン・ミン大統領から実権を奪った。「ヴェトナム解放」の一瞬である。

私は夫とともにこのニュースを東京の茶の間のテレビで見ていた。一九四五年以来三十年にわたったヴェトナム戦争の終焉である。電撃的な興奮が全身をかけめぐった。とはいえ、身近でそれを見ていた者にとっては、ほんとうにあっけない幕切れであった。少なくとも、六週間まえには日本大使館の防衛駐在官ですら予想できなかったことであった。最後の瞬間に、この戦争の当事者の一人であるアメリカは、緊急撤収命令を出し、アメリカ人およびアメリカに協力したヴェトナム人をヘリコプターでサイゴン沖の米空母へ収容するという作戦を展開した。このとき、多くのヴェトナム人が大混乱のなかで最後の脱出をはかった。日本航空の救援機はマニラまで駆けつけて待機したが、サイゴンに乗り入れることはできなかった。

ヴェトナム難民となる

夫と同じ日本文化センターで働いていた外務省の職員や、大使館の職員はほとんどが残留した。研究者の卵としての夫も私も、無事帰れた喜びよりも、自分がこの目でその後の北ヴェトナムによる南ヴェトナム支配や、それにともなう混乱を見ることができなかった残念さのほうが大きかった。まだ一年近い任期を残して突然〝追いだされ〟〝難民〟になってしまった私たちは、はて、これからどうしたらよいものかと、当面の目標がなくなり茫然として毎日をすごした。

特別料金を払ってエア・ヴェトナムで搬送したはずの荷物は、結局日本へは届かなかった。ヴェトナム滞在中に集めた書籍も、国を脱出する友人たちから買わされた骨董品類も、その他思い出深いいくつものものが失われてしまった。タンソンニュット空港の倉庫に眠っているあいだに北ヴェトナム軍の爆撃をうけて灰になってしまったのだろうか。それとも、どさくさにまぎれて暴徒に略奪されたのだろうか。ともかくもその後、エア・ヴェトナムという国営会社はつぶれてしまったので責任を追及する相手もなくなってしまった。

愛車のフォルクスワーゲンも、預けてきた友人が難民として脱出するとき、空港に乗り捨てたままになってしまった。お手伝いのバー・チンは、マイさんは、そして他の友人たちはどうなってしまったのだろう。帰国してからの数カ月間は、カリフォルニアから、あるいはパリから突然国外脱出の成功を伝えるなつかしい名前の手紙が届いて、心を躍らせることがつづいた。すこしでもいいから援助してくれ、という友人たちの要求に、そのころの私たちに応えられるのはせいぜい百ドル程度のチェックを送るぐらいのことだった。そんな毎日がつづいた。

「サイゴン解放」とそれに次ぐ「南北統一」を達成した当初は、アメリカ帝国主義に勝利した第三世界の輝かしい英雄として世界の注目を集めたヴェトナムだったが、その後一九七九年には、ポル・ポト政権を追いだすためにカンボジアに侵攻してこの国に内政干渉して国際社会の非難を浴びたり、あるいは国内でも急激な共産化政策をとったために民衆が不満を抱き、「ボート・ピープル」として脱出する人があとを絶たなかった。

毎日新聞の助手をしていた英語のうまいアインさんは、ボートで脱出をはかったが失敗して、しばらく収容所にいれられ、釈放後もきびしい監視にさらされているということをだいぶあとになって知った。一九八〇年代になってようやく制約つきながらも日本人の渡航が可能になったころ、サイゴンを訪問した知人に託してもっていってもらった手紙とお土産に対して、アインさんから返事がきたのだ。そのころはサイゴンへ行っても外国人が自由にヴェトナム人を訪問することができず、ホテルに呼びださなければならず、しかも、そうやって外国人と接触したヴェトナム人にはその後も尾行がつくということだった。もう一度行ってみたいという願望の一方で、そんな話を聞くと心は凍った。

二十二年ぶりのサイゴン

私が「幻の」サイゴンにようやくふたたび足を踏み入れることができたのは、あの脱出の日からちょうど二十二年がたった一九九七年四月のことであった。ジャカルタから日本へもどる途中どうしても一目見たくて立ち寄ったのだ。わずか一日しか時間がとれなかったが、かつてここですごした一年半の歳月の記憶をとりもどしたいというセンチメンタル・ジャーニーであった。

かつて何度か往復したジャカルタ―シンガポール―サイゴンというなつかしいルートをそのまま通って思い出多い国へ向かった。この二十二年のあいだ私はヴェトナムを見向きもしなかった。難民として脱出した友人とは当初のころこそ行き来があったが、私のほうが、アメリカ、オランダ、インドネシアと転々とし、また国内でも何度か住所が変わったため、いつのまにか彼らとのコミュニケーションも途絶えてしまった。昔住んでいた家の住所も通りの名も何もかも忘れてしまっていた。古い記録は何ひとつ私の手もとにないのだ。タンソンニュット空港に消えてしまった荷物とともに私のヴェトナムの思い出は消えてしまっていた。当時サイゴン時代を一緒にすごした日本の友人たちともほとんど音信がなくなっていた。

ではなぜ、いま突然またサイゴンなのか。

それは数年まえからはじまったドイ・モイ(刷新)政策でこの国が急速な開発政策をとりはじめ、驚くような急成長をつづけているからであった。この二十数年間のジャカルタの変化を思い浮かべれば、あと二、三年たつと、ひょっとしてかつてのサイゴンが姿を消してしまうのではないかという〝恐怖心〟が私をせかしたのだ。すでにすっかり記憶がうすれているサイゴンの姿をもう一度この目に焼きつけておきたかったのである。

私の荷物が消えてしまったタンソンニュット空港はいまでも当時のままで、軍用飛行場と隣接していた。東大の大学院から留学している古屋博子さんが空港へ迎えに出ていてくれた。

いまではサイゴンという植民地時代の名前は消えて、あのときからホーチミン・シティと改名されている。しかし、私はなぜか心のなかでかたくなにこの新しい名称を拒んでいる。

最近、私の友人がホー・チ・ミン伝というのを書いたら、若い学生が「へー、ホー・チ・ミンて町の名前じゃなかったの？」といったという。なんと寂しいことだろう。英雄ホー・チ・ミンの名もサイゴンという名称も知らない世代がたくさん育っているのだ。

ホーチミン市としてしかこの町を知らない人たちは、この町がかつてはフランス植民地、そしてアメリカ帝国主義の傀儡、さらには資本主義の巣窟といったイメージのもと、雑草のようにたくましい人たちの活気ある日々の生きざまや人いきれと、リトル・パリといわれた南国のロマンチックな街並みとが同居する不思議な魅力をもっていたことをまったく知らないのである。社会主義政権のもとで「北」からやってきたエリートに牛耳られたかつての敗北者たちは、それでもいまなお「サイゴン」としてのアイデンティティを強くもちつづけている。公的な名称が何であれ、人びとはいまなお、好んで「サイゴン」という名称を使うし、私が泊まったダウンタウンのホテルも「サイゴン・ホテル」だった。

このホテルのすぐ近くに元毎日新聞助手のアインさんの家があった。荷物をおいて外へ出ると、花束をかかえてこちらへ向かってくるアインさんが見えた。あらかじめ手紙を出しておいたので、彼女のほうも時間を見計らってきてくれたのだ。

アインさんだけが私のサイゴン時代といまとをつなぐ唯一の絆だった。

翌日、古屋さんに同行してもらってかつて住んでいたあたりに行ってみた。タン・ディン市場の裏あたりという記憶しかなかったが、その場に身をおいたとたん、「チャンカンハーイ」という通りの名が突如として脳裏に浮かんできた。そして、シクロに乗ってチャンカンハーイ通りを走ってもらった。私の住んでいた家はこの通りから小さな路地を入ったつきあたりだったが、それがどの路地だったかはまったく覚えていない。街並みは以前よりずっとにぎやかになっていて、なかなか思いだせなかった。しかし、ある一角を通ったとき、突然何かがよみがえってきて、私は無意識のうちにシクロの運手にヴェトナム語で「通りすぎてしまったわ。止まって、止まって。ここなのよ」と叫んでいた。その直前までほとんど何もかも忘れていたヴェトナム語で。

路地を入ってもらうと、当時とまったく同じ造りの家がちゃんと残っていた。外国の女性がそんな裏通りに入ってジロジロ民家を覗いている姿はさぞかし怪しげに見えただろう。近所の人たちがみんな眺めていた。その家の住人がドアを開けて出てきた。

「私は一九七五年四月までこの家に住んでいたのです」

と、とっさに説明した。ブロークンのヴェトナム語で。

私の顔つきがよほど真剣だったのだろう、住人は快くドアを開けて、なかへお入りなさい、と招き入れてくれた。家に入ると、まったく二十二年まえそのままのリビングルームが目に飛び込んできた。リビングの奥に広い台所があって、そこから二階へつながる階段を上ると突きあたりに風呂場があって……とひとりごとをいっていると、その家の住人は、

「部屋のなかをどうぞ見てください、二階へも上がってください」

と勧めてくれた。

世の中はこんなに変わったというのに、この家はまったく何ひとつ変わっていなかった。ドアも壁もテラスもまったく当時のままだった。以前の家主のおばさんがどうなったかを知りたかった。いまの住人は一九七六年にこの家を買ったそうで、まえの家主は家を売って外国へ行ってしまったということだった。

体制が変わってしまったこと、昔の友人がいなくなってしまったこと、そしてオフィスも民家もすべて住人が変わってしまったこと、それにくわえておもだった通りの名が

変えられてしまったこと、これらのために昔の場所を探すのが著しく困難になってしまっていた。しかし古屋さんが、

「最近いいものが出たんですよ。一九七五年以前の通り名と現在の通り名を両方載せた地図です」

と教えてくれたので、さっそくそれに飛びついてなつかしい通りの名を探した。サイゴンをたつ朝、夫とともに最後の食事をとったヒエンボン通りのフォー(ヴェトナムうどん)の店も見つけた。初めてきたときに泊まったハイバーチュン通りの安宿も見つけた。夫が働いていた日本文化センターの跡も見つけた。

ドイ・モイで町の中心街では建設ラッシュがはじまっていたが、しかし、基本的にサイゴンはまだ当時の面影とたたずまいをそのまま残していた。間に合ったのだ。「開発」がすべての夢と思い出を壊してしまうまえに。

いまヴェトナム政府は、かつて難民としてこの国を捨てていった同胞が、経済建設のために海外から投資してくれることを期待して、彼らが帰国することを許可している。私のサイゴン再訪からまもなくして、反戦歌手でありながらアメリカへ難民として渡っていたカインリーが一九七五年以来初めて里帰りをした。わずか青春のほんの一時期をすごした私でさえ、胸がいっぱいになるような訪問だったのだから、カインリーの思いはいかばかりであったろうかと思う。

①

③

②

① 1972年，初めてのインドネシア留学で住んだジャカルタ市内の学生寮．
② 学生寮の玄関．毎日水汲みをしてくれた寮の使用人クセン．
③ 留学中，毎日通った国立博物館．この中に併設されていた国立図書館で，日本軍政期の資料を調査した．

①

②

① 1974年，サイゴン時代．家事の手伝いをしてくれたバー・チンさん(右端)．彼女のおかげで論文執筆に専念でき，インドネシア語と日本語で活字にすることができた．
② 1977年，コーネル大学留学時代．“ラスト・レゾート”と称する一軒家に一緒に住んだ大学院の仲間たちと．

④

③

⑤

③　コーネル大学の博士課程修了試験に合格し，1979年，オランダで日本軍政期の一次資料を調査することになった．最初に住んだレイデンの町で．
④　ハーグ，アムステルダムの資料館で毎日，宝探し(文献調査)をした．
⑤　この文献調査の最中，敗戦時に処分されたと思われていた，日本がつくったインドネシア人向け宣撫映画がオランダに保存されていることがわかった．7年後にふたたびオランダを訪れたとき，ついにこの“幻の国策映画”66本を発見した．写真は，占領中におこなわれた野外上映会の様子．

①

②

① オランダでの調査を終え，いったん日本にもどったあと，1980 年，フィールド・リサーチのためにインドネシアにふたたび渡った．初めての農村調査に訪れたのは中部ジャワの古都ソロに近いバタン(仮称)という村であった．ここの区長の家で夕食をとっているところ．
② 区長の家のお手伝いさんが結婚することになり，筆者もジャワの民族衣装を着て出席した．

③

④

③　調査に赴いた村々で筆者が世話になった家の窓には子供たちが群がった．“動物園のパンダ”になった心境であった．
④　農村調査でいちばん気になったのは，風呂場とトイレであった．従来は川や用水路ですませていたが，このころには，井戸を掘って，その水を桶に汲んで浴びる家が多くなった．

①

②

① バタンの村に戦争中に昭南島(シンガポール)に行ったおじいさんがいるというので苦労して探しだしたところ，このカルトサミディさんは日本軍が募集したロームシャ(労務者)の生き残りの1人であった．

② 農村調査では，それぞれの村でオートバイをもっている青年の誰かに交渉して，これをチャーターし，その荷台に乗って飛び歩いた．オートバイは村の人にとってたいへんな財産であった．

③

④

③　1980年，ジョクジャカルタ市の南東約50キロの山間の村ジャティアユでお世話になったムギヨノさん一家とその家．左後ろにすわっているのは，調査を手伝ってくれた小学校事務員のスラメットさん．

④　日本占領時に西部ジャワのタシクマラヤ県下で起こった反日蜂起事件で，キアイ(イスラム教師)のムストファは処刑された．筆者は彼の遺族を探しだして話を聞くことができた．前列左が第一夫人，ムストファの遺影を持っているのが第三夫人(1981年)．

①

②

① 日本はイスラム教師の影響力に着目して，彼らを軍政に取り込むべくさまざまな試みをおこなった．この写真のドフィールは戦争中すでに300人ほどの塾生をかかえる有名なプサントレン(イスラム塾)の教師で，日本のキアイ講習会に参加した親日派キアイである．

② 筆者が訪れたときのキアイ・ドフィールのプサントレンのポンドック(寄宿舎)と塾生たち(1981年，東部ジャワのジェンベルにて)．

4 アメリカ留学、そしてオランダへ

コーネル大学へ

「サイゴン解放」によって、突然ヴェトナムを去ることを余儀なくされ、「難民」同然になって日本へもどった私は、東大の大学院に復学したが、ひどい虚無感から抜けだせないでいた。

大学を出てから五年が、東南アジアでの生活をはじめてからもう三年がたっていた。いつかは終止符を打たなければならない生活ではあったが、そのあまりの快適さゆえになかなか抜けだすことができないでいたのである。現地体験といえばかっこはいいが、仕事の期限もノルマもない、したがって競争も緊張感もない毎日をいつまでもつづけていると、いつしか競争社会から脱落してしまいそうだった。

現に一緒に大学院にすすんだ仲間や後輩たちの多くはすでに博士課程を修了し、その間に積んだ業績をもとに、大学や研究所に就職していた。日本の社会や学問の世界にひさしぶりに身をおいたときのなんとない違和感にくわえて、仲間に遅れをとっているというあせりが、ヴェトナム・ショックからくる虚無感をさらに深めていた。

「現地体験」はいったい何を私に残してくれただろう。たしかに語学力はついた。土地勘が培われ、雑学が身についたので、「インドネシアでは」だとか、「ヴェトナムでは」などと、多少物知り顔で発言できるようになった。しかし、それでいい気になっていても、結局それが何だというのだろうか。ただたんに夫に同行して東南アジアに住んでいた多くの妻たちとどうちがうのだろうか。いやしくも研究者としての道を歩もうとするからには、学問の対象としての東南アジアを客観的に分析する方法論を身につけ、洞察する能力を培わなくてはならない。知識の量はふえたが、それを料理するための技術が何も身についていないことを、大学院にもどって思い知らされたのである。

〈コーネル大学へ行こう〉アメリカ留学を考えだしたのは、そんなことからだった。

ちょうどそのころ、コーネル大学のインドネシア研究の大家、ジョージ・ケーヒン教授が来日し、東大の永積昭先生のゼミで話をされた。私が初めてインドネシアの勉強をはじめたころに読んだのが、ケーヒン先生の『インドネシアにおける民族主義と革命』という大作だったのだが、その大先生の顔を身近に見ることができたので、私は映画スターにでも会ったような感激を味わった。永積先生が、「この人はコーネルに行きたがっているんですよ」と紹介してくださり、そこで話が具体的にすすんだ。日本軍政期のインドネシアを研究したいといったとき、ケーヒン教授の顔は輝いた。

あとで知ったことだが、永積先生がコーネルへ初めて行かれたとき、「おまえは日本人だから日本軍政をやれ」とずいぶん勧められたのだそうだ。しかし戦時中、少国民として育った先生にとって、このテーマはあまりにもなまなましすぎて、その体験者たちにインタビューするなどということにはとても神経が耐えられないだろうと思ったのだそうだ。そのとき以来コーネル大学の東南アジア・プログラムは、日本軍政をやる日本人が現れるのを待っていたというわけである。私は、そういう意味ではラッキーなテーマを選んだのだった。ケーヒン先生は、「担当の教授によく話しておきましょう」といってにこりと笑い、ウィンクなさった。

もちろん、コーネル大学はケーヒン教授のウィンクひとつで簡単に行けるようなところではない。第一、資金をどうするのか。私立の名門校であるコーネル大学は、授業料だけでその当時年間八千ドルもした。これは、当時のレートで約二百四十万円、当時の大学新卒者の年収の二倍を超えていた。要するに私費では絶対に無理な金額であった。

日本人のアメリカ留学のための最大のスポンサーといえば、当時はまだフルブライト奨学金しかなかった。これは、米軍の占領が終わった一九五二年にまずガリロア・エロア奨学金としてはじまったもので、アメリカの国務省の資金から出ていた。要するにアメリカ政府による国費留学制度である。このフルブライト奨学金は、いまから四十数年まえにスタートしたころには、年間約二百人ほどの日本人がその恩恵にあずかったが、日本が経済大国になるにつれ、徐々にその人数は縮小され、一九七五年当時は、自然科学系、社会科学系、人文科学系のすべてをあわせてわずか十人ほどになっていた。

私の専門とする歴史学の分野からは一人ということであった。コーネル大学へは当然夫と二人で留学を希望していたから、これはひとつの奨学金をめぐって私たち夫婦で争わなければならないことを意味していた。二人そろってアメリカへなどというのは、ほとんど夢のような話であった。途方に暮れていたところ、ちょうどその年に経団連の石坂泰三会長を記念して石坂財団が発足し、ここが海外で勉学を希望する大学院生に奨学金を出してくれることになった。結局、幸運にも夫がその奨学金試験にパスし、私がフルブライトのほうにパスして、二人そろってアメリカへ行けることになった。

しかし、これはまだ第一歩にすぎなかった。資金を確保したということと、相手の大学が受け入れてくれるということとは別問題である。アメリカの大学に正式に入学するには、TOEFLという世界各国共通に実施される、外国人のための英語の検定試験をうけ、その結果を願書に添えて提出しなければならない。大学によってそのTOEFLの足切りの点数が決まっていて、最低限それだけはクリアしなければお話にならない。もちろんこれは何度でもうけることができ、私も何回か挑戦して、ようやくコーネル大学の大学院が要求している点数を確保することができた。コーネル大学では、歴史学科の博士課程に入ろうと考え願書を送ったところ、永積先生の推薦とケーヒン先生の口添えのおかげでまもなく入学許可がきた。フルブライトの試験をうけたのが一九七五年の初夏で、コーネル大学からの回答がきたのは翌年の四月ごろだったから、このほぼ一年間は、留学の道を模索するだけに費やしてしまったという感じであった。

それからの毎日は、アメリカ大使館員の家庭で、アメリカの文化やマナーについての特訓をうけたり、持っていく書物を選り分けたりと、渡航準備に明け暮れた。アメリカへの出発は、偶然にも私の三十歳の誕生日の翌日にあたった。一九七六年七月二十七日のことで、巷はロッキード事件で騒がしく、ちょうどその日の夕刊は、田中角栄前首相逮捕の記事が新聞の一面を大きく飾っていた。

地獄の苦しみだった授業

コーネル大学は、ニューヨーク市から北西に約二百六十キロほど行ったイサカ市にある。市というより田舎町といったほうがぴったりするこの町の名は、ギリシャ神話に出てくるイタカ島を英語読みしたものである。この地域には昔ギリシャ系の移民が入植したため、地名にはギリシャ語起源のものが多い。たとえば、シラキュースだとか、ホメロスだとか、カユガ湖だとか、セネカ湖だとかいうぐあいに。

このあたりには、ちょうど五本の指を広げたようなかたちをした多くの湖があり、フィンガー・レイクと呼ばれている。イサカの町は、そのいちばん西側に位置するカユガ湖のほとりにある。

コーネル大学は、その湖を見下ろす丘陵地帯にあり、言葉にあらわせないほど風光明媚なところである。アメリカでいちばん美しいキャンパスという定評があるそうだが、まるで国立公園の真ん中を旅しているような気がした。

コーネル大学は一八六五年に、エズラ・コーネルという実業家が創立した大学で、アイヴィリーグのひとつに入っている。校舎は文字どおり蔦(アイヴィ)の絡まる古めかしい荘重な建物で、ひとつひとつが西洋のお城のようである。しかも第何号館といったような味もそっけもない呼び方ではなく、それぞれにマックグロウ・ホールだとか、モリル・ホールだとか、由緒ある人びとの名を冠している。

キャンパスは端から端まで歩いたら一時間ではとても行けないほど広く、常時キャンパス・バスが運行して学生をひとつの建物からつぎの建物へ運んでいる。キャンパス内にはクリークあり、滝あり、渓谷ありで、気分爽快であった。

この大学にロックフェラー財団の資金で東南アジア・プログラムが設置されたのは、一九五一年のことであった。冷戦構造が定着してくるなかで、いち早く戦後世界における東南アジアの重要性に目をつけたのである。戦争中、OSS(戦略事務局)と呼ばれた米軍の情報組織で訓練をうけてインドネシアの専門家となり、戦後ただちに独立戦争下のジャワへはいってリサーチし、政治学の学位をとったジョージ・ケーヒン教授を中心につくられたこのプログラムは、東南アジアに関する世界でもっとも充実した図書館とスタッフを有する教育機関であった。いまでこそ日本でもめずらしくなくなったが、経済学だとか、政治学だとか、文化人類学だとか、社会学だとかいうような専門分野を超えた、いわゆる学際的な地域研究を試みているユニークなプログラムであった。大学院生は、一応既成のいずれかの研究科に籍をおいたうえでこのプログラムに参加する。私の場合は、歴史学研究科に籍をおいた。

イサカの町は、人口約三万人。その大半が大学の学生や教職員である。小さな町だが、石を投げれば博士やら未来の博士にあたるという感じで、文化的刺激の大きなところだった。私たちは、キャンパスの一角にある既婚学生用のアパートに住むことになった。日本式にいえば2ＬＤＫだが、ひとつひとつの部屋がゆったりしているので、ずいぶん広く感じた。

アメリカはほとんどの町がそうであるが、公共の乗り物があまり発達していないことが生活するうえでの最大の難点である。この小さい町でも、どうしても車がないと生活できない。私たちのアパートからいちばん近いスーパーマーケットが歩いて三十分。郵便局や銀行はキャンパス内にあったが、外食するにしても、あるいは医者へ行くにしても、車がないと不便だ。幸いアメリカは中古車がものすごく安かった。というより、かなり古いポンコツ車まで廃車にならずに市場に出まわっていたのである。アメリカの人はあまりボディの良し悪しなど気にしないようである。だから日本からやってきた友人たちの第一声は、「ワー、車が汚いなあ」であった。私たちが買った大型のアメリカ車は十年以上前の車で、走行距離も二十万キロを超えており、ボディも錆だらけだったが、値段はなんと四百二十ドルだった。この車はその後三年間充分に私たちの足になってくれ、帰国のときには三百ドルぐらいで売ることができた。

学期がはじまると、生活は急に忙しくなった。合衆国北部は九月になると急に木々が色づいて、もうすっかり秋である。あたり一面緑に被われた、美しく開放的な夏が終わりを告げ、これにきびしい新学期のはじまりが重なって、なんとなくうらさびしい感じになった。これからどんどん寒くなって、十一月には町が雪で被われ、翌年の四月ごろまで土は見えないのだという。見わたすかぎり白一色のなかできびしい授業についていけなくてノイローゼになり、キャンパス内の渓谷に身を投げる学生が毎年かならず何人かいると聞かされていた。

たしかに授業はきつかった。かならずどの科目でも毎週リーディング・アサインメント、つまり本を読んでくる宿題が出され、その頁数は少なくて百頁、多いときには数百頁もあった。アメリカ人の学生にとってもこれはけっこうたいへんだったようで、まして外国人の私たちには、地獄以外の何ものでもなかった。学期中に宿題に出される予定の本は、学期はじめにまとめて担当教員が図書館に対して指定図書にしてくれるよう通知し、図書館にはそういう指定図書ばかりが、たとえばベネディクト・アンダーソン教授の「東南アジアの政治用」などというふうに授業科目別に陳列してあるコーナーがある。いざその週の宿題として出されると、学生たちがいっせいにその本に殺到するので、これらの本は館外貸出が禁止となり、しかも館内で読むときにも一人が一回一時間ずつに制限された。もちろん一回で読み終わるわけはないので、一度返してまた申し込みをし、順番を待って読むのである。自分で買ってしまえば楽なのだが、毎週どの科目もこの調子で宿題が出るので、全部買っていたらとても財布がもたない。そんなわけで図書館はいつも学生であふれかえり、夜も十二時まで開館していた。

当時の日本の大学院では講義形式の授業はほとんどなく、ゼミで各自が自分のやっている研究発表を交代でおこない、それに対して教授がコメントをつけたり、また仲間同士でディスカッションするという形式がほとんどだった。ところが、アメリカの大学院では、きちっとしたカリキュラムが組まれていて必要単位数も決められており、またその専攻ごとの基礎的な必修科目がいくつもあった。それを二年でとっても三年かかってとってもかまわないが、なにしろアメリカの私立大学は授業料が目の玉が飛び出るほど高かったから、一年多く受講するということはたいへんな経済的負担であった。しかし当時、日本の大学院に物足りなさを感じていた私にとってはこのスタイルはとてもよい刺激となり、しかも専攻の東南アジア史や副専攻の比較政治学に関する網羅的な知識が得られたのは幸運だった。

授業の苦痛は宿題だけではない。私にとっては先生が話す英語がなかなかわかりにくい。なかでもいちばん苦労したのは、オリバー・ウォルターズ教授の東南アジア古代史である。私は歴史学科で東南アジア史が専攻だから、この科目は必修である。ウォルターズ教授はイギリス人の老紳士で、とても格調の高いキングズ・イングリッシュを話されるのだが、それが私にはほとんど聴きとれない。まったくチンプンカンプンで毎回クラスメートにノートを借りて解読して、ようやくなんとか概要がわかるというありさまであった。

ところがあるとき、授業が終わって友人にノートを借りているところを先生に見つかってしまった。

〈ちょっとこっちへ来なさい〉と先生が合図する。ヒヤッとしておそるおそる先生のところへ行くと、

「私の授業がよくわからないかね」

ときびしい顔で訊かれた。

「はい、英語が……」

と消えいるような声で答えると、先生はいっそう真顔になって、

「アイム・ソーリー」

といった。

「アメリカ人でも私の英語はわかりにくいといってるよ」

とちょっと考えこんだあと、

「水曜日の三時に私の研究室へ来なさい」

と指示された。

つぎの水曜日、研究室へ行き、何がはじまるのだろうと神妙に待っていると、先生はおもむろに講義をはじめた。前回の授業と同じ内容をやさしい英語でゆっくり嚙みくだいて、「わかるかい？　わかるかい？」と確認しながら。こうしてウォルターズ教授の補講は学期が終わるまでつづいた。自分が教師になってみたいま、殺人的に忙しい毎日のスケジュールのなかで、私には留学生に対してあれだけのことができるかと思うと、ほんとうに恥ずかしい。

しかもウォルターズ教授は学期末に私が提出した「ジャワのボロブドゥール建設と奈良の大仏建立にみる王朝の経済力」という子供だましのようなレポートに、なんとAという評価をくれた。これは、まさしく努力賞ということだったのだろう。おかげで私は、専門科目の成績が優秀ということで、フルブライト委員会はさらに一年間の奨学金延長

を決定してくれた。ウォルターズ教授のあの援助がなかったら、私はとてもコーネルでの一年目を乗りきることはできなかったであろう。

ウォルターズ教授は、世界的に有名な古代インドネシア史の専門家だが、もとはイギリスの植民地官僚であった。マレーに長く勤務し、中国系マレー人と結婚していたが、一九四二年、日本軍の侵攻にあって降伏し捕虜となった。一度もくわしいことは尋ねたことがないが、きっと相当に苦労されたことだろう。ウォルターズ教授はそのときのことをもじって、日本人である私に冗談ぽく、「アイ・サレンダー・ユー(降伏するよ)」という表現をよく使われた。

アメリカ人のようなフランクさはあまりなくて、威厳と厳格さの象徴のような先生ではあったが、私がもうひとつ忘れられないのは、授業中に学生から質問をうけてわからないときには、「私にはわからない」とつねにはっきり答えていたことだ。教師というのはえてして、その威厳を保つために何やかやとうまくごまかして答えをつくろうものだが、ウォルターズ教授は、あっさりと「わからない」ことを認められた。大先生だからこそできるゆとりなのだろう。とても先生とはくらべものにならない私ではあるが、教壇に立ったとき、わからないことは恥ずかしげもなく「わからない」とか「知らない」といえるのは、ウォルターズ教授から得た教訓が知らず知らずのうちに身についているからなのかもしれない。その老教授もいまはもう教壇を去られた。

さて、大学院一年目の前期がそろそろ終わりに近づいていたが、思うように英語力が伸びないのが私たち夫婦の悩みの種だった。一日じゅう大学で英語を聞いていても、家に帰ってくれば日本語になってしまうというのが日本人同士の既婚者であることの限界であった。家庭での日本語での団欒は、一日の緊張を解きほぐすひとときであり、精神生活上も必要なことではあったが、私たちにはそれがもどかしくてならなかった。ヴェトナムやインドネシアでは、それぞれが一人で暮らした年月がけっこう長かったため、この種のジレンマはさほど感じなくてすんだ。ところが、アメリカでは私たちは、最初からずっとべったり一緒であった。この限界を痛切に感じて、私たちは途方に暮れ、一時はべつべつに寮か下宿を探して「別居」しようかとさえ考えたが、決心がつかないでいた。

そんなある日、友人のアリソンが、自分ともう一人、共同生活をしているバサンタというインド系マレーシア人が近くボルティモアへ移るので部屋が空くのだが、そのあとに住まないかといってきた。アリソンらは友人六人で一軒の家を借りて共同生活をしていた。そのうち二人が抜けるから夫と私がその代わりに、ということだった。もちろん残りの四人はすべてアメリカ人であるから、私たちの英語の勉強には願ってもないことだった。

こうしてアメリカの友人たちとの共同生活がはじまった。共同で借りていたその家は二階建ての大きな住宅で、彼らはここを「ラスト・レゾート」と呼んでいた。「ラスト・レゾート」とは、「最後の拠《よ》り所」というような意味である。誰でも寂しいとき困ったとき、簡単に飛び込んでこられるようなホームといった意味合いをこめているのだろう。私たちの新しいハウスメートは、インドネシア語の集中講義をうけていたポーランド系のダニエル・フィッツキャベッジ、言語学専攻でやはりインドネシア語を勉強していたユダヤ系のボブ・クロッツ、文化人類学専攻でインドネシアの演劇を専門にしていたハンサムなマーク・ウォルツ、宣教師の息子で日本生まれのデイヴィッド・サーバーの四人であった。いずれも男性で、私は唯一の女性であった。恋人でも兄弟でもない男子学生と女子学生が一軒の家で同居するというのは、私の目から見るとかなり奇妙なことで、最初はいささか抵抗があったのだが、なにしろその男性たちの一人は自分の夫なのだからと心に言い聞かせてなんとか納得した。それに、四人のハウスメートたちは英語のほかにインドネシア語か日本語ができるので、四六時中英語しか話せないというよりは私には気が楽だった。

このときの共同生活は、夫婦だけで暮らしていたらとうていわからなかったようなことをいろいろと私たちに教えてくれた。アメリカ人は夜でなく朝にシャワーを浴びるんだとかいったような、なんということもない生活パターンやら、けっして無駄な支出はしない彼らの質素な経済観念やら、どんなときにどんな食べ物を食べるかといったことなど、本や映像からだけでは得られないこまかいことを知った。もちろん、おかげで英語に対する抵抗もすこしずつ減っていった。英語をしゃべりながら食事をすると消化不良を起こすと思っていたが、胃袋のほうもだんだん適応してくれた。

博士課程を無事修了

さて、コーネルでの二年間のコースワークのすえ、一九七八年の夏、なんとか大学院博士課程修了試験をうけるところまでこぎつけた。専攻一課目、副専攻二課目、それぞれの指導教官が私のために個別に作成した試験をうけて、それにうかれば、Ph. D. candidate(博士候補)となって博士論文執筆へのゴーサインが出るのである。

試験は論文形式で、一課目あたりまる一日かかるほどの量で、肉体的にもたいへんな作業である。あらかじめ教授とのあいだで取り決めた日の朝、問題をもらいにいき、指定された時刻までに家でも図書館でも好きな場所へ行って解答に取り組むのである。かなり専門化された問題だから、カンニングはおろか、誰かに教えてもらうということはほとんど意味をなさない。たった一人の孤独な闘いである。

数日の間をおいて、またつぎの課目に挑戦し、三課目とも修了した段階で、三人のアドバイザーが一堂に会して、面接試験がおこなわれた。教授たちは、私の英語力のことなどおかまいなしに、かなりきびしい質問を矢継ぎ早に投げかけてきた。英語でいえば「タフな」質問ということになる。「タフ」という言葉は「丈夫な」とか「疲れを知らない」というような意味によく使われるが、そのほかに「きびしい」とか「厳格な」というような意味もある。とくに学生が教師に対してしばしば使う形容詞である。

さて、その「タフな」面接試験が終わると、しばらく外へ出ているようにといわれた。その間に三人の教授が協議するのであるが、その時間がとても長く感じられた。廊下の窓から見えるキャンパスをあらためて眺めてみる。しばらくして、友人が何人か談笑しながら通りすぎていくのが見えた。あたかも自分が監禁状態にあって、しきりに外の友人に助けを求めているのに振り向いてくれない、そんな錯覚におちいった。

息詰まるような何分かがすぎて、ドアが開いて、「アイコ、カムイン」と主任教授のデイヴィッド・ワヤットが招き入れる。なかに入ったとたん、三教授が立ち上がって「コングラチュレーションズ」といって手を差しだしてきた。やったー、うかったのだ。あせってはいけない、貫禄を示して、と自分に言い聞かせながら、三人の教授の握手に応じた。しかし、そこから先はよく覚えていない。今後のことについて、重要なアドバイスを一人ひとりからいわれたのだが、もう耳にはいらなかった。

ともかくも、こうして夫も私も第一関門を突破した。これに落ちればもちろん再挑戦の機会があたえられる。しかし何度かくりかえしてやってみてやはりだめな場合は、修士号を授与されて、博士論文はあきらめるようにとのアドバイスがなされる。もちろん、修士号をとった人は全部そのような博士号あきらめ組ではなく、日本と同じように、はじめから修士号取得を目標として入ってくる人のほうがずっと多いことはいうまでもない。

博士課程修了試験に合格するとつぎに待っているのは、フィールドリサーチのための助成金獲得という課題である。コーネル大学の東南アジア・プログラムは、専攻が歴史学であれ経済学であれ、誰でも博士論文執筆のまえに現地へ行って調査することを義務づけていた。他人の執筆した本だけを参照して図書館や机上の知識で論文を書くことは、新しい地域研究の手法としては許されないのである。そしてフィールドリサーチの期間中も"in absentee"（「不在学生」とでもなるのだろうか）というステイタスでいくぶんかの授業料を払って大学に在学し、その間は指導教官と緊密に連絡をとりあい、その指導をうけるのである。

私の場合、インドネシアへフィールドリサーチに行くことと、オランダへ一次資料を探しにいくことが必要だった。歴史学において、オーラルリサーチ、つまり聞き取りという手法を使うことは、そのころの日本ではまだ亜流とされていた。文献によらないデータに依存すべきではないという考え方だったのである。そういうこともあってか、歴史家は、資料収集以外のためには、かならずしもその国へ行く必要はないという考えが一般的だった。しかし、それでは、私がやろうとしている日本占領期のインドネシアの歴史のように、文献がほとんど残されていないような分野の研究は進歩しない。アメリカでは、少なくともコーネル大学では、歴史も地域研究のひとつとして、生活体験をしながら、歴史の背後にある社会や文化を理解し、その国をトータルにとらえることが要求されていた。

夫は、当時の政治情勢からヴェトナムへ行くことはむずかしかったが、旧宗主国のフランスへ植民地関係の文書を探しに行く必要があった。二人とも渡航費をふくめてその費用をどう工面するかという問題が出てきた。当時アメリカには、このような大学院生の海外調査のために奨学金を出してくれるプログラムがいくつかあったが、それらの場合、同種の調査を希望する全米の博士論文執筆予定者を相手に競わなければならない。

またしても夫とのあいだで競争か、と思っていたところへ、関西のある大学から夫に突然手紙が舞い込んできた。その大学の教員のポストが急に空くことになったのだが応募しないかという誘いだった。日本の大学教員のポストというのは、当時は純粋な公募で人を採用することは少なかった。多くはその大学の当該講座の担当者を直接知っている者や、あるいは知人からの紹介者などに「応募しないか」と内々に声をかけ、応募したいということであれば、書類をそろえて提出させるというかたちがとられていた。その際、かたちのうえでは全国公募ということにするが、実際には最初から誰が本命か決まっているのである。もっとも一九九〇年代には、日本の大学界にもアメリカ式の競争原理がかなり取り入れられてきたので、純然たる公募もおこなわれるようになったが、当時はまだ指名で採用する傾向が強かった。

もちろん、当該講座の教授が「この人がいい」と考えても、他の講座の教授もまじえた人事委員会にかけ、そこを通ったら最後に教授会の票決を通り抜けなければならないから、まったくいい加減な人間をコネで採用するというようなことは不可能である。しかし、よほどのことがないかぎり当該講座の教授陣の思惑が尊重されるのであった。だから、そういった人選に引っ掛かるためには、いろいろなところに網を張って「われここにあり」と主張しておかなければならない。人脈を通じてそうする場合もあれば、発表した業績によって自己主張する場合もある。しかし、若い研究者の場合、業績といってもそれほどあるわけではないから、やはり誰かの「引き」がないと大学に職を得ることはむずかしかった。

私たちは、東大闘争で「大学解体」を叫んで恩師たちのひんしゅくをかった部類の学生だったから、恩師による「引き」はとうてい期待できなかった。そのうえ外国にあまりにも長くいたので、国内での存在感がうすくて、就職のための条件としては不利なことばかりであった。それにくわえて、東南アジア研究は「売れない」時代であったので、就職に関してはかなり絶望的になっていたのだ。そこへ突然舞い込んだ「応募してみないか」という誘いであるから、二人とも驚喜した。とはいえ、ここで就職してしまうと、博士論文はおそらく当分のあいだ書かずじまいになってしまうであろうことは明らかであった。フィールドリサーチを終えてさえいれば、国内で教職に就きながらでもなんとかコツコツ論文を書くことはできるかもしれないが、夫の場合はまだそれも終えていないのだ。しかも、その大学の事情で、採用になった場合勤務は翌年の四月からではなく、すぐにでもという急な話だった。むずかしい選択だったが、この機会を逃したらつぎはいつ職にありつけるかわからない。彼は結局、職をとることにした。

そして一足先に帰国することになったのだが、その際にフランスに立ち寄って、たとえ二、三カ月間でも文書館で文献収集をやっていくことになった。幸いコーネル大学の東南アジア・プログラムが、急遽いくばくかの助成金を出してくれることになった。これからは定収入が入る可能性があるのだからと、思いきってありったけのお金をかき集めて彼はフランスへ旅立った。

イサカに一人残った私は、自分の調査資金の手当てに奔走した。どうやら、アメリカ国籍がなく、しかも開発途上国の人間でもない者に対して門戸を開いている助成金は限られていて、社会科学リサーチ評議会(SSRC)という、日本でいえば学術振興会のような組織が出している助成金しかないことがわかった。イチかバチか、そこに応募してみることにした。詳細な研究計画書に大学院の成績、教授の推薦状などを添えて提出し、書類審査をうける。ここで十分の一ぐらいの人数に絞り込まれ、受かった者は最終的に面接試験に呼ばれる。こういうときの面接のことを「オーラル・エグザム」ではなく、「インタビュー」というのだと聞かされた。入学資格や職を得るときにうけるのもインタビューである。

私はほとんど期待していなかったのだが、ある日、ニューヨークまでインタビューをうけにこいという手紙が舞い込んだ。交通費はむこう持ちだという。コーネル大学の東南アジア・プログラムからは四人が書類審査をパスし、そのうち一人はラスト・レゾートのハウスメートだったボブ・クロッツである。ボブの車で出かけ、ニュージャージーにある彼の実家に泊まってインタビューに臨むことになった。

その日の朝、このユダヤ系アメリカ人の家で彼のお母さんが「がんばるのよ」とウィンクしながら差しだしてくれたベーグルというユダヤ・パンの味はいまでも忘れられない。このときから、ボブと私は博士論文を目指すよきライバルになった。

信じられないことだが数週間後、この試験の合格通知が届いた。コーネル大学の錚々《そうそう》たる先生方からの推薦状がものをいったのだろうか。それともインタビューでのハッタリがよほど効いたのだろうか。いや、この幸運にあずかることができたほんとうの理由は、私のテーマが、当時のアメリカの学界が期待していたものにピッタリだったということではないかと思う。戦後長いあいだ、日本人研究者は、東南アジアにおける日本占領の問題を避けてきた。しかし、この時代の研究に本格的に取り組むには、インドネシア語、オランダ語のほかに日本語の知識が必要であり、そのなかでもっとも難解といわれている日本語のネイティヴ・スピーカーの参加が強く望まれていた。ようやくそれをやりたいという日本人が現れたのであるから、私の能力はべつとして、アメリカの学界が「待ってました」とばかり飛びついたのもうなずける。

ちなみに、私がこのテーマで博士論文を仕上げるまでにもらった奨学金のたぐいはすべて、アメリカおよびインドネシアからのもので、日本からもらったお金は一銭もなかった。日本では、つい先ごろまでこの種のテーマは、学界のなかでは継子《ままこ》あつかいされていたのである。そんなわけで、アメリカを舞台に研究をつづけるかぎり、私はじつに幸運であったといえよう。

一緒にうけたボブは結局だめだったが、ほかから奨学金をもらって同じくジャワへ行った。彼はとっくに調査は終えたものの、その後、フィラデルフィアでインドシナ難民の援助団体での仕事に就き、これが面白くなりすぎて、いまだに論文を仕上げていない。

こうして日本、オランダ、インドネシアでの十八カ月間の調査費用として一万八千ドルがもらえることになった。

それを手にした私は、二年半ぶりに帰国した。一九七八年の大晦日のことであった。アメリカに向けて飛び立ったのは羽田の東京国際空港からであったが、このときは成田の新東京国際空港に移っていた。夫はすでにフランスでの調査を終えてひと足先に帰国していた。一九七九年の正月をひさしぶりに日本ですごしたあとまもなく、夫が応募していた大学から教授会で正式に採用が承認されたという通知が届いた。大学の人事というものは水物で最後の最後までどうなるかわからないといわれていたので、正式に決まるまで私たちはずいぶんヤキモキした。ともかくも、それはたいへんな朗報であった。

オランダの文書館での宝探し

一九七九年の正月を日本で迎えたあと、私は夫の赴任先の大阪への引っ越しを手伝った。大阪に行き、引っ越しの整理がまだ終わらないある日、東京の父から電報が届いた。そのころ、電話はいまのように引っ越しと同時に引けるものではなく、電報による通信がまだ活躍していたのである。「ハハシス、カエラレタシ」という内容に驚愕した。公衆電話に走りダイヤルをまわすと、「母」が電話口に出た。「ハハ」とは「父の母」、私を小さいときからかわいがり、ほとんど寝たきりで私の帰国を待ち望んでいた祖母のことだった。イサカから東京へもどってまもなくの正月に、短い再会をしていた。すっかりぼけていた祖母だが、起きあがって「愛子ちゃん」と呟いた。「またくるね」といって、夫について大阪へきた直後の死だった。

祖母の葬儀、初七日が終わって落ちついたところで、ふたたび日本をあとにしてオランダへ旅立った。わずか二カ月間ほどの短い日本滞在だった。

初めてのヨーロッパへの旅は、ソウル、アンカレッジ経由の大韓航空機でパリへ入った。いろいろ探した結果、それがいちばん安い方法だったのである。パリの街並みは、ヴェトナムのサイゴンを思いださせた。サイゴンはこの大都市を模倣してつくられ、リトル・パリといわれたのだが、私にとっては、まずサイゴンがあり、それと似ているがゆえにこの大都会は郷愁を誘った。

たった一人オルリー空港に降りたったときには、言葉もよくわからず心ぼそかったが、パリには、東大の同級生で、労働省(当時)の役人として日本大使館へ出向していた岩田喜美枝さんがいた。大学の一年先輩で、経済企画庁に入っていたおつれあいも、ほぼ同じ時期にOECD(経済協力開発機構)本部勤務となって、二人そろってパリ勤務をしていた。一人娘の綾ちゃんが生まれたばかりで、親子そろっての生活が私は何よりうらやましかった。もちろん、二人とも仕事を持っての海外での子育てはたいへんだったろうと思うが、フランス人のメイドさんを頼んでなんとか切り抜けていた。

彼女はキャリアウーマンの鑑《かがみ》のような人である。その後日本国内でも転勤があり、お子さんをお母さんにあずけて任地へ赴いたりと、たいへんな犠牲を払いながら仕事をつづけていた。

パリにはさらに、ヴェトナム時代の夫の教え子で、難民となって脱出したミン・リーもいた。元映画女優で、すばらしい美貌の持ち主である。日本の男性と結婚して国を出て、しばらく東京にいたのだが、離婚してパリへ移り、シェラトン・ホテルのレセプションで働いていた。パリのヴェトナム人は水を得た魚のように元気がいい。この元の宗主国には、昔から植民地の知識人が留学した歴史もあり、ヴェトナム情報にも事欠かないし、ヴェトナム料理の材料もいろいろ手に入った。ミン・リーの手料理でひさしぶりにヴェトナム料理を楽しんだ。この国では、中華料理店よりもヴェトナム料理店のほうがポピュラーなのだ。人びとは黄色人種の私を見るとまず「ヴェトナミヤンか」と尋ねる。これ以後も私は、オランダ滞在中寂しくなると、この友人たちに会いにしばしばパリを訪れた。パリからアムステルダムまでは、国際列車で約六時間、運賃も六千円ぐらいだったから気軽に行き来できた。

さて、パリで二、三日すごしたのち、私はその国際列車に乗ってオランダへ向かうことになった。出発の前夜、レイデン大学を通じて紹介してもらっていたオランダの下宿に到着を知らせる電報を打つため、電報電話局へ行った。ファックスもインターネットもない時代である。そのときオランダという国名が係員に通じなくてずいぶん困った。ホランドだとか、ブランダだとか、いろいろ言い換えたり、英語のザ・ネザーランズなどといってみたが、まったく通じない。悪戦苦闘したのちにやっとわかったのだが、オランダのことをフランス人は、「ペイ・バ(Pays Bas)」というのだ。はじめはなんと奇妙な言葉だろうと思ったのだが、じつはこういうことだ。オランダの国名は、正式にはネーデルランドというが、これは「低地」を意味する。そして「ペイ・バ」は、それにあたるフランス語なのである。このように他国の国名まで翻訳してしまうフランス人のフランス語至上主義にあらためて驚いた。英語では、まさかロー・ランドなどと訳しはしないのに。翻訳の好きな中国ではなんというのだろうか。

さて、電報を打った翌朝、私は「ペイ・バ」のレイデン駅まで切符を買って汽車に乗り込んだ。私が一年間の居住地として定めたのは、昔からオランダのインドネシア学の中心地だったレイデン大学の所在地であった。パリを出発した汽車は、ベルギーを縦断して北上し、ロッテルダム、ハーグ、レイデンをへて、アムステルダムまで行く。つまり、フランス、ベルギー、オランダの三カ国をつなぐ国際列車なのだ。

パリを出発して二時間ぐらい行くと、銀行のエージェントが、「両替の必要な方はいらっしゃいませんか」とまわってきた。まもなくベルギーとの国境を越えるのである。EUにおける通貨統合が本格的に実施されたら、もうこんな光景はなくなってしまうのだろう(一九九九年に実施)。国境を通過した最初の駅でしばらく停車し、係官が乗り込んできてパスポートのチェックと簡単な税関検査があった。それが終わって発車すると、車掌のアナウンスはすっかり新たな通過国の言語にかわっている。この線の車掌はほとんどが、フランス語とオランダ語の両方を自由にしゃべるようであった。

国際列車ってどんなふうだろうかと興味津々だったのだが、なんの肩肘はったところもなく、まったく新幹線に乗っているような気分だった。ちょっときざに聞こえるかもしれないが、じつは私はどうも何事にも順応しやすいおっちょこちょいのようで、オランダから帰ってまもなく、大阪から新幹線に乗って東京駅で降りたとき、ヨーロッパでの習慣が身についていたので、「しまった、両替するのを忘れた」と一瞬ドキッとしたことがあった。ヨーロッパでは、東京と大阪がべつの国であってもすこしもおかしくはないのだ。新幹線に乗っていてちょうど大井川を越えたら隣の国で、というような感覚だった。それほど、西ヨーロッパの国々のあいだの国境は距離も近いうえ、緊張感がうすく、国際列車といえども日常的な雰囲気のなかで走っている。それでいて「車中で両替」などという、いやに「国際的」な行為が、その日常的雰囲気のなかでごく自然におこなわれているのだ。ちなみに、私がレイデンに住んでいたとき、ハーグまで通うのに毎日乗った汽車は、アムステルダムを出て、レイデン、ハーグを通りブリュッセルまで行く「インター・シティ」通勤急行列車だった。

レイデン駅に着くと、私が入る予定の下宿に住む女子大生が、家主に頼まれて、私を迎えにきてくれていた。下宿は、いかにもオランダの町らしい運河沿いの伝統的な煉瓦造りの四階建ての家だった。私の部屋はその四階の一室である。部屋に入ると、机の上の小さな花瓶に花が生けられていた。いかにも花好きなオランダ人らしい歓迎だった。

ここの家主は老夫婦で、ご主人は、昔オランダ軍にいて、インドネシアで独立軍と戦ったという経験の持ち主で、片言のインドネシア語をいまだに覚えていて、ときどきそれをまじえて話をした。私のオランダ語は、辞書を使って読むだけのもので、会話となるとじつにたどたどしいのだが、新しく覚えた言葉を初めて実践で使ってみるときのあのスリルが大好きで、必死に使ってみた。簡単な日常会話のときはそれでいいのだが、込みいった話になると、相手が、「アメリカで勉強してらしたのだから、英語がおできになるでしょう？」といって、英語で話すことを促す。暗に〈おまえのまどろっこしいオランダ語なんかにつきあうのはごめんだね〉といわれているような気がして、恐縮してつい英語に切り替えてしまう。オランダ人はフランス人とは対照的に一般に英語がうまいし、またそれを使うことに何の抵抗も感じていない。だから、こちらはよけいにオランダ語が使いにくいのだ。

インドネシアで初めてインドネシア語を学んだときには、「私は英語が話せません」ということで押し通し、相手も「ああ、日本人だからな」と納得してくれたから楽だった。しかし、コーネル大学の学生としてきている私が、もはやそれでは許されなかった。お店や駅や道端では相手の迷惑を顧みずになるべくオランダ語を使ったが、肝心の仕事のほうではほとんど使えず、これはずいぶん災いした。

私の日課は、レイデンから三十キロほど南にある首都ハーグにある文書館で日本占領時代のインドネシア史の資料を探しだすことであった。終戦時に、日本軍や軍政当局の公文書はほぼすべて連合軍に押収され、旧宗主国に引き渡された。そのため日本軍政関係の一次資料は日本にではなく、オランダに所蔵されているのである。これらの文書は、一九七八年当時は内務省、国防省、外務省の各文書館、それに総合文書館、陸軍戦史部、海軍戦史部などに分散していたため、それらを順番にまわらなければならなかった。

この時代の文書の多くは、ちゃんと分類されていないばかりか、目録なども作成されておらず、インドネシアから送られてきたものをただ年度別にファイルしてあるだけだから、探しだすのがたいへんであった。それだけに、山のような束のなかから軍政関係の資料が顔を出したときの喜びはひとしおで、毎日が宝探しの心境であった。おそらくこれまで誰にも利用されたことがないであろう日本語の文書もポツポツあった。驚いたことに、軍や軍政当局の文書だけでなく、個人が所有していた写真や手紙、日記のようなものまでまじっていた。インドネシアにいた日本人たちは、引き揚げのとき、洗面道具と着替えを除くすべての私物を連合軍に提出させられたと聞いていたが、その私物の一部が、オランダの文書館に所蔵されていたのである。

私は、この所有者たちはまさか自分の日記が海のむこうに眠っているとは知らないだろうな、どうやったら知らせてあげられるかな、などと思いながら、それらの文書を読みあさっていった。文書は何箱もあり、毎日すこしずつチェックしていったが、とても中身までゆっくり読んでいる余裕がない。だいたいの内容だけ把握して、必要と思われるものはコピーを依頼した。コピーは一枚五十円もし、注文はたいてい何十枚、ときには何百枚にもなったから、学生の私には身を切るように痛かった。欲しい文書はたくさんあるのだが、予算が限られているのでしっかり選別しなければならなかった。あきらめたものは、カードに要旨だけ書いておき、後日お金に余裕ができたときに注文できるようにしておいた。

ところで、夫を日本に残してきているということがどうしても心にひっかかって、オランダ滞在中の私は、ともかく一刻も早く仕事を仕上げて帰国することばかりを考えていたように思う。どうしても腰が落ちつかないのだ。

だから、いま思うと残念なのだが、オランダでの生活をエンジョイするとか、仕事以外でオランダ人とまじわるということにほとんど時間を割かなかったし、努力も払わなかった。朝早く下宿を出て、まっすぐ文書館に向かい、三十分程度のお昼の休憩を除いて閉館までずっとそこで埃っぽい文書に埋もれてすごし、帰路に簡単なお惣菜を買って帰って家で食事をするという毎日だった。それも、料理などというものはほとんどせず、パンにハムにチーズ、そしてサラダ程度の簡単な夕食である。幸いなことに、オランダはハムもチーズもいろいろな種類があって飽きなかった。それに、ヨーロッパ各国のワインが安く手に入って、これもまたおいしかった。だから、手をかけないといってもけっこうおいしい食事がとれた。食事が終わると、テレビもないし話す相手もいなかったから、文書館で注文してもどってきたフォトコピーをチェックしたり読んだり、分類したりしてすごした。

北里柴三郎がフランスに留学したとき、研究所と下宿とのあいだを往復するだけで、フランスのことを何も知らないで帰ってきた、ということが伝記のなかで美談のように語られていたのを思いだしたが、そのときの私はそれとほとんど変わりのない毎日だった。ただ、私はそれがけっして望ましい生き方だとは思わなかった。北里はむしろ人間としては欠陥の多い人だったと思ってみたりした。そうは思っても私は、心のなかでつねに何かにせき立てられていて、オランダでは持ち前の「何でも見てやろう」という積極的な姿勢にはどうしてもなれなかった。

もちろん私がまったく人づきあいをしなかったというわけではない。文書館で顔を合わせる常連の仲間のなかに友人もできた。多くは同じくインドネシア研究に従事する若い研究者たちで、彼らはアメリカやオーストラリア、そしてイギリス、フランスなどのヨーロッパ各地から集まっていた。もちろん、インドネシア人もいた。コーネル大学時代の仲間に再会することもあった。こういう人たちのほかに、オランダ人のインドネシア研究者たちとのつきあいも深まり、彼らの家で開かれるホームパーティにもしばしば招かれた。味気ない下宿生活に息が詰まりそうになると、気楽に遊びに行ける友人もできた。

その一人は、日本から医学の勉強にきていた長野豊美さんである。彼女は、私が文書館で知り合ったオーストラリアの研究者といっしょに暮らしていた。くじけそうになると、いつも頑張り屋の彼女に励まされた。長野さんは私より年上の世代だったが、自立心の強い人で、レイデンの病院付属の研究所で血液学の研究をし、のちに東京へもどって博士号をとった。

さらにもう一人、ヘザー・サザランドというインドネシア研究者とも親しくなった。彼女はオーストラリア人だが、アメリカのイェール大学で学位をとり、マレーシアで教えたあと、アムステルダムの自由大学に定職を得たという、じつに国際的な経歴の持ち主で、マレーシアではマレー語で、オランダではオランダ語で授業をするというスーパーレディだった。彼女はアムステルダムの運河沿いの四階建ての煉瓦造りの古い家の二・三階に一人で住み、気楽な生活をしており、休暇には本をたくさんかついでイタリアに買った別荘へ行くのだった。そんなとき私は留守宅の猫の世話を頼まれてよく行ったものだ。

同じ建物の地階と一階には、イギリス人とフランス人のカップルが住んでいて、一軒の大きな家を半分ずつ使っていた。このカップルは、それぞれ最高の学歴をもった知識人であったが、たいへん自由奔放な人たちで、それぞれほかに恋人がいて、片方が留守のときにはもう一方の恋人が訪ねてきたりしていた。二人は正式な婚姻関係にあり、四歳ぐらいのかわいい娘、クレアもいたのだが、その子がいても、平気で母親は恋人との一時《ひととき》をすごしていた。一人娘のクレアは、そんなときなんとなくいたたまれなくなるのか、二階のヘザーのところへよくフラッとやってきた。私が一人で留守番をしているときなどは、綾取りなどをして一緒に遊んでやった。八年後に私がふたたびアムステルダムを訪れたとき、クレアは中学生になっていたが、彼女はそのときのことをよく覚えていた。その間に両親は離婚し、彼女は同じ家に父親とその恋人と一緒に住んでいた。そして別れた母親のアパートの鍵を見せながら、「ときどきはママの家にも泊まりにいくのよ」といっていた。その彼女は、イギリスのパブリックスクールで寄宿舎生活を送るようになった。ようやく彼女も自分の居場所を得て落ちついたことだろう。

ヨーロッパ人の自由奔放な夫婦関係は、三十代初めの私には強烈なカルチャーショックで、とてつもなく新鮮に映ったが、しかし、しょせんは「ついていけない」という違和感が強かった。

元オランダ人被抑留者の冷たい対応

ハーグでの調査がほぼ終了すると、今度はアムステルダムの戦争史料研究所での資料収集にかかった。レイデンとハーグのあいだは汽車ですぐだったが、レイデンからアムステルダムまでは四十分ぐらいかかる。日本の感覚でいえば充分通勤可能だが、汽車賃がかなり高い。そこで、住居をアムステルダムに移すことにした。

アムステルダムでは小さなアパートを借りて一人で住んだ。寝室とリビング、それにシャワールームと小さなキッチンがあって、広さは充分だったが、ずいぶん古い建物で、しかも通りに面したリビング以外には窓もなく真っ暗で、ジメジメした暗い家だった。このあたりはトルコ人労働者の居住区だった。

アムステルダムの戦争史料研究所のインドネシア部門の責任者R氏は、インドネシアとの混血だった。品のいい紳士だが、どこか冷ややかな官僚的な人で、資料探しもカタログなどなく、私のほうではっきり文書のタイトルや請求番号まで提示しないと出してくれなかった。また、資料の明確なタイトルを提示しても、「そんな資料はありませんね」と断られることも多かった。昔、私の恩師のアンダーソン教授がここでリサーチしたときにはいろいろな資料を使わせてもらったと聞いていたので、なぜだろうかと悲しかった。それにどの文書もいっさいコピーをとらせてもらえなかった。インドネシアの図書館のように職員がタイプで打ってくれるというエキストラサービスなどもちろんないから、重要な文書は筆写しなければならなかった。

考えてみると、彼はきっと戦争中、日本軍の抑留所で何かひどい体験をしたのではないかと思う。インドネシアでは約十万人のオランダ人民間人が抑留され、軍政の後期には、食べ物も不足してひどい栄養状態と不衛生のなかで多くの死者が出たと聞いている。そのころその研究所に通って資料を見せてもらっていたのは私一人だったからくらべようがないが、一九九〇年代になってこの研究所へふたたび行ったら、新しい所長になっていて、以前には見ることのなかった興味深い資料をザクザク出してくれた。どうもR氏は日本人である私に対しては心を開くことができなかったようだ。しかし、それにしては冷静かつ紳士的で、笑顔はなかったが、最低限のサービスはしてくれた。彼としてはそれが精いっぱいの親切だったのだろう。

オランダにはR氏のように、「インド」と呼ばれる欧亜混血の人がじつに多い。植民地東インド(現在のインドネシア)に渡ったオランダ人のなかには、土地の女性と結婚し、二世、三世をつくる人が多かった。オランダ政庁は、父親がオランダ国籍であれば、生まれた子にはオランダ国籍をあたえたので、二代、三代とへて、たとえオランダの血がうすくなってしまっても、オランダ人として分類される人の数は多かった。彼らは「インド」と呼ばれ、東インドを祖国と考えるオランダ人であった。

ところが、スペイン系の住民とインディオとの混血メスティーソが独立国家形成の中心になったラテンアメリカの場合とちがって、インドネシアでは、独立闘争に際して、これらの人びとは、むしろ本国オランダの側についてしまった。しかし彼らは彼らなりに、本国に対して東インド・ナショナリズムのようなものをもっており、なかでもスチュウ・グループと呼ばれた東インド生まれの知識人や官僚は、オランダ本国と対等な関係での連邦形成をねらっていたというが、結局インドネシア人を中心とするインドネシア・ナショナリズムとは相容れず、ついに共闘することはなかったのである。

その結果、インドネシアが独立したとき、これらの人びとはやむをえずオランダに引き揚げてきた。その多くの者にとってオランダは、先祖の国ではあっても初めて足を踏み入れる未知の土地であった。東インドに生まれ、東インドに育った彼らにとって、祖国はオランダではなかった。彼らは、第二次世界大戦期の日本軍による占領が、インドネシアに独立の機会をあたえ、自分たちから祖国を奪ったと理解している。その意味で、日本に対する恨みは、たんに戦争中に捕虜や被抑留者となってひどい目にあったという、精神的、肉体的な苦痛の記憶を超えたものなのである。

私はインドネシア研究者という立場上、どこへ行っても「インド」の人びとと出会うことが多かった。たとえば、戦争史料研究所のR氏以外にも文書館や資料館のインドネシア担当官の多くがインドだったし、また研究者にも多かった。彼らのなかには、マレー語(現在のインドネシア語だが、彼らはそれをけっしてインドネシア語とは呼ぼうとしない)を話す者も少なくない。つい親しみを感じて私のほうは心を開いてしまうのだが、彼らの心境は複雑である。少年期に母親と引き離されて男子抑留所に入れられた話だとか、抑留所で死んだ肉親のことなどを話すときには、怨念のようなものが強く感じられ、日本人に対するかなり剝きだしの反感を見せつけられることも多かった。

そういえば、たいへん皮肉な経験がある。それは、一九七九年の八月十五日のことだった。アメリカ人の友人(現在著名な人類学者になっているアン・ストーラー)とハーグ駅に降り立ったときのことである。駅の立ち飲み酒場で、すでにほろ酔い加減になっていた初老のおじさんが、

「なあ、お姉さんたち。わしの杯を一杯うけてくれや。今日はな、忘れられないすばらしい日なんだ。三十四年まえの今日、ダイ・ニッポン(大日本)が負けて、わしらは抑留所生活から解放されたんだ」

と話しかけてきた。一緒にいた友人が、ばつの悪そうな顔をして私を見た。私を日本人と知っての嫌みではない。しかし、なんだかいたたまれなくなって、私は足早にその場を立ち去った。

こういう現実を見てくると、昭和天皇が一九七一年にオランダを訪問したときに生卵

を投げつけられたという事件のもつ意味もよくわかってくる。その後何年かして私がふたたびオランダを訪れたとき、ハーグに、第二次世界大戦中インドネシアで犠牲になったオランダ人のための大きな慰霊碑が建てられていた。つねに参拝者が絶えず、慰霊碑のまえは花束であふれているということであった。

幻の国策映画を発見

オランダ人は一般に文書の保存ということを大切にし、専門の文書官を育成して整備にあたっているが、そのようななかにあってもインドネシアの日本軍政関係の資料の整備はずいぶん遅れているようであった。もちろん終戦直後、戦犯裁判の資料集めの段階では、かなりこれらの文書も活用されたらしいが、それ以後本格的な整備はまったくおこなわれなかったらしい。日本語を解する研究者が少なかったのだろうか。ともかく、その最たる例は、日本占領下で製作された貴重な映画フィルムであった。

占領中日本軍は、住民に対する宣撫《せんぶ》工作の一環として映画の製作に力を入れた。そのために、日本映画社という国策会社のジャワ支社をつくり、カメラマンや映画監督をはじめとする多くの映画人を日本から派遣した。そして、住民に日本の戦争目的を説明するためのもの、東亜の連帯をうたったもの、日本の威力を誇示するようなもの、日本的価値観や道徳を住民に植えつけるものなど、いろいろな種類の文化映画やニュース映画をインドネシア人向けに製作した。その数は二百本を超えていたと推定される。

それにもかかわらず、これらの映画を、私はインドネシアでも日本でも見たことがなかった。日本人関係者から聞いた話によると、それらはすべて終戦時に現地で処分してしまったという。当時は、製作した映画のプリントを日本に送らなかったので、日本にもないのである。だから私は、話には聞いていたが、もはやそれらは地球上に存在しない幻のフィルムと思ってあきらめていたのであった。

ところが、オランダの文書館で書類を繰っていたある日、終戦後ジャカルタに進駐してきた連合軍が、何本かの日本のニュース映画を押収したという報告書が目に入った。それには、そのニュース映画の内容も記されており、たしかにジャワでつくられた映画のようであった。やっぱり残っていたのだ！

日本側はすべて処分したつもりでいたようだが、このように、たとえ一部にせよ、焼却を免れていたものがあったということは、これ以外にもさらに出てくる可能性があるはずである。ただし、文書館にあったのは報告書だけで、その押収したフィルムの現物はここには保存されておらず、しかもどこに納められたかも記されていなかった。

その日から、幻のフィルムを求めて、可能性のありそうな機関を走りまわる日々がはじまった。あちこち歩きまわって、もういい加減いやになったころ、レイデンにきていたあるインドネシア人留学生が、「ユトレヒトのヤンセンさんという人が、日本占領時代の映画のことを知っているといっていたよ」と教えてくれた。私はさっそくユトレヒトへ飛んだ。

J・ヤンセン氏は視聴覚教育教材開発センターに勤務している人で、彼もまた戦争史料研究所のR氏のように「インド」であり、少年時代をジャワの日本軍の抑留所ですごしたという経歴をもっていた。R氏とも友人だということだったが、R氏より好意的で親切だった。彼は学生時代から映画に関心があり、その関係から一九六〇年代の初めに、当時戦争史料研究所のインドネシア部門の責任者であったヨーストラ女史(彼女は純粋なオランダ人だが、やはり戦争中マカッサルで抑留所生活を体験しているという)から誘われて、インドネシアで押収した日本関係の映画フィルムの整理に携わったことがあるということだった。このフィルムの消息を知る生き証人がいたのだ。彼によれば、そのいきさつはこうであった。

一九四〇年代末のある日、インドネシアで独立を許すまいと戦いをつづけていたオランダ植民地当局から、アムステルダムの戦争史料研究所へ大きなコンテナに詰まった三五ミリ・フィルムがどっさり届いた。しかし、当時研究所のスタッフは他の業務で忙しく、その中身に通し番号を打って倉庫に納めるのが精いっぱいであった。そして、長いあいだ放りだしたまま、一九六〇年代になってようやく、ヨーストラ女史が音頭をとってチームをつくり、このフィルムの試写会をおこなうことになったのだという。

　彼女は、日本問題やインドネシア問題の専門家を何人か集めて映画を鑑賞し、彼らの知識や言語能力のおよぶ範囲内でこれらを整理し、簡単な内容記述を添えたカタログを作成した。私が会ったときヤンセン氏は、黄ばんだそのときのカタログをまだ持っていて見せてくれた。そのなかには、「支那の夜」「英国崩るるの日」「マレー戦記」「ハワイ・マレー沖海戦」「女の教室」「阿片戦争」「闘いの街」「姿三四郎」「エノケンの爆弾児」「荒城の月」(カタログでは「荒城」を、ローマ字で arashiro と書いてあったのには笑ってしまった)などの日本製の映画にまじって、インドネシア語のタイトルのついたジャワ製と思われる作品もたくさんあった。これこそ私が探していた幻のフィルムである。日本の関係者たちが、この世からすべて姿を消してしまったと思い込んでいた作品である。当時の監督やカメラマンが知ったらどんなに驚喜することだろう。さっそく見たいと心がはやったが、ヤンセン氏も、これらのフィルムがいまやどこにあるのかはわからないというのであった。というのは、例のカタログを作成したあと、これらのフィルムは戦争史料研究所の手を離れ、アムステルダムの映画博物館その他の機関に移されたのだが、その後は何の消息も聞かず、彼自身職業柄それらを利用したいと思っているのだが、どうなっているのか判然としないということであった。

　いささか暗い気持ちになりながら私は、とりあえず映画博物館に問い合わせてみた。

しかし、「現在のところ所在は確認できず、また確認できたとしても整理はできておらず、お見せすることはとてもできません」という冷たい回答が返ってきただけであった。せっかくここまで追求できたのに、ふたたび振り出しにもどってしまったような気持ちになった。こうして日本軍の宣伝映画はまたしても「幻」になってしまったのである。

この映画の所在をついにつきとめたのは、それから七年後の一九八六年のことであった。オランダ滞在中にはついに実現できなかったが、じつは各方面と連絡をとってこのフィルムの追跡はその後もつづけていた。そして、国際会議でふたたびオランダを訪れたときに、ようやくこの目で、夢にまで見た映画を見ることができたのだった。六十六本もの文化映画やニュース映画が、国家情報局という役所の視聴覚部門に保存されていたのだ。時間にして計十時間以上である。私はこの三五ミリ・フィルムをビデオに落としてもらい、一式を当時私が勤めていた大阪の摂南大学図書館に納入した。

これに対して世間は、「幻の国策映画発見！」と騒ぎ、私は一躍「時の人」にされてしまった。

5　ふたたびインドネシアへ

一年半を要した調査許可

一九七九年の年末に私はオランダからもどり、それから半年あまりを大阪ですごした。この半年のあいだにいろいろなことが起こった。

そのひとつは、ようやく私の就職が内定したことだ。私はもう三十四歳になっていた。いくら需要の少ない東南アジア研究とはいえ、夫をはじめそのころまで研究をつづけてきた仲間たちはほぼ全員なんとか就職口を見つけていた。もちろん、それ以前に研究者の道をあきらめて去っていった仲間もいた。このころになるとさすがに、私の心にも相当に大きなあせりと不安が去来するようになった。夫が就職できたので、経済的にはなんとかなるものの、しかしそのために、「私はもういいや」という気持ちになってしまうのが怖かった。

そんなとき大阪にある摂南大学が国際言語文化学部という新しい学部をつくるのでそ

の創設メンバーにならないかと誘われたのだ。インドネシア滞在中に知りあい、その後も陰ながら私の研究を支えてくださった経済学者の市村真一先生の紹介だった。いま思えば国際○○学部という名称をつけた学部新設のはしりだった。

そのころ文部省(当時)は新設大学や学部の認可をひじょうにきびしく制限するようになり、これまでにないようなユニークなものしか開設を認めないという方針を打ちだしていた。そこで出てきたのが、国際という名のもとに欧米だけでなく広く世界全般、とくにアジアなどの開発途上国に目を向けた学問や、コンピュータを使った情報処理、あるいは環境問題をあつかう学部などであった。

摂南大学も新しい学部のなかに「インドネシア語・東南アジア文化教室」というものをおき、インドネシア語を必修として、インドネシアの歴史、経済、社会、政治を総合的に学ばせるというコースを計画していた。当時としてはひじょうに斬新な計画であった。こういう新設学部ができるときというのは、いままで就職先がなくて待機していた人たちがいっせいにさばけるいいチャンスであった。新設学部の場合、予定している教授陣の名簿を添えて文部省に提出し、他のさまざまな条件審査にくわえて、教員の資格審査もおこなわれる。だから、その大学から声がかかったところで、文部省の審査を通らなければならないし、第一その学部新設計画自体が許可にならなければ就職は実現しないのだ。そのような不確定な要素はあったものの、一応希望が見えたのは嬉しいことだった。しかも開校はまだ二年先ということだったので、私は計画どおりインドネシアへフィールドリサーチに行くこともできる。万々歳だった。就職の見通しもたち、いよいよ博士論文にむけてラストスパートに入れるわけだ。

そうこうするうちに、コーネル大学にいたころに申請を出しておいたインドネシアでの調査許可がおりた。なんと一年半越しであった。インドネシアでの学術調査にすこしでも関係したことのある人は誰でも体験していることであるが、この国での調査許可を得るためには、気の遠くなるような月日と努力をつぎこまなければならないのである。

調査をしたいと思う人はまず、研究テーマ、期間、地域などを明記した詳細な申請書を、大統領直轄のインドネシア科学院（ＬＩＰＩ）という政府機関に提出しなければならない。そのときにインドネシア側のしかるべき研究機関や研究者が身元引受人になってくれること、調査のための資金が充分にあることを保証する書類も添付することが条件になっている。科学院に出された申請書は、そこから内務省や軍の情報機関に送られ、さらに徹底的な審査がおこなわれる。その研究テーマはインドネシアの治安や国のまとまりを損なうようなものではないか、その調査地域は外国人が入り込むのに適切なところかどうか、さらに、その申請者は過去においてインドネシア共和国にとって不利なことをした人間ではないか、また思想的に好ましからざる人物ではないか、といったようなことがきびしくチェックされる。そして、そのプロセスに気が遠くなるような月日がかかり、その間にこちらからときどき当局に問い合わせをしたり急《せ》かしたりしないと、ほとんどといっていいほど事はすすまないのである。私の場合、トピックが日本軍の占領時代の歴史という政治的に微妙なものだったから、一年半もの期間を必要としたのだろう。それも、もし途中で強力な人物がみずから身元引受人を名乗り出てくれなかったら、永遠に許可はおりなかったかもしれない。

途方に暮れていた私に協力の手をさしのべてくれたのは、本来は歴史学者でありながら、准将という軍の階級をあたえられて当時、国軍史研究所の所長をつとめていたヌグロホ・ノトスサント博士であった。彼はその後まもなく教育文化大臣兼国立インドネシア大学学長という、学術分野では最高の権力者になったほどの人だが、そんな大物と知り合いになった経緯はこうであった。

まえにもふれたように、大学の卒業論文で、日本軍占領下の反日抵抗運動をとりあげたとき、増田与先生が私に差しだされたインドネシア語の文献がほかでもないこのヌグロホ氏の研究成果だった。それをなんとか読みこなすためにインドネシア語のイロハからはじめたわけだが、そのことがきっかけで、彼とはそれ以来文通をつづけており、一九七二年に留学したときにも親密な関係を保持していた。すでに国軍史研究所の所長ではあったが、大学では一講師にすぎなかった時代のヌグロホ氏である。彼はその後、博士論文執筆のため日本へ調査にきた。私はちょうどサイゴンから逃れて日本へもどっていたときだったので、通訳のようなかたちで多少お手伝いをしたことがあった。そんなことから今回、私の調査申請のことをどこかで知った彼が、みずから身元引受人になることを申し出てくれたのであった。

ようやく調査の許可がおりたのはひじょうに喜ばしいことなのだが、いったん日本に腰を落ちつけてしまうと里心のようなものがついてしまって、今度はインドネシアへ行くのがとても気が重くなってしまった。

思えば、一九七二年に初めて東南アジアへ旅立ってから八年間のうち、日本にいたのはヴェトナムから帰ってアメリカへ行くまでの一年間と、この半年間だけだった。また結婚以来、夫とは国を隔てて離ればなれになることがあまりにも多かった。ときにはジャカルタとサイゴン、イサカとパリ、大阪とアムステルダムというふうに、二人の手紙はいろいろな海を渡った。しかし、これが最後のはずだ。この一年間の調査を乗り切れば、博士論文はどこにいても書ける。夫とともに同じ大阪で仕事も得て、ようやく落ちついた生活ができるのだ。

こんなに何もかもうまくいっていいのだろうか。そう自分に言い聞かせ、心を奮いたたせて伊丹空港をあとにした。それにしても何かしら後ろ髪を引かれる旅立ちだった。一九八〇年七月のことだった。

フィールドワークの開始

六年ぶりのインドネシアは、石油ブームと外国からの援助を得てそれなりの経済成長を遂げ、活気にあふれていた。この国のものすごい建設ブームはむしろこれ以降のことなので、町の外観はさほど大きな変化はなかったが、消費物資がふんだんになり、街路からは一九五〇年代のヨーロッパ車が減り、こぢんまりしてこぎれいな日本車がふえていた。この間に円がどんどん強くなった結果、初めての留学のときには一対一・三ぐらいだったルピアとの交換レートは一対四になり、その点ではずっと楽になっていた。しかし調査の助成金としてもらった一万八千ドルの大半は、一年間のオランダ滞在でなくなってしまい、わずかな残りを大事に使いながらの、以前とあまり変わらない貧乏生活がはじまったのだった。

幸いこのころ、大学時代の親友の横堀美枝さんが、おつれあいの仕事の関係でジャカルタに住んでいたので、到着と同時に彼女の家にころがりこませてもらった。その快適な住まいに居候して、私はしばらくウォーミングアップをしたり、首都の関係官庁をまわって調査の手続きをした。

調査ビザをとってようやく入国できても、中央官庁に出頭し、その後にさらに自分が予定する地域での調査手続きをしなければならない。まず、入国するとすぐに内務省へ行き、州知事宛ての推薦状をもらう。つぎにその州へ赴き、リサーチの対象地域の県知事宛ての推薦状をもらって県庁へ行かなければならない。リサーチの場所が村落地域である場合はさらにたいへんである。県知事への推薦状をもらい、郡役場へ赴いて許可を取ったうえ、自分が行きたい村落の区長宛ての推薦状をもらわなければならない。

日本ではしかるべきビザさえとって入国すれば、どこの国の人でも日本じゅうどこでも好きなところへ足を踏み入れ、取材や調査をおこなうことができる。外国人がどんな田舎を歩こうが、たとえジロジロ見られるようなことはあってもとがめられることはない。ところがインドネシアでは、外国人居住者や観光客のたくさんいるジャカルタ、バリ、ジョクジャカルタなどを除いては、外国人が村落地帯をのこのこ歩いていようものなら、かならずどこかから聞きつけて警察官がやってきて、「ちょっと旅行許可証を見せてください」となる。

ふつうの外国人がこんな田舎に足を踏み入れるのは何かうさんくさい目的があるにちがいない、もし正当な理由があるとすれば、お上《かみ》が発行したしかるべき許可証をもっているはずだ、というのが彼らの認識なのだ。個人的な訪問にしても、よほど親しい間柄でなくては、外国人を迎え入れるのをいやがる。受け入れる彼らのほうが当局からなんとなくうさんくさい目で見られるからだ。

のちにこの調査からもどって大阪に腰をすえていたころ、大阪市の教育委員会派遣の婦人グループがインドネシアの農村家庭を訪問したいというので、私の知り合いの区長さん一家を紹介したことがあった。そのときその区長さんは、アイコの知り合いなら大歓迎だけれど、一応県庁を通して申し込んでくれと、かなり腰の引けた回答をよこした。県庁に申請すれば、県庁はさらに上の行政当局におうかがいをたてるだろうし、そんなことをしていたら、許可がおりるのはいつになるやらわからない。一時間ほど訪問するのに、なんということだろう。そこで私は、私からの個人的なお土産を届けるために友人に行ってもらうということにして、そのまま受け入れてもらえないかとあらためて区長さんに手紙を書き、ようやくＯＫになったといういきさつがある。

たんなる訪問ですらこんなありさまなのだから、ましてや農村に住みついてリサーチをおこなう場合はたいへんである。ちゃんと必要書類さえそろえれば一連のプロセスが機械的にスムーズにすすむというものでもない。各地方自治体が推薦状を出してくれるかどうかは、そのときの担当者の胸三寸にかかっているといっても過言ではないのだ。彼らはいつでも「治安」問題を盾に、外国人の受け入れを拒否することができる。また、最終的に許可証を出してくれるとしても、それが何日後に出るのかはまったくわからないのだ。

そのプロセスのむずかしさは、もちろんリサーチのトピックにもよる。私が目的としていた日本占領期のインドネシア民衆の生活に関する調査というのは、どうやらあまり歓迎されないテーマのようであった。多少とも政治がらみの話は嫌われるし、それに、このような問題を日本人の研究者によってつつかれるということは、彼らをおおいに当惑させることになったようである。

調査地域をジャカルタその他の大都市だけに限定すればもうすこしたやすかったのであろうが、人口の圧倒的多数が農村部に居住しているジャワでは、都市の住民だけに聞き歩いても軍政期の実像に迫ることはできない、というのが私の信念であった。しかも、都市のホテルに滞在して、そこから農村へ「通って」調査するというようなかたちでは、住民たちの本音を聞くことは無理である。ほんとうに聞きたいことは、住民と寝食をともにして、何気なく談笑しているときにふとその口から漏れたり、あるいは日常の観察のなかからなんとなくヒントが得られるものなのである。どうしても、たとえわずかな期間でも村落に住みついて腰を据えて話を聞かなければならない。

さらに、ひとつの地域だけのケーススタディでは、ジャワ全体の状況はわからない。少なくとも数カ所を選んで調査する必要がある。そのような考えから、私の調査希望地域はジャワ全域にわたることになり、そのために、リサーチ許可の手続きに費やした時間はとてつもなく長いものになってしまったのである。場所の選定にあたっては、県レベルぐらいまで経済基盤、宗教的・文化的な背景などのちがいに応じていくつかの代表的な県をあらかじめ私の希望で選定してあったが、そのなかのどこの郡のどこの区にするかはいろいろと個別的な事情によるので、あらかじめ決めておくことができなかった。

初めての農村調査

とりあえず、ジャカルタでの一連の手続きが終了し、内務省からジャワ島内の五つの州(当時)の知事宛ての推薦状を出してもらい、私は中部ジャワの古都ソロへ向かった。ソロを選んだのは、ここにコーネル大学時代の同級生ジョン・ドゥエル夫妻が一足先に調査に入っていたからである。ジョンは農村社会学者で、ある団体に所属してコンサルタントとしてこの地域の農村開発のアドバイスをしながら、同時に博士論文のための調査をしているのだった。彼のジャワ人の妻レトノとは、コーネル時代にしょっちゅうインドネシア料理を一緒につくりあってワイワイ騒いで楽しんだ仲だ。イサカをたつすこしまえ、サンティという娘が生まれて三人でソロへきていた。有名な経済学者でのちに駐米大使をつとめたドロジャトンの妹にあたるレトノは「毛唐なんか」と結婚したので、名門の両親の怒りにふれ、ジャカルタの実家への立ち入りは許されていなかった。

彼らの家に居候して、そのあたりの村落の様子を訊き、どこか私が調査をするのに適当なむらはないか尋ねた。ここで私が「むら」といっているのは、インドネシアでは

「デサ」と呼ばれる、人口がだいたい三千人から五千人の共同体で、いまは行政村になっている単位のことである。日本時代は村《そん》と呼ばれた上級の行政機構の下におかれていたデサは日本語の定訳がなくて人によっていろいろに異なり、まぎらわしいので、ここではそのままデサと呼ぶことにしたい。私はこの調査期間中、ひとつのデサをケーススタディとして選ぶのではなく、ジャワ各地の状況の異なるいくつかのタイプのデサを選んで一、二カ月間ずつ滞在し、調査しようと考えていた。

まず手はじめに、オランダ時代に輸出用の農作物なども生産して景気のよかった豊かな農業地帯を選んで調査したいと考えていた。ジョンは自分の仕事のカウンターパートである農業省ソロ事務所の役人の出身地のデサがいいと紹介してくれた。それはソロの町に隣接したクラテン県下のデサだという。その役人にまず会って打診してみると、「いいよ。区長(デサ長のこと。日本時代は区長と呼ばれていたので、ここでもそのように呼ぶことにする)に紹介してあげるから、そのまえに政府のほうの手続きをとるといい」といってくれた。そこで、ジョンの家に滞在したまま、中部ジャワ州庁所在地のスマランや、クラテン県の県庁や、その下の郡役場や村役場で手続きをすすめた。

このデサはバタン(仮称)といい、ソロとジョクジャカルタを結ぶ街道からすこしそれたところにある。この二つの都市を結ぶ街道には、大型バスや、「コルト」と呼ばれる小さな乗合自動車がひっきりなしに走っている。コルトとは三菱コルトからきた呼び名であるが、小型のワゴン車に対する総称として使われていた。これらのコルトは路線だけが決まっていて、停留所のようなものはとくにない。街道沿いの降りたいところで降り、乗りたいところで乗れるのである。それどころか、ときには多少お金をつめば、路線からはずれたところへも入ってくれる。会社組織でコルトを運行するというようなものは少なくて、個人営業のものが多い。運転手のほかにたいてい少年が切符売りとして同乗している。もちろん、時刻表に従っての運行などなされておらず、お客がいっぱいになればターミナルを出発する。もし、どうしても急ぐなら空席分も自分が払うといえば、すぐにでも出発してくれる。定員などというものはなく、詰め込めるかぎりいくらでも融通して新たな客を乗せる。利用する側から見るとけっこう合理的で便利である。ただ車両は相当に古く、クッションのスプリングなどまったくなくなってしまっているような座席に長時間座っているのは、かなり苦痛である。そのコルトの走る街道から、さらに何キロぐらい奥に入るかでそのデサの開け方がちがうのだが、ジャワ島では多くの場合せいぜい十―十五キロである。その奥はゴム林などがつづく。

バタンは街道沿いで乗合バスやコルトを降りて、そこからメラピ山麓に向かって十キロほど田舎道を入ったところにある。この道は車は通れるが、公共の乗合小型バスなどは入っていないので、街道沿いでバスを降りてからアンドンと呼ばれる馬車をチャーターするか、オートバイの後ろに乗せてもらってお金を払う(オジェックという)しかない。

それでもソロの町からは乗り物を乗り継いでわずか一時間ほどだ。ジョクジャカルタへは二時間ぐらいだから、けっして「僻地」のデサなどではない。またこのあたりは土壌が肥えていて、農産物が豊富で、水も豊かであるから住みやすい。初めての農村調査にはちょうどいい。

荷物をまとめてバタンへ出発する日には、紹介者である農業省の役人がみずから案内してくれた。彼があらかじめ区長に連絡をとっておいてくれたうえ、上級役場からのお墨付きもあるから、まるで賓客のように私を迎えてくれた。調査のあいだ、区長さんの家に泊めてもらえることになった。そして、その区長さんの家のお客さんだということで、村人たちも少なくとも表面的にはこのよそ者を温かく迎えてくれた。

区長さんの家は、デサの一般的な家とちがってセメント造りの立派な広い家だった。ジャワの区長というのは、昔から住民の選挙によって選ばれるのだが、もともと名門の出身者が選ばれることが多い。しかも彼らはその任期のあいだ、一定面積の職田をもらい、その田からの収穫を自分の収入とすることが許されていたので、その家計は、他の農家にくらべると相当に豊かな場合が多い。

区長は住民の選んだ長であるから、何らかの意味で人望のある実力者がなっているのだが、スハルト体制下になってからは、政府の肝煎りで軍人(下士官程度)の区長を擁立させたりすることもあったという。以前、共産党が強かったような地域はとくにそうだったらしい。バタンの区長さんは、年齢はまだ三十代の終わりくらいで、以前は村役場《そん》の役人をしていたということだった。彼の場合、おつれあいがデサの旧家のお嬢さんだったようで、近くに住む両親の家も大きな造りだった。

区長さんの家は、小さな子供がたくさんいて、私のための余分な部屋はなかったので、接客などに使っている広い空間の一部をカーテンで仕切って提供してくれた。翌朝目をさますと、砂糖のたっぷり入ったコーヒーが厚手のガラスのコップに入れて用意されていた。残念ながらもう冷めてしまっている。ジャワの人は熱いものを熱いうちに飲むという習慣がないらしく、このあとどこへ行っても朝早くに入れられて冷めたコーヒーが私の目覚めを待っていた。コーヒーを口にしながら部屋の木製の窓を開けてびっくりした。窓の外に大勢の人がたむろして、こちらを見つめているのだ。大人も子供もいる。私と視線が合って照れくさそうに笑っている。私は「動物園のパンダ」なのだということが徐々にわかってきた。人びとはうわさを聞きつけて、この外来のめずらしい「動物」を眺めに押し寄せてきたのだ。とくに子供たちは私の一挙一動を面白がってキャッキャッと笑い、くったくがない。この日以来、区長さんの家の窓の外にはいつも何人かの子供たちがたむろしてなかをうかがっているようになった。滞在の日がかさむにつれて、彼らの好奇心もだんだんうすらいできて、私はあくびをしたり足を投げだしたりする自由も出てきたが、またつぎの新しいデサへ行くと同じことのくりかえしであった。

さて、むらではどんな食事が出されるのか、口に合うだろうか。これが大きな心配のタネだった。インドネシア料理そのものには慣れているが、そのころのむらの人たちがふつうに食べているものは、私たちの基準からすればかなり粗末なものだった。ジャワ島はけっこう農業生産が豊かで、米も野菜も果物も手に入るところなのだが、それでもものすごい人口爆発で、米の生産はなかなか追いつかなかった。インドネシアが悲願の米の自給を達成できたのはようやく一九八四年のことである。私が調査に行った当時は、まだ外国からの輸入や援助に頼っている状態だった。とはいえ、米すらお腹いっぱい食べられないというようなものすごい貧困は、ジャワ島ではほとんど目にしなかった。人びとの食事は、平たいお皿に山盛りの白米のご飯、それに塩づけの魚一切れか、テンペ、あるいは濃い味で煮つけた厚揚げ豆腐や野菜を大さじに一杯ぐらい添えて、あとは唐がらしのペーストをたくさんまぶして食べるというのが一般的なパターンだった。要するに大盛りのご飯に少量の辛いおかずをまぶして食べるのだ。

そもそも村落地域では、食材が限られている。デサには常設の市場はない。多くは郡役場所在地のあたりまで行かないとない。あるいは週に一度とか五日に一度、定期的にデサ内に市がたつこともある。しかし冷蔵庫もないから、食料品の買いだめはできない。ただ、農村の場合、彼らの食生活はかなり自給自足的で、穀物や野菜、それに鶏や卵、さらに養殖の魚などはかなりデサ内で調達できる。肉はめったに食べないし、ミルク、バターなどの乳製品を食べる習慣もなく、パンなども不要である。彼らが日常的に必要とする加工食品や調味料、あるいはタバコなどはデサのなかの小さなよろず屋であつかっている。だから、食料その他の日用品はなんとか不自由しないのである。物質文明に毒された私にはとても物足りない生活ではあるが、不要なものは買わないですむからお金はほとんどいらなかった。

そんな不自由な生活のなかで、バタンの区長さんの家では私を気づかって特別料理を出してくれたのか、鶏肉や魚の唐揚げなどが食卓に出た。そのほかに煮込んだ野菜や豆腐料理も出て、栄養は充分だった。ジャワ社会ではどうやら家族全員が集まって食卓を囲むという習慣はないらしく、つくってテーブルの上においておいたものを各自好きなときに皿に盛って食べるのだ。一家団欒の食事などというのは欧米が持ち込んだライフスタイルであるようだ。だから、それは都市の中間層などには見られても、このあと私がまわった他の農村でもお目にかからなかった。私が食べるときは区長さんが一緒につきあってくれることが多かった。

日本軍政の影響をもっとも強くうけた農村

さて、この区長さんの家に居候して私は、毎日むらの老人たちから聞き取りをした。

私が知りたいと思ったのはエリートたちがくりひろげる政治史ではなく、民衆が体験した日常についての社会史だったから、対象は、日本の占領期を知る人なら誰でもよしとした。たとえば調査時に五十歳以上の人なら、占領期に十五歳ぐらいであるから、生活体験を聞くという意味では充分に対象になり得たのである。

当面、対象は同じむらの住民に絞ったが、同じむらとはいえかなり広域にまたがっていたので、インタビューに歩く際には足が必要だった。それに道案内がいなければ目的の家を見つけるのもむずかしい。そこで、このデサへの紹介者の弟で、高校を卒業したが仕事がなくてむらでブラブラしていたリヤディ青年に多少のアルバイト料を出して案内役を頼んだ。彼はオートバイを持っている。そのオートバイで私をインタビュー相手の家へ連れていき、紹介し、ときには会話の助けもしてくれた。私は、これ以後も行った先々のデサでオートバイを持っている青年の誰かに交渉してこれをチャーターし、その荷台に乗せてもらってあちこちを飛び歩いた。オートバイは九〇パーセントまでが日本製で、けっこう価格は高いから、これはデサの人びとにとってはたいへんな財産である。ということはリヤディ君は、むらでは相当の富裕階級に入るわけだ(たとえば私がつぎに滞在したジョクジャカルタ南方のグヌン・キドゥル県下のジャティアユというデサでは、一九八〇年当時オートバイ所有者は二十一人にすぎなかった。ちなみに自転車は二百二十九台であった)。

リヤディ君はなかなか親切に動いてくれたのだが、時とともに、私は彼のペースと合わないことがたくさん出てきてイライラした。私も二度目の滞在であるし、インドネシア人の価値観や行動パターンを多少は理解しているつもりだった。しかしいざ一緒に仕事をしてみると、あらためていろいろな食いちがいが生じた。たとえば、何時にどこへ行くと約束していても、何か他の用事が入ったり、気分が乗らなかったりするとやってこないのである。誰それにアポイントをとるために事前に連絡しておいてくれるということだったが、実際行ってみると約束などできていない。

私は、日本の標準から見てもどちらかというと働き者で、無駄な時間をすごすという心のゆとりがない人間であるから、一日に三人なり四人なりとのインタビューで時間を埋めないと、ひどくあせりを感じてしまうのである。ジャワの農村では時間をつぶす手段がなかなか見つからず、インタビューが途切れてしまうと手持ちぶさたになるという事情があったからでもあるが、それにしても私は、日本の占領期についての情報をあまりにも渇望していたため、その情報入手のため以外のことに時間を費やすのが我慢ならなかったのである。わき目をいっさいふらず、ただそのことだけを追い求めるという、いまから思えば実にばかげた姿勢だった。

調査のために許された期間は一年だけ。その間に聞きたいことが山ほどあった。それに、一刻も早く調査を終わらせて夫のもとに帰らなければならないという気持ちがつねにつきまとっていた。そのためには最短距離を歩んで終わらせなければならない。こうした気持ちが、私をつねにセカセカさせていた。いま考えてみれば、何も占領期の体験談だけでなく、開発体制下の村落社会のことで聞きたいこと、観察したいことが山ほどあってしかるべきなのに、じつに近視眼的であった。

だから人目には、エコノミック・アニマルではないが、リサーチ・アニマルのように映ったとしてもしょうがなかった。インタビューをしていないときには、録音したテープを書きおこしたり整理したりしてすごした。電気は通じていたが、電灯は小さくて暗く、夜はとうていデスクワークができる状況にはなかったので早々に切りあげ、つぎの日の早朝からその作業をはじめた。そんな私とリヤディ君のペースが合うわけがない。それなのに彼を急《せ》かせたのは、いま思えばずいぶん気の毒なことをした。

すこしずつ聞き取り調査をすすめていくなかで、このむらの老人たちがおおむね日本に対してどんな気持ちをもっているのかがわかりかけてきた。それは一口でいえば、きわめて複雑な心境、といったところだ。おそらくその当時、日本軍政の圧政の影響をもっとも強くうけたのが、生産活動の中心にいた農村の人びとだった。農産物や家畜はとりあげられ、自分たちの食べる分まで不足してしまったという。そのうえ屈強な労働力は日本軍のためにしばしば徴発されて、自分たちの田畑の耕作にまで支障をきたした。働け働けとはっぱをかけられ、栄養失調と過労で倒れるまで働かされたそうだ。

そんな苦い思い出を誰もが多かれ少なかれもっている。だから、思いだして楽しい時代ではけっしてないのだ。とはいえ、それはもう遠い昔のこと。いまは、日本の経済援助やら企業の投資やらで、インドネシアは物資も豊かになった、と彼らは感じていた。自動車もテレビもオートバイもほとんどが日本製。日本は高度な技術をもったすばらしい国、として評価していた。そういう二律背反的な不思議な気持ちをもっているところへ、日本人の若いおんなが姿を現した。だから私の来訪は、むらではちょっとした話題のタネとなった。

ところで、区長さんの家には、ハルティという十七、八歳のお手伝いさんがいて、婦人会活動などに忙しい区長夫人を手伝っていた。婦人会は日本の占領時代の国防婦人会を模してつくられたもので、県知事夫人、郡長夫人、区長夫人などが重要な役職を担っている。幼児死亡率低下のためのプログラムだけでなく、家族計画のキャンペーンに際しても活動する。この婦人会はインドネシアではＰＫＫ(ペー・カー・カー＝家族福祉運動)と呼ばれる。デサでは、区長夫人が中心になり、役人の妻たちに補佐されていろいろなプログラムを実施する。だから、デサの顔役の妻たちはいつもとても忙しい。毎日のように〝公務〟で外出している。あるいは、自宅に人びとが集まって会合をしている。家事や子供の世話などはほとんどできないのだ。

だからバタンの区長さんの家でも、ハルティが家事いっさいを取り仕切り、私の食事の世話もしてくれた。その彼女は、ものめずらしいのか暇があれば「バ・アイコ(愛子おねえさん)」といって、私のところへ来て油を売っていった。私もむらのいろいろな情報を聞きだせるので、彼女とのおしゃべりは楽しみだった。

ある日、彼女はおしゃべりの途中で、

「じつはもうすぐ結婚することになったの」

といった。

「へー、それはおめでとう」

というと、

「それがちっともおめでたくないのよ」

というのだ。よく聞いてみると、じつはだいぶまえから区長さんが彼女に手を出していい関係になっていたのだが、ここへきて妊娠してしまったのだという。

「それで区長さんが、むらの〝阿呆〟と私を無理やり結びつけて結婚させようとしているの」

ということだった。その〝阿呆〟というのは、どうやら知的障害のある男性のようで、多少土地はあるからいい縁談だと区長さんは勧めるのだという。まとまった結納金も出して、しかも結婚披露宴のお金はみんな区長さんが出してくれるというから親は賛成して何も文句をいわないけれど、私はいやなんだと泣きじゃくった。これがほんとうだとすれば、いままでいうところの「セクハラ」である。しかし、ジャワのむらでは権力は絶対である。区長さんと犬猿の仲のライバルのところへでも駆け込めばべつだが、親分子分の関係がまだ強く生きているこの社会では、土地もない貧しいハルティの一族は区長さんの庇護をうけなければやっていけないから、何かひどい目にあっても抗議などとてもできないのだ。

「ハルティは区長さんが好きなの？」

と尋ねると、

「うん、大好き」

といった。どうやらほんとうに惚れているようであった。だから、事を荒立てたくはないのだという。いったいこの話はほんとうかな、といささか半信半疑ではあったが、やりきれない気持ちだった。とはいえ、まさか区長さんに面と向かって訊くわけにもいかず、訊いたところでどうなるものでもなく、ただ時間だけがすぎていった。数日後、彼女は、

「婚礼の日取りはもう決まってしまった」

といいにきた。

「どうするの？」

と尋ねると、

「どうしよう?」

と他人事のようにいう。

結局、何の力になれないままに、私がバタンを去る日がきてしまったのだが、

「バ・アイコ、結婚式にはかならずもどってきてね」

と最後にハルティはいった。結婚することに心を決めたようだった。というより、なるようにしかならない運命を受け入れることにしたようだった。

ジャワ語で四苦八苦

せっかちな私は、バタンでの生活がはじまるやいなや、リヤディ君に手伝ってもらってさっそく聞き取り調査を開始した。区長さんが、日本の占領時代にデサの書記をつとめていたキスモさんという長老が健在だからまず彼に会うといい、と助言してくれた。長老はもう八十近いおじいさんだったが、書記をやっていたというだけあって風格があった。彼の家は区長の家の近くだったから、私のことはもうどこからか耳に入っていたらしい。だから、事は割合簡単にすすんだ。

それでもまずリヤディ君が、私がどこの何者であるかを紹介し、日本軍が統治していたころ、このデサの人たちがいったいどんな生活をしていたのか、どんな変化が起こっ

たのかをこの人は知りたいのだ、とジャワ語で説明した。リヤディ君が一生懸命ジャワ語で私のことを説明しているのを聞いて、〈ああ、そうなんだ。やっぱりまだジャワ語の世界なんだ〉とあらためて実感した。

ジャワにはもともとジャワ語という土地の言葉があり、人びとは日常生活のなかではほとんどこれを使っている。私が大学のころから学んできたインドネシア語というのは、独立後国語として制定されたもので、何百もあるというインドネシアのいろいろな種族のあいだのコミュニケーションを可能にするための共通語である。もともとはボルネオ島やスマトラのマラッカ海峡沿岸地域で発祥し、マレー半島に伝播した言語で、古くから貿易の際の共通語としてこのあたりの海域で使われていたのだ。共通語による学校教育やメディアの発達によって、いまや若い人たちは全国どこでもほとんどインドネシア語を理解できるようになったが、彼らの母語はあくまでそれぞれの種族の言葉、つまりジャワ人の場合はジャワ語であった。しかも、このキスモさんぐらいの年齢だと、学校教育をうけていたとしても戦前のことなので、ジャワ語での教育である。だから、インドネシア語はできたとしても平均的日本人にとっての英語程度でしかなかった。

じつは私もそのことは覚悟してアメリカ留学時代、ウィスコンシン大学で開かれた「インドネシア・サマースクール」にひと夏参加して、十週間のジャワ語集中講座を受講した。これは全米のいろいろな大学の学生に門戸が開かれており、ここでの単位は自分の大学での単位に換算される。サマースクールの中心はインドネシア語の講座だが、そのほかに、少人数のジャワ語クラスが併設されていた。十週間のあいだ五、六十人の受講生全員——そのなかには学生だけでなく、これから宣教師として赴く人や、経済協力関係の仕事をする人などもいた——が教師と一緒に寮生活をすることを義務づけられていた。寮ではすべての会話がインドネシア語でおこなわれ、食事をはじめとする日常生活をともにするなかでインドネシアをトータルに学んだ。

このサマースクールで私は十週間のあいだ毎日朝から五時間ジャワ語をたたき込まれたのだが、とてもマスターしたとはいえなかった。ジャワ語は、目上の人に話すときの丁寧語(クロモ)と、同僚や目下の人に話すときの普通語(ンゴコ)とがまったく二重構造になっている。日本語にも「召しあがる」と「食べる」、「いらっしゃる」と「くる」など、いくつか丁寧語と普通語の区別のある単語があるが、ジャワ語は、名詞、動詞はもちろんのこと、形容詞や副詞にあたるものまですべての単語が丁寧語と普通語に分かれていると考えればいい。それはほとんどまったく異なる二つの言語のようである。その意味で、習得には単純に考えてもインドネシア語の二倍の時間がかかる。しかもインドネシア語の一方言のようなものではなく、まったく異なるべつの言語であるから、一から勉強をはじめなければならない。

十週間の集中講座はまず丁寧語からはじまったのだが、先生の時間配分が悪かったのか、普通語にまでいかないうちに時間切れになってしまった。だから私は、クロモとよばれる丁寧語のほうしか勉強してこなかった。しかし、どちらかひとつなら丁寧語のほうが無難であろう。これで通そうと思っていた。

リヤディ君が一応私の目的を説明し、相手も理解してくれた。「何でもいいから直接訊いてください」とリヤディ君に促され、ようやくたどたどしいジャワ語で質問をはじめた。十週間の付け焼き刃の勉強だから、もちろんボキャブラリーも限られているし、おそらく小学生の子供が話すような言葉だったろう。昔ジャカルタで初めてインドネシア語で聞き取りをはじめたときの感触がよみがえってきた。

「日本軍のとき、あなたさまはここでなにをしていらっしゃったのですか？」

ぎこちないがおそるおそるしゃべってみる。キスモさんの顔に〈おお、ジャワ語ができるのか！〉というような驚嘆の表情が走る。〈やった、なんとか通じた！〉とホッとする。ところが、彼の答えを聞いて愕然とした。まったくチンプンカンプン。〈しまった、ンゴコだ！〉私が習っていなかった普通語で答えが返ってきたのである。

考えてみればあたりまえである。私のおじいさんぐらいの年齢の人が、孫のような若い学生に丁寧語で話しかけるなどということはあり得ないのだ。かといってまさか「私に丁寧語を使ってください」などと頼めたものではない。どうしてこんな簡単なことに気がつかなかったのであろう。私のインタビュー相手はすべてお年寄りだから、要するに私のジャワ語は役にたたないということではないか！

この初めてのインタビューは、そのようなショックのうちに、ともかく私はできるかぎりジャワ語で尋ね、キスモさんにはできるだけインドネシア語で答えてもらう、というかたちをとった。お年寄りはインドネシア語はできないとはいっても、独立後四半世紀たったそのころ、農村の人たちでもまったくインドネシア語なしで暮らすわけにはいかなかった。デサの行政においても公用語はインドネシア語である。政府からの文書などもすべてインドネシア語だ。それに何より、日常使う生活用品の商標やそのコマーシャルの看板はインドネシア語だし、ラジオ放送や、そのころようやく村落社会にも浸透しはじめたテレビ放送もインドネシア語だ。その人がどれだけむらの外の世界と日常的な接触があるかによってうまいへたの差はあるが、誰もが多少はできるのであった。しかも、その後はこういったインタビューを何度もくりかえしていくうち、日本占領期の出来事に関連して何度も出てくるジャワ語を私もすこしずつ覚えるようになっていった。

ともかく、このようなごっちゃまぜの言語で最初のインタビューがはじまった。それでもわからないときは、リヤディ君がインドネシア語で嚙みくだいて説明してくれた。それでなんとか、初めてのインタビューを乗り切ることができた。

記憶の鮮明な古老たち

キスモさんは年齢のわりにはずいぶんいろいろなことを鮮明に覚えていた。これ以後の聞き取り調査のなかでも感じたことだが、農村の人たちはおしなべて日本の占領期についてたいへん鮮明な記憶をもっている。自分の生年月日も定かではないような世界に住んでいるから、何年何月何日というような数字をともなった時間的観念はうすいが、何かと結びつけてうまく覚えているのだ。たとえば裏の次男坊が生まれた直後のことだったとか、隣の何べえさんが家を建て替えたころだったというふうにである。

一般に、外部から入ってくる情報量がきわめて少ない、いわば平々凡々の毎日を送っている人たちは、情報化社会にいるわれわれよりも、個々の記憶はずっと正確である。われわれは、コンピュータに入力したとたんに忘れてしまったり、あるいはそうでなくても、記憶は書き残すことによって、その記録したものに頼りすぎて忘れてしまうという傾向をもっているのではないだろうか。

このように私のインフォーマント(情報提供者)たちの記憶はおおむね鮮明であったが、それでもインタビューで得た情報を実際に活用するまえにはいろいろなクロスチェックが必要であった。どんなに雄弁であっても、それはその人の記憶の正確さを意味するものではない。だからまず、すでに知り得たいくつかの客観的事実をもとに、失礼ながらその人の記憶テストをするのだ。たとえば、「日本軍がやってきたとき、このあたりの郡長さんは誰でしたか」というような、文献によってチェックできるような事実をいくつか尋ねてみる。そのことによって、その人の記憶のだいたいの正確さが判断できる。こうしてチェックした結果、キスモさんの記憶はかなり正確であることがわかってきた。

その後、同じむらのいろいろな人にインタビューをくりかえしているうち、キスモさんの情報をクロスチェックすることもできるようになった。どんな情報でもかならず複数のインフォーマントによって確認しなければならない。古い時代のことだから、どうしても記憶ちがいや勘ちがいも多い。たとえば、とれた米の販売方法について、ある人は日本時代には華僑の集荷業者はもうこなくなって、直接精米所まで自分たちで運んで行った、という。べつのある人は、そんなことはなかったと言う。しかし回答者の数を重ねていくと、「華僑はこなくなった」という人が圧倒的に多いことがわかった。そうなると「そんなことはなかった」という人の記憶のほうがやはり間違いなのか、と判断せざるを得ない。

しかしそんな場合でも、〈では、なぜ彼はそういう記憶ちがいをしたのだろう〉ともう一度考えてみる。ひょっとすると他の時代のことと混同しているのかもしれない。そこでさらに追求してみると、彼はそのころ結婚したばかりで、距離的にはそう遠くないのだが、ジョクジャカルタ侯地の妻の実家に住んでいたことがわかった。自分ではそれが日本の占領時代だったとは自覚していなかったのだが、おつれあいがそのことを覚えていたのである。彼女は自分たちの結婚式のときに、灯火管制のために、ふつう婚礼の宴のあとにおこなわれるワヤン(影絵芝居)の上演ができなかった、ということを覚えていた。そして灯火管制がおこなわれたのは「ダイ・ニッポン」がここにきてからだ、ということも。これらのことから、同じジャワでも、地域がちがうと政策がすこしずつちがっていたようだというヒントを得た。

インタビューではさらに、その話が自分自身で見たり体験したことにもとづいているのか、あるいは人から聞いたことなのかを区別しなければならない。とくに、戦後になってつくりあげられたインドネシア共和国の公式的な見解、ステレオタイプの見解をオウム返しに話すような人もいるから注意しなければならない。彼ら自身のなまの体験を聞くためにジャワのむらまでやってきたのだから。

このようにインタビューは、どこまでも食い下がっていく〝しつこさ〟が必要なのである。あるひとつの発言の信憑性に対して、「どうしてそのことがわかるのですか」とか「どうしてそんなことまで覚えているのですか」などという多少意地の悪い質問をくりかえすことによってたしかめていかなければならない。また、誘導尋問にはならないように気をつけながらも、記憶を呼び起こすようなヒントを適度に口にしなければならない。

もちろんこういった知恵は、キスモさんとのインタビューのころにはまだ身についておらず、その後の試行錯誤のなかで体験的に学んでいったものだ。キスモさんとの最初のインタビューは、目新しいことばかりでそれなりに収穫があったような気がしていたが、あとになってみると、不明確なことや整合性に欠けることが山ほど出てきて、そのたびにもう一度、さらにもう一度と聞き取りを重ねなければならなかった。インタビュー相手がよほど我慢強い人でないと、なかなか満足のいく情報は得られない。

生き残りロームシャの「じいさま」

さて、バタンで聞き取りをはじめてまもないころ、近所の人から「ここにはシンガポール帰りのじいさまがいるんだぞ」と聞かされた。まだ外国の物質文明にほとんど毒されていないこののどかなむらに「外国帰り」のおじいさんがいるなんてどういうことなんだろうと奇妙に思った。いまはけっこう、若い者がサウジアラビアや香港、あるいはマレーシアに「出稼ぎ」労働に行く。だから、むら社会から「外国」へ行った人がいてもさほどびっくりするようなことではない。しかし、私が調査のために住み込んでいた一九八〇年代初めは、まだ若者でもそんな人はいなかったし、まして「じいさま」となるとどういうことだろう、「もしかすると？」と私の心のなかにある期待がふくらんだ。「会ってみたいか」というから、「すぐにでも会ってみたい」と頼むと、その足で連れていってくれた。

その「シンガポール帰りのじいさま」はカルトサミディさんといい、年齢はもう七十歳を超えているように見えた。ジャワの農村の人びとの当時の平均寿命は五十五、六歳であったから、七十というのはたいへんな長寿である。骨と皮ばかりに痩せているが、真っ黒に日焼けして精悍な感じのするおじいさんだった。ショートパンツにランニングシャツ姿で現れた彼は、顔見知りのむらの人が連れてきた私を見て、慌てて少々よれよれになったカッターシャツを取りだしてきて羽織った。土間に背もたれのない木製のベンチと、デコボコになった木製のテーブルをおいただけの「応接間」で会話がはじまった。

すぐにでも核心に入りたいのだが、カルトサミディさんの話は要領を得ない。そりゃそうだろう。事前にお願いしてあれば、私が到着するまえに一晩かかってかつての記憶を呼び起こしたり、整理したりして準備することもできただろうが、こんなに急では。

「若いときにシンガポールへ行かれたと聞きましたが、それは何のためですか？」

私は待ちきれずにまずそれを訊く。

「あんときの区長様は○○旦那でなあ。そんときは○○旦那は田んぼを三枚も持っていてな。わしらふだんは直接面と向かって話をすることもないほど偉い人じゃったが……」

私はイライラして待ちきれない。

「シンガポールへはいつ？」

「だからな、その区長様からの命令じゃいうて、あんときは、部落長の〇〇さんがやってきてな。おまえ行け、っていうわけよ」

「シンガポールへですか」

私の心は急《せ》く。

「いや、ソロへさ」

「はあ」

「そんで、書記のキスモさんが付き添って、郡役場へ行って……いっぱい人がおった」

「同じデサの人たちですか」

「このデサから行ったのは、〇〇と△△と、それからあと二人」

「じゃあ、たくさんいたのは他のデサの人ですか」

「デサ・〇〇のやつもいたな。デサ・△△のやつもいたな」

「要するに同じ郡のなかのいろいろなデサからきた人たちがたくさんいたんですね。それからどうしましたか」

「汽車に乗った」

「どこから？」

「ソロから」

「じゃあ、郡役場に集まった人たちが一緒にまずソロへ行ったんですか」

「そうだったかな。そうだ、そうだ」

「ソロのどこへ？」

「……なんていうたかな。○○という男がいて。まえは△△の砂糖キビ農園のマンドル(苦力頭《クーリー》)をしてたとかいうていた。○○がいまから汽車に乗ってジャカルタへ行くというて、わしら全部汽車に乗せられて。窓のない真っ暗な汽車よ。座席もなにもない汽車よ。途中で何度も止まった。でも水も食べ物もなくて、腹がへった」

カルトサミディさんはすこしずついろいろなことを思いだしてきたようで、雄弁になってきた。ここは私が口出しするより、まずしゃべってもらおう。話は行ったり来たりしながら、それでもなんとかつながってきた。彼らはジャカルタに着いて、何日か何週間か、どこかの教会の横につくられたバラック建ての兵舎のようなところに入れられ、その間道路工事などに駆りだされたという。そしてある日、突然港へ連れていかれ、船に乗せられた。ソロ川に浮かぶ小舟はべつとして、生まれてこのかたそんな大きな船を見たのは初めてだった。船底やデッキに五千人ぐらいがぎゅうぎゅう詰めにされ、波が荒いのでみんなゲーゲー吐いた。お腹をこわして下痢と熱がつづき、短い航海のあいだに死ぬ者も出たという。死体は白い布に包まれ、海へ投げ捨てられた。

　こうして彼らは何日後かに港へ着いて上陸した。ショウナントウというところだったという。やれやれ話はようやくシンガポールにきた。ショウナントウは昭南島のことで、日本の占領時代のシンガポールの呼び名である。

　彼の話はつづく。

　町には自分たちと同じような皮膚の色と姿形の人もいたが、中国人やインド人も多かった。彼らの話す言葉はチンプンカンプンだったが、自分たちは集団で行動していたからとくに言葉は必要なかった。ソロからきたマンドルの○○がすべて采配を振るっていた。海岸から四十メートルぐらい離れた森へ連れていかれ、まずそこで自分たちの住むバラックを建てるようにいわれた。翌日からさっそくその森で仕事がはじまった。そのときは何をつくるのかまったくわからなかったが、要するにジョホールバルまで石油を運ぶパイプをつくることだったという。

　「やっぱりそうだ」。最初の「もしや」と思った期待は当たった。彼こそ、当時「ロームシャ(労務者)」と呼ばれ、海外に派遣されたジャワ人労働者である。日本占領時代の「ロームシャ」という言葉はいろいろな文献にも出ているから誰でも知っている。ジャワは人口が多かったので、労働力が不足している他の占領地へ多くの人間を連れていき、軍の仕事に従事させたのである。そして、過酷な労働条件のために体をこわしたり死亡したりした犠牲者が多く、日本の占領期のもっとも悲惨な歴史の一コマとして知られていた。しかし、その生き残りの人とほんとうに会えるとは思ってもいなかった。

カルトサミディさんは、さらにいろいろなことを思いだしていった。ジャワ人のマンドルは日本語で「ハンチョ」と呼ばれたという。どうやら「班長」のことらしい。彼らの覚えている日本語はだいぶ発音などが変わってしまっていて、ときには何のことかわからないが、その解明の過程は謎解きのようで面白かった。

さて、その「ハンチョ」のもとで二十ないし二十五人が一組となって働いていた。日本人の兵隊も監督していて、仕事があまりすすまないと「バケロー」といって殴った。食事は支給されたが、充分ではなかった。病気になると、一応診療所はあったが、薬はあまりなく、たいした手当てはしてもらえなかった。そこへ入るのはもう手遅れになったような患者ばかりだったのか、診療所へ入ると生きて帰れないといううわさが飛びかっていたという。

なんとか生き長らえたカルトサミディさんは、終戦とともに運よくイギリス軍に救出された。「日本は負けたらしいよ」「日本に協力して働いていた者は捕まるよ」といったうわさが広まり、最初はただただ不安だったという。しかしショウナントウには逃げ隠れするような深い森はなく、すぐイギリス軍に捕まってしまった。しかし、イギリス軍は日本軍のロームシャを集めて食べ物をあたえ、最後は船を用意してジャワへ送り返してくれた。

「だからいまこうやって生まれ故郷に住んでいられるんだ」

とカルトサミディさんはいった。一緒にこのデサから行った五人のうち帰国できたのは自分をふくめて二人だけだったという。

なんとなく正面から視線を合わせるのが怖いような気がして、話を聞くあいだじゅう視線をそらしていたのだが、淡々と語るカルトサミディさんの顔をあらためてじっと眺めてみた。初めてその口から聞いたロームシャの実態。じつに新鮮だった。カルトサミディさんはいったい私に対してどんな気持ちを抱いていたのだろう。くわしい説明もないまま、自分を遠くシンガポールまで連れていき、きびしい労働に従事させ、終戦時には自分たちを「置き去り」にしていった日本人の子孫である私を。

日本側としては、ジャワのロームシャは制度的には徴用ではなく自由意思による応募制をとっていたものであるし、労働中は賃金を支払ったし、終戦時には、日本人の復員だけで手いっぱいのうえ、敗戦国の立場でロームシャの引き揚げの面倒までみる余裕はなかったということで、それほど罪悪感はもっていないかもしれない。

しかし、現実にロームシャの人たちは、その多くが強制的に連れていかれた。直接強制したのは日本人ではなく、「〇〇名をかき集めろ」と命令されたインドネシア人の行政官や区長たちであるが、その背後には命令を実行できなかった際に彼ら自身がうけるであろうきびしい懲罰に対する恐怖があったと思われる。そのような状況下での強制は、やはり日本側にも責任なしとはいえない。まして連れていかれたロームシャ自身は「日本によって」連れていかれたという意識を持っている。賃金は、現場にいた労務監督がピンハネしたことも多かったし、また一部は故郷へ直接送るとか、貯金しておくとかといわれて彼らに全額渡されなかった場合も多い。そして、それらが最終的に彼らの手もとに返されなかったのは、送金事情が悪かったことや、敗戦のドサクサで貯金の払いもどしができなかったことなど、やむを得ない事情によるものだったとしても、ロームシャの人たちはそんな事情は知らない。日本はひどいことをした、という意識だけが残っている。どうであれ、やはり最終的には雇用者である日本軍の責任ということになるのだろう。

そういうことを考えると、カルトサミディさんも日本人に恨みつらみをもっていてもおかしくはない。いまはどんな気持ちなのだろうか。しかし、本人は胸につかえていたものをやっと吐きだしたという感じで、じつに淡々としていた。一九六八年の中国で私が体験したような「日本人を糾弾する」というきびしい意気込みはまったく見られなかった。私が区長さんのお客様だったからだろうか。それともジャワの人は根本的に優しいのだろうか。たしかにジャワの人は怒りをなかなか顔に表さないという。顔に出す人はカサル(粗野)で、ジャワの価値観からいえば程度の低い人、ということになる。だから、いつも本心はどうなのかということがなかなかわからなくて困った。もちろん、何かしら信号を発しているのだが、それが外国人である私には読みとりにくい。これはこのときの調査の全過程を通じて、私にとっては回答の得られないむずかしい問題だった。

これ以後も行く先々のむらで、かならず何人かの元ロームシャに出会った。ある者はボルネオへ、ある者はタイとビルマの国境地帯で泰緬《たいめん》鉄道の建設にと、行き先はさまざまだった。同じむらから行った人たちの生還率もまちまちだったがおおむね低く、私が会って話を聞いたのはみんな比較的運のいい人たちであったわけだ。インタビューのたびに、私はカルトサミディさんのときと同じような居心地の悪い思いをした。誰も何もとがめないことが、かえってズシリと胸にこたえた。

〝キンタルの時代〟の謎を解く

聞き取りを重ねていく過程で私は、人びとがしばしば「キンタルの時代」という言葉を使うことに気がついた。キンタルとは重量の単位で、百キロに相当する。

もともとジャワの伝統的な稲作では、稲は短く穂づみして取引の際には稲穂の束で計算された。それは、当時ジャワで主として栽培されていた稲の品種は籾がこぼれやすく、日本のように根元から鎌で刈ると落ちてしまうものが多かったため、稲穂の先の部分十五センチぐらいだけを刈り取るからだった。

ところが、日本軍がやってくると、取引の際には重量計算が用いられるようになった。つまり稲穂の束ではなく、籾にして何キンタルという計算になったのである。そのため人びとはのちに、日本の占領期を「キンタルの時代」として記憶しているようだった。そのときの支配者が誰であったということよりも、農産物の集荷に際してどのようなやり方がとられたかというようなことのほうが、より鮮明な記憶として残っているのだろう。

「キンタルの時代」というとき、その言葉が特別な響きをもつのは、その単位で量られて彼らの手もとからとりあげられていった籾についての悔しい思い出と重なるからであろうか。日本は南方各地で戦闘をつづけている日本軍各部隊に供給するために大量の米を必要としていた。東南アジア全体ではビルマやタイ、あるいはフランス領インドシナなど、もっと大規模な米の生産地があったのだが、ニューギニアやラバウルなど太平洋方面へはジャワが地理的には断然近かった。船舶がきわめて不足していたそのころ、輸送距離を短縮することは最大の課題となっており、そのため、もともとそれほど余剰生産力のないジャワに、その任務が課せられたのである。

バタンでは、日本軍がやってきて二度目の収穫を迎えたとき、刈り取った稲穂の半分を田んぼから直行でデサ内の「ランティン」へ提出し、そこからまとめて「セーミキョー」へ持っていくことが義務づけられたという。意味のわからない言葉がいろいろ出てきた。

「ランティンて何ですか」

「籾を集めるところさ」

「だから、そのランティンという言葉の意味は？」

「…………」

辞書で調べてみると、ランティンとは「小さな枝葉」という意味で、支部よりさらにもうひとつ小さな単位を指すことがわかった。たとえば、かつて共産党が村落社会で力をもっていたころ、バタンにもインドネシア共産党のランティンがあったそうだ。では、日本の占領時代には何のランティンがあったのだろう。ある人が「セーミキョーのランティンだよ」と教えてくれた。しかし「じゃあ、そのセーミキョーって何ですか」と尋ねても誰もわからない。「日本語だよ、アイコこそ知らないの？」と訊かれた。残念ながらそんな言葉はオランダや日本で収集した文献で見たことがない。

「セーミキョーというのはどんな場所だったのですか」と尋ねると、工場のようなところで、そこでは賃金で雇われた土地の人たちが、杵《きね》で籾をついて白米にしていたという。つまり手つきの精米所というわけだ。ひょっとすると「セーミ」は「セイマイ」かな？ とまた謎解きのようなことがはじまる。

「じゃあ、そのころのセーミキョーの職員でまだ健在の方はいないのですか？」といろいろ尋ねて、ようやく「アトモサティオンという男がたしかいたよ」という情報が得られた。しかし、いまはどうしているかを誰も知らない。人びとのうろ覚えの記憶を頼りに、アトモサティオンがいたというデサを訪ねてみたが、なかなか見つからない。「ジャワでは、成人すると名前を変えるから、もしアトモサティオンが結婚まえの名前だったら、その当時を知る人でないとわからないよ」といわれた。それで何人かの老人に会って尋ねたら、ようやくそのうちの一人が知っていた。

アトモサティオンさんはまだ元気で記憶もしっかりしていたが、彼もその日本語が何を意味するのかは知らなかった。ただ、ここでの発見は「セーミキョー」じゃなくて「セーミギョー」だよと指摘してくれたことだ。「セーミ」が「セイマイ」だとすれば「セイマイギョー」ということになる。そして彼は、それは「コーペラシー(協同組合)みたいなものだよ」と教えてくれた。つまり「セイマイギョー・クミアイ」ということになる。「これのことだ！」。たしかにオランダで見つけた文献のなかに日本は米の流通を統制するために「精米業組合」をつくったという記録があった。

謎が解ければどうということもないのであるが、私の聞き取りはこんな調子で、ほんとうに基本的なことから解き明かしていかなければならなかった。日本の占領期にジャワで何が起こったか、どこにもくわしい記録がないし、それまで誰もまともにとりあげようとしなかったのだ。インドネシアの歴史学者にしても、独立準備がどうのこうの、スカルノがどうのこうのというような、中央での華やかな政治には注目するが、農村社会の出来事にはそのころは誰も気にとめていなかったのだ。だからジグソーパズルをやるように、バラバラになった記憶をひとつひとつつなげていかなければならない。そして、最後にどんな絵が浮かびあがってくるのだろうか。それはできあがるまでわからない。この推理の楽しさが私のエネルギーの源になっていた。絶えざる好奇心は最大の活力を提供してくれる。

文献とフィールドをつないでこそわかること

「セーミキョー」が精米業組合だったということは、それ自体重要な発見でもあった。中央で立案されたことが、このように村落レベルにまで徹底して、その「ランティン」までができていたという事実がわかってきた。机上の設計図だけで終わってはいなかったという事実も明らかになった。いろいろなことが初めてわかってきて、じつに面白かった。

バタンの農民の多くにとって、収穫した籾の半分を決められた安い価格で日本軍に売りわたさなければならないということは、自家消費用の米まで削って差しだすということを意味した。これまでは市場に売りわたしていたのはせいぜい生産高の一〇パーセントぐらいだったからである。そのためにひどい食糧不足におちいり、みんな空腹に苦しんだ。だから農民たちは、ありとあらゆる手段を使って供出する籾の量を少なくしようとした。デサ当局は、農民たちが生産量をごまかさないように、稲刈りはデサ当局に届け出た日にやらなければならないという規則を設け、また当日はデサ役人がかならずその田んぼまできて稲刈りを監督することにした。それでも農民は、まえの晩にこっそり一部を刈り取って隠しておくなど、あの手この手を使ってすこしでも供出を免れようとしたという。

あとで文献で調べたところによれば、日本軍当局はけっしてジャワで生産された米の半分を要求したわけではなく、ここソロ侯地の割当額は一九四三年には生産高の七パーセント、一九四四年には一〇パーセントにすぎなかった。なのに、デサ・レベルでの要求額がそんなに多くなってしまったのは、どうやら、州、県、郡など各レベルの地方政府が下へ伝達するとき、割り当てられた量の集荷を達成できない場合を想定して、上から命令された供出量を割り増しして下へ伝えたため、デサのレベルにいたるころにはものすごく大きなパーセンテージになってしまったということのようだ。そして、実際に日本当局の手に渡った量は当初の割当額以下か、あるいはほぼ同量であった。

では、農民たちは収穫の五〇パーセントも出したのに、日本軍に届いたのはそんなに少ないというのはどういうことなのだろうか。その差の分はどうなったのだろうか。どうやら中央とデサとのあいだのいろいろなレベルで、いろいろな人たちによって不正がおこなわれ、米が消えていったようである。また、精米能力や輸送力が追いつかなかったり、倉庫の保管状態が悪いために多くの米が腐敗したり必要なところまで運ばれなかったりしたということもあったようである。

現実の政治や経済というのはこんなものなのだ。文献だけを見ていたら、「なんだ、日本軍の要求したことはたいしたことないじゃないか」ということになる。また、むらの人たちの証言だけを聞いていたら、「日本軍はずいぶんひどいことをやったんだな」ということになる。両方をちゃんと見なければ実態はわからない。文献とフィールドをつなぐことによってこのギャップがはじめて見えてきたのだ。どちらも一方的に鵜呑みにしてはいけない。

戦争や軍政の評価をめぐって日本人と東南アジアの人びととのあいだに認識のちがいが生じているのも、こういうギャップからきているのかもしれない。その場合、現場にいた住民たちは現実に被害を被っている。「そんなはずはない」と日本人関係者がいったところで、現実に被害は生じている。そうだとすれば、やはり支配者であった日本はそのことに対して責任をもたざるを得ないのではないか。日本が占領さえしなかったら、日本が籾の強制供出など課さなかったら生じなかった食糧不足だったのだから。この教訓を実感として感じたのだった。

もちろん、戦争自体はインドネシア人を敵としていたわけではなく、オランダに対する戦いとしてはじまったものだった。日本側にはあくまで、インドネシアの住民をオランダの「圧政」から解放するという大義名分があったのであり、現場にいた日本人の多くはそれを信じて行動したのである。しかし、大本営政府連絡会議が開戦まえに決定した「南方占領地行政実施要領」には、「国防資源取得と占領軍の現地自活の為民生におよほさざるを得さる重圧は之を忍はしめ宣撫上の要求は右目的に反せさる程度に止むるものとす」と定めているように、戦争に勝つためには、国防資源の獲得が最重要課題であり、そのためには占領地住民の負担もやむを得ないという考え方が強くあったのである。

ところで、米をそれほどまでに必要としていた日本当局は、全力をあげて増産キャンペーンをした。そのために日本から農業技術者を派遣して指導にあたり、新品種や新技術を導入した。

導入された技術のひとつに田植えの際の正条植《せいじょう》えというのがある。これは苗を等間隔に植えるというもので、日本ではあたりまえのことであったが、ジャワではそれまでまったくおこなわれたことがなかった。日本がいくら強制しても、当時は面倒くさいといって農民たちはいやがったが、このほうが生産性があがることがだんだんわかってくるにしたがい、正条植えはすこしずつジャワ社会に定着し、いまでも日本が教えたやり方で、等間隔に結び目を付けた紐や竹竿を使って田植えをしている。

私が滞在していたとき、ちょうどバタンの区長さんの職田の田植えがあり、「さあ、アイコ一緒にやってみよう」と誘われて、日本が教えたという正条植えを今度は彼らから学ぶことになった。都会育ちの私は田んぼに足を踏み入れるのも初めてなら、苗に手を触れるのも初めてだった。まったくぎこちない手つきでおそるおそる植えてみたのだった。三カ月後にハルティの結婚式でふたたびバタンを訪れたとき、「アイコが植えたお米だよ」と新米を出してくれた。ジャワは気候がいいからか、品種のせいか、三カ月で米は実るのである。

山間のむらへ調査を移す

最初の調査地バタンには二カ月間いて、ジョクジャカルタ市の南東約五〇キロ(山道なので小型バスで二時間半ぐらい)の山岳地帯、グヌン・キドゥル県に移った。ここへはジャカルタで私がお世話になった横堀さんのおつれあいの仕事の関係筋から紹介されてやってきた。彼のカウンターパートであるインドネシアの公共事業省のジョクジャカルタ事務所がプロジェクトを実施しているジャティアユというデサである。

　このデサはバタンとは対照的に土壌が悪く、しかも山岳地帯で水利も悪く、お米も充分にできない。砂糖キビだとか、タバコだとかいった他の商業用作物の栽培もおこなわれておらず、これという産業はない。乾季には水が不足して水浴びにも事欠くようなところだ。比較対照のためにあえてこのようなデサを選んでもらったのだ。バタンにいたころ、すでに一度ジョクジャカルタへ出て、公共事業省の人たちと一緒にこのデサへ連れてきてもらってつぎの段取りを整えておいた。このデサではこのときちょうど区長が空席で、まだ若い書記、ムギヨノさんの家に寄宿することになった。

　バタンを去る日、区長さん一家や、デサの役人や婦人会の幹部たちが、小型バスを仕立てて私をジャティアユまで送り届けてくれた。そして、ムギヨノさん一家に「アイコをよろしくお願いしますよ」と、まるで子供を寄宿舎に送り込む母親のように託してくれた。ムギヨノさん一家は、公共事業省とデサ・バタンの人たちから「預けられた」わけだから、何か不都合があったら面目ない、という感じでずいぶん緊張して私を受け入れたにちがいない。

　彼は小さな子供ばかり四人をかかえ、さらにおつれあいは五番目の子供を妊娠中だった。床がなく土のままの土間と、家族の寝室が二つしかない粗末な木造の家に住んでいた。その土間の一部を区切って小さなベッドをおき、私の生活空間をつくってくれた。

ここには母屋からすこし離れた裏庭の一角に台所と風呂場とトイレがあった。どこへ泊まるにしてもいちばん気になるのは、トイレと風呂場のことだ。

まえにもふれたように、インドネシアにはマンディという習慣がある。本来は川や田んぼの用水路のなかで水を浴びることだったが、そのころは農村でもちょっとした家では庭先に井戸を掘ることが一般的になってきており、つるべで井戸水を桶に汲んで浴びるという方法をとっていた。井戸のまわりが石畳になっていて、つるべで水を汲みあげながらマンディをする。そこにはふつうはとくに囲いはないが、すこし都会的になってくると、屋根と囲いのついたマンディ場がつくられ、石造りやセメント造りの浴槽があって汲んだ水をここに溜めておく。以前にいたバタンでは、それは家のなかにあったが、ジャティアユでは外のすこし離れたところに風呂場とトイレがあったのである。

ところで、その水を溜めた浴槽のなかに飛び込んではいけない。その水を汲みだして浴びるのである。戦争中、南方特別留学生として日本へやってきたインドネシア人のアリフィン・ベイ氏が、最初いちばんつらかったこととして、熱い湯の入った湯舟につかることだったとその著書のなかで回想しているが、日本の風呂とインドネシアのマンディとはまったくちがうのである。

水が冷たいことは、熱帯の国だから、早朝や深夜を除けばほとんど苦にならなかったが、その水が清潔かどうか、たっぷりあるかどうかということは行く先々でかならず気になることだった。ジャティアユのあるグヌン・キドゥル県は、乾季には水が不足するので有名なところである。そこですごしたのがちょうど十月から十一月にかけての乾季の最後だったから、水はほんとうに少なかった。私が泊まっていたムギヨノさんの家にもつるべ井戸があったが、奥底深くまでたらさなければ水は汲みあげられない。慣れない私がいくらやっても、桶は空っぽのまま引き上げられてくるのだ。

それでムギヨノ夫妻は、私のために人を雇って、もうすこしわき水の多い近所の井戸から水を運んでもらうようにしてくれたが、それすらも量は限られている。毎日汗びっしょりになるのでどうしても水浴びをせずにはいられないが、石鹸を使ってもヌルヌルが充分とれるだけの水をかけることができないのだ。あーあ、日本に帰ってお湯のたっぷり入った湯舟につかりたい、と何度思ったことだろう。そうでなければ、せめて明日ジョクジャカルタまで行って思いきり水を浴びたいな、などと毎日のように思いながらすごしたものである。

マンディよりももっと苦労したのはトイレだった。インドネシア人は本来、用便もマンディと同じように川や用水路のなかでする。おしりを水につけた状態で用を足し終わると、そのまま川の水でおしりを洗うのである。しかし、これは慣れない者にはじつに不快な方法である。ただ、最近では庭先に竹垣で囲った一角にトイレをつくっている家もある。そのなかに両足をのせてしゃがむための石を二つ盛った「便器」がおいてある。

足のサイズよりすこし大きいぐらいのこの二つの平べったい石のあいだには穴があいていて、ここに用を足すのである。これは日本式の便器となんら変わるところがないから、これなら抵抗がない。こういうトイレがある家に当たればもう「バンザーイ」である。

今度はどんなところに当たるかな？ といつもそれがいちばんの心配のタネであった。バタンでもジャティアユでも便器がしつらえてあったので助かった。区長さんレベルの家だと、たいてい川まで行けといわれることはないのだが、私がのちに滞在したデサのなかにそういうところが一カ所だけあった。インドラマユ県のシンダンというところに泊まったときで、このあたりは井戸を掘っても塩水が出てくるため、人びとは天水をためて飲料水としていた。水は貴重だからマンディもトイレも川へ行かなければならない。しかし、人が見ているようなところで用を足すのはまっぴらごめんである。かといって闇夜のなかで月を見ながらゆっくり、などというわけにもいかない。道中は真っ暗で怖いし、第一、大嫌いなヘビが出てくるかもしれないからだ。

それでしかたなく、私は川ではなく森を探した。しかし、毎日森のほうへ行こうとすると、「アイコ、ク・マナ？ (どこへ行くの？)」「そっちへ行っても何もないよ」などと、親切な隣人たちがつぎからつぎへと声をかけてきてなかなか行きにくい。「ジャラン・ジャラン(散歩よ)」などといってごまかしながら、「一緒に行ってもいいか？」などといわれるんじゃないかとヒヤヒヤしながらやっとのことで目的地へたどり着く。帰り道は気楽なものである。何をいわれても平気だからだ。一緒に行こうといわれても平気。しかし、このむらにいるあいだは便秘になりがちだった。また、水分はなるべくとらないよう心がける癖がついてしまった。

ところで、インドネシアの人はきれい好きで、用便のあとはかならず水できれいにする。天然の〝ジャワレット〟である(ちなみに私もジャワから帰ってからは、どうしてもシャワレットでなくては気持ちが悪く、ほかにこれというぜいたくのないわが家ではあるが、これだけはついている。ジャカルタ国際空港のトイレにさえ、そのための水の入ったビンがおいてある)。そのときに左手を使うので、インドネシアでは左手は不浄なものということで、人に左手を差しだしてはいけないことになっている。

このように水を使って手で洗うやり方を見て、日本人はインドネシア人は汚いという。ところが、ジャティアユに滞在していたときに面白いやりとりがあった。このむらの青年でジョクジャカルタの短大に行っている青年がもどってきて、

「アイコ、アンバルクモ・ホテルのトイレに行くと、紙がおいてあるっていう話を聞いたけど、ほんとうかい?」

と尋ねたのだ。アンバルクモというのは、日本の戦争賠償金でジョクジャカルタ市に建てたホテル・オークラ経営の近代的な高級ホテルである。

「ウン、そうよ」

というと、

「何に使うんだい？」

と訊くから、ありのままに説明すると、彼もふくめてそばにいた人びとが「ワー汚ーい」と顔をしかめた。文化のちがいというのはこういうものなのだと、そのときつくづく実感した。

話がとんだが、ジャティアユでは、トイレのほうはなんとか便器があったからよかったのだが、問題は、このむらには電気がまだきていないから、夜になるとトイレまでの道が真っ暗で、懐中電灯を頼りに行かなければならなかったことだ。慣れるまでそれが何より怖かった。

労務供出を担った山間のむら

このむらでも、ムギヨノさんの家の裏に住んでいるスラメットさんが調査の手伝いをしてくれた。彼は新婚早々でまだ子供がなく、むらにただひとつだけある小学校の事務員をしていた。しかし私の調査があるときは、学校を抜けだしてついてきてくれた。インドネシアの役所とか職場は、たとえば仲間の誰かに大事なお客さんがきているなどという場合には、同僚が「いいよ、いいよ、行ってあげな」と当然のように職場を離れることを黙認してくれる。場合によってはその職場全体で、そのお客をもてなしたりする。スラメットさんの場合も、おそらく校長先生公認で私の世話をしてくれたのだろう。

このむらで調査をして感じたことは、まえのバタンとはちがって、日本占領期の食糧不足に対する住民の記憶があまり強烈ではなかったということである。その一方、労務供出という点ではここの住民のほうがよりきびしい体験をしたようだ。それは、バタン周辺は農産物の豊かなむらであったのに対し、ジャティアユをふくむグヌン・キドゥル県は、山岳地帯で米の生産性も低かったことによるものらしい。日本軍もこのような地域から米をとりたてるのにエネルギーを費やすよりは、もっと豊かな地域に的を絞ったのだろう。その代わりに人的資源を期待したということのようだ。また、この辺の人はオランダ時代からあまり充分に米を口にすることができなかったので、日本時代になって体験した米不足の影響も相対的に弱かったということなのだろう。地域によって「日本時代にもっともつらかったこと」の順序も異なるのだ。物事はやはり個別的に見なくてはいけないと痛感した。

食いしん坊の私にとって、ジャティアユの食事はいささかつらかった。ここでは二カ月間いたあいだに肉や魚はいっさい出なかった。豆腐やテンペでけっこう蛋白質は取れたし、白米はお腹いっぱい食べられたが、さすがにこれでは体力がもたなかった。肉はそれほど好きではない私だが、肉じゃがや肉入りカレーの夢を見た。それにくわえて、味付けの単調さにもまいってしまった。

このむらでの二カ月間に、二、三度ジョクジャカルタへ出て息抜きをした。バタンにいたときはソロのジョン夫妻の家が私にとって息抜きの場所だった。ジョクジャカルタでは、やはりコーネル大学の留学仲間であるルクマン夫妻の家がその役割を果たしてくれた。一九七三年に最初の留学の際にお世話になったサルビニさんの家は、そのころ、ご主人の浮気で殺気だっていて、とても「息抜き」に転がり込むような雰囲気ではなかったからだ。ルクマン一家はイサカにいたとき、同じアパートのすぐ向かいに住んでいて、ちょっと砂糖が足りないと借りに走るような間柄だった。数年まえにアメリカの小学校に通っていた二人の子供を連れて帰国し、当時ガジャ・マダ大学の教員をしていた。大学のそばの二間だけの小さな教員住宅に住んでいて、私が行くと、誰かが居間のソファに移って寝なければならないような状態だったが、すこしもいやな顔をせず歓待してくれた。

彼らの家まで行くには、まずジャティアユのムギヨノさんの家のまえを通っている「コルト」でグヌン・キドゥルの県庁所在地であるウォノサリまで行って、そこで大型バスに乗り換えてジョクジャカルタのバスターミナルまで行く。そこでさらにガジャ・マダ大学キャンパス行きのミニバスに乗り換えてルクマン家の近くまで行く。乗り継ぎはかならずしもよくないから、この行程はざっと三時間半ぐらいかかる。

ルクマン家へ転がり込むと、まっさきに思いきり水をザーザーかぶってマンディをした。そしてさっぱりすると、扇風機にあたりながらテレビを見た。新聞も読んだ。そのころむらには新聞も入ってこなかったのだ。よほどの大事件はむらにも口コミで伝えられるが、ふだんの生活は中央の政治や経済の動きとはあまり関係のないところで営まれているのだ。だから私も、ジョクジャカルタへきたときだけ新聞を読んでも、断片的で記事の背景がほとんど理解できず、だんだん浮世への関心がうすれていった。

ジョクジャカルタへ行くと、繁華街へ出て、調査に必要なテープレコーダーのバッテリーや写真のフィルム、あるいは衛生用品を購入したりと用事がいろいろあった。また、インドネシア料理とはちがった味付けに飢えていた私は、ジョクジャカルタのマリオボロ通りにいくつもある西洋人観光客相手の安い「洋食屋」や、二軒ほどある中華料理屋に駆け込んで舌つづみを打った。

この一日二日のジョクジャカルタでの休暇が何より楽しみで、毎週でも行きたいところだったが、「でもあとすこし、もう一週間待とう」などと考え、できるだけ辛抱した。一度町へ出てしまうと里心がついて、むらにもどってくるのが億劫になってしまうからだ。私にとってジョクジャカルタの町がいまでも憧れの理想郷なのは、そのときのイメージのためだろう。

ところで、ジャティアユにいたとき、バタンから便りがきたので封を開けてみると、お手伝いさんのハルティが結婚するからその宴に出席するようにとのことだった。「いよいよか」と思いながら、この日に着るために新調しておいたクバヤ(ジャワの民族衣装)をカバンに詰めてジャティアユを出発した。途中ジョクジャカルタに立ち寄ってプレゼントを買い、バスを乗り継いでバタンに向かった。

区長の家に到着し、ひさびさにデサの人びととなつかしい再会をしたのち、疲れてベッドに横たわっていると、ハルティがそっとやってきてベッドのなかにもぐり込んできた。そして、声をひそめて泣きじゃくった。婚礼の前夜である。いつしか泣き疲れて眠ってしまったハルティを、朝早く近所のおばさんたちが探しにきた。あとはつぎからつぎへ、むらの物知りばあさんたちの手で彼女は白粉《おしろい》を塗りたくられ、着せ替え人形のように婚礼の衣装を着けさせられていった。感傷に浸っている暇もなかった。やがて伝統衣装に身をつつんでハルティと並んで祭壇に座った男性を見て、私は事の深刻さを感じとった。明らかに様子がおかしかった。

その数カ月後に彼女は赤ん坊を産み落とした、とあとで聞いた。あまりにも早い出産だった。やっぱり区長のセクハラはほんとうだったのだろうか。婚礼の宴に平然として出席していた区長の姿が目に浮かんだ。彼の権力は安泰で、つぎの選挙でまた当選するのだろうか。そして、障害をもつ夫と乳飲み子をかかえたハルティはしばしば声をひそめて泣きつづけるのだろうか。

米騒動が起きたむらへ

バタンに二カ月間、ジャティアユに二カ月間というふうに、中部ジャワで調査をはじめた私は、その後一九八〇年の暮れに西部ジャワに移った。インドラマユ県という、西部ジャワと中部ジャワの境界付近の県で、一九四四年に籾供出に反対する農民たちの一揆が起こったところとして知られている。

インドラマユは大きな穀倉地帯だったため、日本軍による籾の取り立てもとりわけきびしかった。一揆は最初、県の東部のカランアンペル村《そん》のカプロンガン区で、籾を取り立てにきた村長一行に対して、怒りを抑えきれなくなった農民たちがカッとなって石や蛮刀をもって抵抗したことからはじまった。その抵抗はまたたくうちにデサからデサへと伝わって県内の各地に広まり、最後には県西部のアンジャタン村《そん》にまで伝播した。そのころ数カ月間、このあたり一帯がしばらく無法状態になったという。

私は、この県には合計三カ月間ぐらい滞在して、一揆が波及した地域をつぎつぎに追って県の東部から西部へと転々とした。身のまわりの品を入れたスーツケースを担いで、一週間か十日おきにバスで移動するあわただしい毎日だった。インドラマユ県は、ジャカルタから北海岸沿いに西へ約三百キロぐらいのところに位置し、このあたりのもっとも大きな都市チレボンまででもバスで二時間前後はかかるところだった。チレボンには「息抜き」になるような友人宅がなく、ちょっとつらい調査になった。

この調査の過程でわかった興味あることは、一揆で襲われたのはいずれも日本人ではなく、インドネシア人の村長や区長だったということである。つまり日本の命令をうけて農民たちに直接命令を下した人間が恨まれ、危害をくわえられたのである。たしかに場合によっては、これらの役職者たちは甘い汁を吸っていたということもあったようだ。日本が規制をきびしくすればするほど、それをなんとかすり抜けて自己保身するなり、あるいは利益を得ようとする人間が出てくる。そして、汚職もはびこる。インドネシア人はよく、いまのインドネシア政府の汚職の体質は日本が持ち込んだものだという。はじめは「まさか」と聞き流していたが、考えてみれば、汚職というものは、規制がきびしくなればなるほど、それを逃れようとしてはびこるという一面をもっているから、そういわれてみればたしかに、日本占領時代にそれが急激に増加したということはあり得るかもしれない。

インドネシアの農民たちも、自分たちの区長や村長が、日本の命令でやむなくきびしく対処していたことはある程度承知していたと思う。しかし彼らが、必要以上にきびしくし、しかもそのことにより利益を得ていたような場合には許せなかったのであろう。

この一連の一揆は、政治的な背景も組織もなくまったく自然発生的に起こったものなのだが、その場合、キアイ（イスラム教師）の関与がつねに見られた。やはり、住民を日本に従わせる場合にも、また反対に日本に逆らわせる場合にも、キアイの影響力は大きかったようである。

自己流の渡り鳥的調査方法

一年間の調査のあいだ、何がいちばんつらかったかといえば、一カ所に定住できずに、むらからむらへと移り歩かなければならないことだった。長いところで二カ月間、短いところでは一週間ぐらいの滞在で転々とした。こういう調査の方法がほんとうにいいのかどうか、そのときもつねに迷いがあった。フィールドリサーチといえば、どこか一カ所に定めて重点的におこなうのが一般的で、だから「私のフィールド」だとか「〇〇さんのフィールド」といったふうに特定の研究者と特定のデサとが一対一で結びつけられる。しかし私の場合は、のちに「あなたのフィールドはどこでしたか」といわれたときに返答に困ってしまうだろう。

あえていろいろな地域に手をつけたのは、歴史の解明は、まずその地域（この場合はジャワ）全体がどうだったのかという全体像を把握してから個別的な研究にすすまなければならないが、一九八〇年代初めのインドネシア史の蓄積では、日本軍政期の社会に関しては概史さえまだ充分に書かれていない、というのが私の認識だった。というとひじょうに横柄な言い方になるが、少なくとも、中央の政治の動きを記録する政治史的なものはべつにして、インドネシアの社会史、とりわけ村落社会の歴史というようなものは皆無に等しかった。だからまず森を描き、それからようやく一本一本の木が描けるという段階で、たとえば「日本軍政期のデサ・バタン」といったような研究をやれるような状況ではないと見ていたのである。

かといって、村落社会の変容を見るのが中心テーマだったから、ジャカルタにいてできるような調査ではない。しかも文献はほとんど皆無なのだから、どうしてもフィールドを見るしかない。しかもできるだけ多くのデサの例を調べて、そこから全体像を導きだすしかないと考えたのである。しかし、結局「全部」のデサに当たれるわけではないのだから、こんなことをしていてもはたして正確な全体像が浮かんでくるのだろうか、という疑問がつねにつきまとっていた。「こんなやり方でいいのだろうか」という不安は、一年間の調査の初めから終わりまでつねに私につきまとっていた。

いま思うと、そういった調査の方法に関して、私は謙虚に誰かの指導を仰ぐということをしなかったし、既存の方法論を応用するということもなかった。すべて自己流だった。効率の悪いあがきをしていた。第一そのころは、歴史学にオーラルリサーチ、つまり聞き取り調査を導入するというやり方は、まだ市民権を獲得していなかった。それは文化人類学や社会学の手法であって、歴史学はあくまで文献にもとづかなければならないという考え方が根強かったのである。しかし、私のテーマのように文献が不足している分野では、だからといって聞き取りもしなかったら、歴史を記すことはできない。そういう試行錯誤を重ねながら、渡り鳥のように私はむらからむらへと渡り歩いていった。

それにしても、ようやく落ちついたと思うとまた荷物をまとめて旅立たなければならないという、その煩雑さと寂しさは、ほんとうにつらかった。調査旅行のあいだ私は大きなスーツケースを担いで歩きまわった。私の調査の一部始終を知っているこのスーツケースは、骨董品になっていまでも自宅の倉庫に眠っている。旅立ちの朝、夫が力まかせにフタを閉めてくれたあの日から、このスーツケースの中身はいつも満杯で、ぎゅうぎゅう詰めだった。そのなかには私の調査の七つ道具が入っていた。

七つ道具のなかでもっとも重要だったのは、テープレコーダーである。インタビューで聞き取った内容にすこしでも史料的価値をもたせるために、私はそれをかならずテープに録音することにしていた。もちろん、録音することによって相手を緊張させ、本音で語ってもらえない、ということもあったかもしれない。しかし私の聞きちがいや、勝手な解釈を避けるためにも、それを記録として残し、誰もが活用できる状態にしておくことが必要だと思ったのだ。

七つ道具の第二は小型のポータブル・タイプライターである。録音したインタビューはなるべく記憶がうすれないうちに、文字に書き起こすことにした。というのは、会話というものは、かならずしもNHKのアナウンサーのように正確な言葉で話されるものではないから、そのときの状況を思いだして補足して解釈しなければならない。そのためには、その雰囲気や前後関係をよく記憶しているうちに書き起こしてしまわないといけないのだ。そのころはパソコンはもちろん、ワープロなどまだ誕生していない時代だったから――たとえあっても、電気の不自由なむらでは無用の長物であったろうが――、書き起こし原稿はタイプライターで打った。オランダにも同行してくれた私の中古のオリベッティのタイプライターは、毎日酷使したが故障することもなく、最後まで役目を果たしてくれた。

七つ道具の第三は、カメラとフィルム。いま私はむらへ行くときはかならずビデオカメラを持っていくが、当時はカメラが精いっぱい。カメラは自分のために記録を残すだけでなく、もうひとつの大事な機能を果たした。むらの人たちは写真を撮ってもらいたくてしかたがないのだ。だから、彼らの姿をいろいろ写して町へ出たときに焼いて渡してあげると、それはなによりのプレゼントになった。

四番目はお土産。じつは、これはいつも頭痛のタネだった。これだけむらを転々としていると、日本やジャカルタから持ってきたお土産はすぐになくなってしまう。しかし、ジャワではよそからきた者がお土産を持ってくるのは当然のこととされており、彼らは何かを期待している。そのころ日本から持って行ったのは、時計、計算機、扇子、和紙でつくられた小物などだが、これらはあっという間になくなってしまった。それで、あとはジャカルタへ出るたびにTシャツや帽子やその他の日用品を買って補足した。一日に少なくとも二、三人にインタビューするので、つぎからつぎへと補給する手間だけでなく、費用もばかにならない。そこで、途中から、地元でも手に入る安価なタバコ、ビスケット、コーヒーなどをその都度購入して補った。行った先々でタバコを勧め、お菓子の包みをあけながら話を聞くと、彼らの気分もほぐれてとてもいいことがわかった。

五番目は薬である。やはり体のことはいちばん心配だったので、風邪薬、胃腸薬、下痢止め、消毒薬、バンドエイド、ビタミン剤、目薬、日本のお医者さんに頼んで特別に手に入れた抗生物質など、いろいろなものを救急箱に詰めて持ち歩いた。幸いあまりお世話になることはなかったが、むらの人たちに提供して役にたったことはしばしばあった。ジャワの人たちは薬信仰が強く、どんな薬でも欲しがった。誰か病気の人が出て薬をあげると、「ぼくもぼくも」といろいろな人が欲しがった。「病気じゃないのに飲んだらダメなのよ」というと、急に頭を抱えて「アタタ、頭が痛いよ」と真剣な顔をする。調査がすっかり終わって日本へ帰るときなら全部あげられるのだが、いつ私自身が必要になるかもしれないから、そう簡単にあげるわけにはいかない。私はシュバイツァー博士ではないんだからと、ときには冷たく断ることも必要だった。

六番目に、薬にくわえて栄養補給のための多少の食料品も持ち歩いた。いちばん重宝したのはチーズである。そのころでも都市へ行けば、クラフトのプロセスチーズが手に入り、これをつねにひと箱ぐらいスーツケースに忍ばせておいた。そして、ひじょうに疲れが出たようなときには、「ごめんね。これ私の薬なの」と断って一切れ二切れ口にした。インドネシアの人たちはチーズなんてオランダ人が食べるゲテモノだと思っていたので、私が食べるのを見て〈わー、気持ちが悪い〉という顔をしていた。もっとも、いまのインドネシアの都市の若者たちは、ファストフードの進出の結果、親たちの渋い顔を横目にとろけたチーズが載っているピザやチーズバーガーを好んで口にする。一九八〇年代初めには都市でもあまり見られなかった光景である。チーズのほかに梅干しもつねに忍ばせていた。これはお腹をこわしたときに、あるいは、どうしてもしつこいインドネシア料理が喉を通らなくなったときに、お粥をつくってもらって食べるために。

七番目は、じつはいちばん重要なもの、お金である。クレジットカードなんてあるわけはないし、トラベラーズチェックだって使えるようなところではない。当然、現地通貨のルピアを現金で持ち歩いていたのだが、これが悩みのタネだった。あちこち移り歩く生活で、大金を持ち歩くのはどう考えても不用心である。

しかし、大きな町へ行かなければ銀行はない。アメリカから支給された研究補助金は、アメリカ系のチェース・マンハッタン銀行に振り込まれていたので、資金を引きだすには、ジャカルタにあるその支店に行かなければならなかった。そこから一部を引きだして、最初に赴いた中部ジャワのソロでインドネシアの国立銀行に口座を開き、ここに入金した。そして、中部ジャワで生活しているあいだは、必要になるたびにソロまで出てきてお金を下ろした。その後、調査地が西部ジャワに移ってからは、ジャカルタに出るたびに下ろすというかたちをとった。

もっとも、調査がなかばをすぎたころには、その資金も尽きてしまって、一時ジャカルタへ出て「出稼ぎ」をしなければならなかった。横堀さんの紹介で、日本人の子供たち何人かに、一カ月間ぐらい集中的に家庭教師をして、まとまった収入を得たことがあった。初めての留学のときより在留邦人の数がふえていたうえ、学習塾のようなものがまだなかったので、需要はいくらでもあった。ジャカルタで一カ月間アルバイトをすると、むらで三、四カ月間の調査が可能だった。

月々の出費はだいたい、寄宿した家に払う謝礼が食費をふくめて月に一万円から二万円ぐらい。行く先々で調査を手伝ってくれる人に払う謝礼が二万円ぐらい。それに、インタビューの際のお土産代、テープ代、電池代、フィルム代、資料のコピー代が三万円ぐらい。そして、馬車やバスなどの交通費が五千円ぐらい。雑費が五千円ぐらいで、合計七、八万円ぐらいだったと思う。当時は円とルピアの交換レートが一対四ぐらいだった。

調査中にちょっぴり怖かったこと

ひとつのむらを去ってつぎの目的地に向かうときには、七つ道具を大きなスーツケースに詰めて持ち歩いたと書いたが、そのスーツケースは三十キロはあったと思う。しかし、そのころの私はけっこう平気でそれを担いでいた。そして、街道沿いに立ってバスを止め、乗り込むのである。ジャワではバスの交通網はとてもよく発達している。しかし、交通事故がじつに多い。すこしでも稼ぎをよくしようと、焦ってスピードを上げるからである。

インドラマユのパトロールというデサに滞在していたとき、バスの事故でショッキングなことを見聞した。近くの街道で乗合バスとトラックが衝突して何人もの死者と何十人ものけが人を出す大惨事となったのだが、このとき負傷者を運ぶすべがなくて、救援が駆けつけるまえに多くの者が息を引きとるという信じられない事件を目撃した。田舎に救急車の制度はまったくなく、またデサ内で車を持っている者はめったにいないので、負傷者は通りがかりの車をとめて運んでもらうしかない。たまたまその日は負傷者の数がひじょうに多かったうえに、通りがかった車の運転手が報酬を要求し、その値切り交渉をつづけているあいだに何人かの者は手遅れになってしまったという。そのときつくづく、これからは私も胸に「私を病院へ運んでくれたらお金はかならず払います」と書いた札でもぶら下げておかなければならないな、と思ったものである。この国ではまた、命の値段が恐ろしいほど安い。交通事故で死んでも百万円とか二百万円とかの補償金が出ればよいほうだ。車の強制保険制度もないので、結局自分のことは自分で守るしかない。

その日の事故はかなり例外的にひどいものだったとしても、悲しい出来事は日常的によく起こった。たとえば、分娩がはじまってから帝王切開が必要だとわかったような難産の場合、手遅れで死んでしまう妊産婦が多かった。私も調査中にそのような哀れな例を二件目撃した。他人事ではない。私だって、もし急に盲腸炎でも起こしたとして、病院に運ぶための車を探してもらっているあいだに手遅れになるというような危険性はつねにあったのだ。

問題は農村地帯に医療施設がないことである。インドネシアの病院や開業医はほとんど大都市に集中しているから、場合によってはもっとも近い医療機関まで三、四時間もかかるというのはあり得ることだった。各デサごとに、プスクスマスと呼ばれる保健所の支部が開設されていたが、当時そのあたりのプスクスマスには医者も保健婦も常駐していなかった。週に一回程度巡回で何時間かやってくるだけなのだ。だから私の救急箱はとても人気があって、私はむらに病人が出ると、にわか看護婦になって〝商売〟繁盛した。

このように書くと、何かジャワの農村はとてつもなく恐ろしいところのように思われるかもしれないが、一般的にはけっしてそうではない。都市の裏町などにくらべれば、よっぽど清潔だった。台風も大雨もなく、気候はそれほどきびしくないし、空気はおいしいし、第一、治安もすこぶるよくてのどかだ。

それでも、一年間あちこちを歩きまわっていて、怖いめにあったことが一度だけある。グヌン・キドゥルのジャティアユにいたとき、隣の郡まで用があって出かけてコルトでもどるとき、途中でお客が一人降り、二人降りして、最後は私だけになってしまったことがあった。下宿していたデサの書記、ムギヨノさんの家は街道沿いにあって目のまえをコルトが通るから、家のまえまできたら「ここで止めて」と声をかけさえすればいい。ところがその日は、そのあたりまできたので私か、「ここで」といったのに、運転手はいっこうに止まってくれない。何度も叫んだのにどんどんスピードを上げてあっという間にジャティアユを通り抜けてしまった。同乗している十歳ぐらいの車掌の男の子は、

「大丈夫、スメンまで行ったら折り返すから、降ろしてあげるよ」

という。たしかにもうすこし先がスメンという終点で、道もそこで終わりだ。すっかり安心したわけではなかったが、まあしかたがないと観念した。

ところが、終点にきても運転手は車を止めなかった。そこで道は行き止まりだと思っていたのだが、じつはガタガタの田舎道がつづいていて、そっちのほうへ突き進んでいった。ここにおよんで私がわめきだしたら、

「急ぐことないよ。この先へ行ったことがないだろう。面白いものを見せてあげるよ」と運転手がいう。私を誘拐しようとか、ナイフで脅してお金をとろうとかいうふうではなかったが、その口調は、ちょっとプレイボーイの男が声をかけるといった感じであった。思いがけないなりゆきに〈しまった〉と悔やまれた。

〈でも、車掌も一緒だし〉と思い、なんとか心を落ちつかせようとした。どこか心の底にジャワのむらに悪い人はいない、という安心感があったようだ。私は一度もお金をとられたことがなかったし、怖いめにあったこともなかった。途中で日が暮れかけて、コルトはほかの車両も通らないうす暗い山道をすすんでいった。こんなところで降ろされたらたまったものではない。インドネシアではほんとうの凶悪犯というのは少なくて、せいぜいお金をとるのが目的だから、へたに騒いでナイフでグサリとやられるよりおとなしくしていたほうがいい、と聞いていた。〈こうなったら、彼をなんとか怒らせないようにして、おだてよう〉と心に決め、運転手と四方山《よもやま》話をして、敵対関係にないことを悟らせようとした。

一時間ぐらい山道を走ると、夕暮れの霞のなかに大地が開け、突然大きなダムの工事

現場が目に入ってきた。

「ウォノギリのダムだよ。ニッポンがつくっているんだよ」

と運転手が説明してくれた。私は恐ろしさを忘れて、その広大なダムに見とれた。日本のODA（政府の開発途上国援助）でソロのウォノギリにダムをつくっているということは知っていた。しかし自分の滞在していたグヌン・キドゥルからこんなふうに直接ウォノギリへ通じているとは夢にも思わなかったので驚いた。ふつう人びとはそこへ行くにはソロへ出て、そこからもうすこし大きな道を通っていくのである。

運転手は車を降りて工事現場の一膳めし屋に立ち寄り、車掌の男の子と私を誘って食事をご馳走してくれた。あたりはもう真っ暗で、工事の人たちの姿も見えず、ひっそりしていた。逃げれば逃げられたかもしれないが、こんな知らないところでは怖かった。運転手をうまくおだてて、

「ソロまで行こう」

と誘った。彼も、

「よしソロへ行こう」といった。

ふたたびコルトに乗ってソロへの道を目指した。そのうち彼は、

「ジョクジャ（ジョクジャカルタ）のほうがいいよ。ホテルにでも行こう」

といいだした。

「どっちでもいい。早く行こう」

と私は彼のいうことをきくようなふりをして促した。

道をクネクネ曲がって、ようやく私の見知ったソロとジョクジャカルタを結ぶ街道へ出た。しばらく行くと、運よくクランテン県下のデラングあたりへ出た。それは、以前滞在していたバタンのほうへ入っていく起点になる市場町である。さんざん通った場所だから土地勘もある。〈しめた。ここで逃げよう〉と心に決めて、運転手の様子をうかがうと、もうすっかり安心しきって鼻唄など歌っている。途中信号などはないが、たままえを走っていた馬車が急停車したため、車がスピードを落とした。このときとばかり、自分でドアをあけて、飛びだした。ちょうど、まえに何度か立ち寄ったことのある知り合いの家の近くだった。まっしぐらに走った。車は追ってこなかった。

知り合いの家に駆け込み、恥ずかしながら事情を話すと、みんなびっくりした。一段落してから、彼らはどこかで車を調達し、一家総出で、私をジャティアユまで送ってくれた。こんなときジャワの人はほんとうに、とことん親切なのである。私から何の見返りを期待しているわけでもない。ジャティアユへ着いたのはもう深夜近くで、ムギヨノさん一家はもちろん大騒ぎで心配していた。みんなに迷惑をかけてしまい恥ずかしいことかぎりなかった。それにしてもあの運転手は、何が目的だったのだろう。さほど悪い人とも思えなかった。ちょっと仕事に飽きて寄り道してみたくなった程度ではないかと思う。しかも「外国人」の女の子を従えて。しかし逃げられたあとで、「チェッ、ただ飯を食わしたあげくに逃げられて」と舌打ちしていたことだろう。

心配していたとおり、ムギヨノさんの家ではこれ以後、私に対する「監視」がきつくなった。「一人では危ない」とか「もう遅いから明日にしな」とか。それで調査は急にはかどらなくなってしまった。私もこれ以後は――いまにいたるまで――からっぽのバスやコルトには乗らないようにしている。最後のお客が降りるときには、まだ目的地に着いていなくても一緒に降りるようにしている。

6 聞き取り調査で得たもの失ったもの

重い口を開かせるには

ひとつのデサの社会のなかにもいろいろな対立や派閥があり、自分がどのグループの人たちに依存して調査を開始したかによって、その後の調査の方向まで限定されることがしばしばある。

たとえば、区長の家にやっかいになって、そこを根拠地として調査をする場合、インフォーマントはどうしても彼とウマが合うグループの人びとのなかから紹介してくれるようになる。〝ウマが合う〟というときにはいろいろな意味がふくまれるが、ひとつには宗教的潮流が同じかどうかということがある。同じイスラムにもいろいろな潮流があり、彼らは日常のつきあいのなかではやはりそれを同じくする人たちとのほうが、より心が通じ合うのだ。

もうひとつは、デサ内の権力をめぐって派閥があり、区長派だとか反区長派だとかいったグルーピングがある。前回の区長選挙に際してほかに誰が立候補したかを訊けば、反区長派のリーダーがどのあたりなのかはある程度見えてくるが、それなら誰がその信奉者なのかというようなことまでは、じっくり観察しないとわかりにくい。こういった村内の権力争いのほかに、中央政治の野党支持者は現時点でデサの指導部からはずされているので、ほぼ完全にインフォーマント群から排除されてしまう。

さらに、数は少ないが、一九六五年のクーデター未遂事件(九・三〇事件)以降非合法になっているインドネシア共産党の元党員やシンパだったような人物の場合は、ほとんど会うことがむずかしい。その多くは、九・三〇事件以後の共産党非合法化のなかで逮捕されたり、またムスリム勢力によって殺されたりして姿を消した。ところが、一九七〇年代にはほとんど姿を消していたこれらの人びとの一部が、一九八〇—八一年にかけて私が農村調査をしたときにはヌサクンバン島(中部ジャワ南海岸のチラチャップ沖にある囚人島)やブル島(九・三〇事件関係の政治犯を収容した無人島)から釈放されてデサにもどっていて、ひっそりと暮らしていたのである。

こうした札つきの者たちを外国人のまえに出してよけいなことをしゃべられてはたいへん、というデサ指導者たちの気持ちはよくわかる。しかし、そういった人のなかには、一九六五年以前には、デサの中枢にいた者がけっこう多かった。ということは、オランダ時代や日本時代からずっと継続的に権力の主流にいた人である可能性が大きい。つまり九・三〇事件以降に台頭してきた新興指導者ではなく、旧来からの指導者の一族に多い。だから、私にとっては重要なインフォーマントである場合が多かった。

どういう人物が排除されているかは、私にはもちろんまったく知らされないのだが、それは調査をすすめていくうちになんとなくわかってくる。そして、自分が話を聞いているのは関係者のすべてではなく、実際にはまだまだ重要なインフォーマントがいることに気づく。たとえば、つぎのような対話を通じてである。

「日本時代、このデサで籾の集荷の責任者は誰だったのですか」

「〇〇さんだったっけな」

「その〇〇さんは、まだいらっしゃるのですか」

「ウム」

「どこに？」

「その……」

「お元気じゃないのですか」

「いや、その……」

こういう対話になったら多くの場合、その〇〇さんはデサの指導部にとって〝好ましからざる〟人物なのだ。にもかかわらずなんとか会えるようにするためには、宗教的な潮流がちがうという程度ならたいした抵抗はないのだが、政治的対立のあるときには相当に苦労する。とくに元共産党シンパの人たちの場合、お上の許可なくして外国人研究者と会うなどということはとんでもないことで、そんなことをすれば、あとで彼らに迷惑がかかる。だから、私が一方的に秘密裡に会いに行くのはまずいわけで、なんとしてでもデサ当局のお墨付きが必要である。さらに、お墨付きをもらえても、はたして彼らが私に会ってくれるかどうかという問題もある。その立場上、彼らのほうでも一般に面倒なことにはかかわりあいになりたくないからである。その辺のかねあいがむずかしいところなのだ。

そこで、このような場合、まず○○さんに多少ともつてをもつ人を探しだして、そっと橋渡しをしてもらう。それと同時に区長にもうまく話をもっていって、なんとか〝見逃して〟くれるところまでこぎつける。これがたいへんなのだ。それにはともかく私を信用してもらって、いかにその人物の証言が私のリサーチにとって不可欠であるかを説かなければならないが、それが説得力をもつためには、つねづねリサーチの経過をくわしく区長に話しておくことが必要だ。いわば彼をその「謎解き」のスリルに巻き込んで運命共同体をつくりあげてしまうのだ。

具体的には、こんなやり方でおこなう。いよいよお目当ての人物が見つかったというときに、「ここまでわかったんだけど、あとこれがわからないためにどうしても先にすすめないの。これに答えてくれる人さえいればすべて解決するんだけどなあ」などと、

二、三日まえから伏線をはっておく。それからおもむろに、「どうやら例のことを知っている人がいるらしいんだけれど……」と切りだすのである。そのときまでに区長自身もかなりこの真相解明に関心をもちはじめているから、ひたすら彼の心境に訴える。そして、なんとか彼から無言の同意を得て、彼の顔をつぶさないよう、彼が所用でデサを離れたようなときに、〝好ましからざる人物〟に会いにいく。彼の立場上、外国人研究者が元共産党系の人物に会いにいくことを表向き認めるわけにはいかないからだ。

このような作戦で、デサ・バタンの日本時代の区長、ブジョスダルモさんにも、またその一族にも最後には会うことができた。彼は、古い大きな家にひっそり住んで、悠々自適の生活をしていた。共産党のシンパにすぎなかったが、九・三〇事件ですべての権力を失った。しかしそれまでは、オランダ時代からずっと、彼の一族がこのデサで大きな力をもっており、このデサの日本時代の歴史を解明するには、この一族からの証言なくしては不可能だったのである。

調査期間を通じてほかにもいくつかのデサでなんとかこの作戦を成功させ、そのような人物数人に会うことができた。

一人は、かつて反日蜂起が起きたインドラマユ県下のあるデサの当時の区長である。やはりこの事件の真相を知るうえで鍵になる人物であった。もう一人は、ジョクジャカルタの近郊のむらで、日本時代減産になった甘蔗《かんしょ》(砂糖キビ)栽培に代わる現金収入の道を探しだしてデサの小工業振興に貢献し、その功績ゆえに、二十四歳の若さでインドネシア独立後初めての区長に選ばれたという人物である。いずれも会ってみるとわりと気さくなおじさんたちで、日本時代のことを口ごもることなく話してくれた。

ただ、ヌサクンバン島やブル島時代のことにはまったくふれないようにした。そんな話を聞きだしてもし彼らに迷惑がかかってはいけないし、私のリサーチ許可が取り消しになるかもしれないからだ。つまり、許可されたテーマ以外の質問をしたということで、私は約束違反をしたことになるのだ。ただ、それとなく彼らの現在の生活を観察することはできた。予想に反して、私が会った数名の元共産党関係者は現在、公職への道は閉ざされているものの、それほど〝落ちぶれた〟〝うら淋しい〟敗北者的な感じはなかった。彼らはそれなりに以前は名門の家柄の出身者であったから、このような境遇におかれたいまでも、デサのひとつの反主流派の長老的存在なのかもしれなかった。また、他のむら人たちも、かならずしも彼らを〝罪人〟あつかいして敬遠しているというような様子はなかった。

もうひとつ、インタビューになかなか応じてもらえなかったのは、過剰なまでに日本の味方をしたり、住民の犠牲のもとに不正をおこなったりして、日本軍政後住民から総スカンを食ったような人である。

それから、従軍慰安婦のように、思いだすのもつらい、誰にもいえないような体験をした人もそうだ。そういう人びとに会って古傷をつっつくような質問をしてよいのかどうか、ずいぶん迷った。よくジャーナリストが、事件の被害者の家族などに「どんなお気持ちですか」などと、答えのわかりきった質問を突きつけているのを見て腹がたったものだが、自分も同じようなことをしようとしているのではないか、という思いに苛《さいな》まれた。しかし同時に、「彼らは歴史の重要な証人である。科学は冷徹に真理を追求することを要求するのだ」などと自分に都合のいいように正当化しようとする気持ちも強かった。

そんなとき頭に浮かんだのは、昔読んだ山崎朋子さんの『サンダカン八番娼館』であった。明治の時代に借金のかたなどで南方へ連れていかれ、娼婦稼業をやらされた女性、いわゆる「からゆきさん」の生き残りを見つけて近づき、誠意と熱意で老女の重たい口を開かせ、書きあげたのがこの本であった。山崎さんもこの本のなかで、自分の正体を偽ってまで「元からゆきさん」に近づいたことに対する自責の念に悩まされたことを記している。

しかし、こうやって彼女が掘り起こしたからゆきさんの歴史は、それまでほとんど何も知らなかった日本の若い世代に、ショッキングな、しかし大切な事実を伝え、大きな反響を呼んだ。それがなかったら埋もれてしまったかもしれない不幸な女性たちの運命がこうして世に知られるようになった。それは重要な功績だったと思っている。

しかしいざ自分がやるとなると、「人が話したくないことまで無理やり聞きだす権利がいったいどこにあるのだろうか、これは学問という美名のもとでの強制ではないか」などとふたたび迷いが生じてなかなか踏みきれないことがあった。しかし、多くの場合、結局は「知りたい」という欲求のほうが克《か》った。

いったんそうと決めたら、もう夢中で突進した。日本時代の区長で、配給業務の運営で不正をおこなったということで終戦後焼き打ちにあったクラテン県下のある区長、対日協力して籾供出を人びとに説いてまわったため「キアイ・キンタル（〝籾供出のキアイさん〟というほどの意味）」というニックネームをつけられたチレボン県下のあるキアイ（イスラム教師）の一族など、後ろめたい思い出をもった人びとの家の重い扉をたたいた。

この「キアイ・キンタル」の場合は、その婿の代になってもプサントレン（イスラム塾）はつづいていた。その婿は、日本の占領下ではキアイ・キンタルの教えをうけたサントリの一人であった。意外なことに彼はキアイ・キンタルのことをむしろ誇りをもって回想し、彼のプサントレンのサントリたちは米の特配をうけるなど、彼がいかに日本軍当局から優遇されたかを語った。

従軍慰安婦にもぜひ会いたかった。そのころ日本ではこの言葉はほとんど未知のものだった。当時、何らかの関与をした軍人たちはその存在を知っていたが、若い世代には耳新しい言葉だった。それでもこの調査のころからジャワでは、村々を歩いていると、しばしば「このむらから若い女の子が、いい仕事があるからといって連れていかれ、じつはそのまま日本軍相手の娼婦にさせられたんだよ」といった話を耳にした。しかし、その被害を被った本人とは一度も会うことができなかった。むらの人たちが共同戦線を張って、私の目から彼女たちを守ったのだろうか。それとも、彼女たちは恥ずかしくて戦後もむらへは帰ってこなかったのだろうか。そういう話をいやというほど耳にしたにもかかわらず、その姿は一度も見たことがなかった。私が彼女たちにようやく会うことができるようになったのは、十五年をへて、補償問題が話題にのぼり、アジア各国の元慰安婦たちが声をあげるようになってからのことである。

調査とは孤独なもの

調査に歩いているあいだも夫との通信はなんとかつづけていた。しかし、少なくとも一カ月間ぐらい同じむらにとどまっていないと手紙の往復はむずかしい。ファックスやインターネットが自由自在に活用できる現在からは思いもよらないことである。むらには電話などないし、また電報電話局のある大きな町へ出たところで、国際電話は自動化されていなかったから、申し込んで日本とつないでもらうのは、ほとんど一日がかりの仕事だった。一九九〇年代になると、都市からかなり離れたところにも、ワルテルという民間の電話・ファックス屋があって、多少の手数料をとって、自動化した電話回線を使用させてくれる。信じられないほどの変化だ。

手紙を出すにもむらには郵便局がないから、郡役場のある町まで行かなければならなかった(この点はいまでも同じである)。郵便局は多くの場合、車で三十分程度のところにあるが、足を確保しないとなかなか行けない。さらにその手紙が県庁所在地まで運ばれ、ジャカルタへ集められ、飛行機に載せられて日本へ着くまでには十日以上の日数がかかる。同じぐらいの日数をかけてやってくる日本からの手紙は、郵便局員が村役場まで配達してくれる。人口数千人のデサに毎日届く郵便物の数はせいぜい四、五通だったと思う。大部分はジャカルタなどに働きに出ている息子や娘たちからの手紙だ。海を渡ってくる手紙は少なかったと思う。

そんな事情だったから、いま日本で夫はどうしているだろう、母や父は元気だろうかということが絶えず気にかかった。ジャカルタの横堀さんたちには私の移動先をなるべく伝えるようにしていたので、ほんとうに緊急の事態になれば、日本からそこへ電話が入って、彼らが車を飛ばしてでも知らせにきてくれるはずだった。

個人的な情報だけではない。いま日本で何が起こっているのか、どんなことが話題になっているのか、まったくといっていいほど情報が入ってこない。日本どころか、ジャカルタで起こっていることさえ充分には伝わってこなかった。

そのころジャワのむらでは急速に電化がすすめられており、電気が入ってきたむらでは、テレビを買った家も何軒かあった。だから、むらにジャカルタのニュースがまったく入ってこなかったかといえば、そんなことはない。しかし、私が滞在したむらにはあまりテレビがなく、たとえあってもそれを習慣的に見るということはほとんどなかった。これもいまのジャワのむらとはずいぶんちがう点である。

私は、新聞もほとんど読まなかった。これもむらじゅうを探せば、たとえジャカルタの中央紙ではないにしても、近くの県庁所在地で発行している地方新聞が手に入ったと思う。しかし、それだけの努力をしようとする好奇心が私にはなかったことと、電気がなくて、あるいはあっても暗くて、夜はなかなか活字を読むという作業ができなかったことにもよる。だから、夜はほとんど近所の人たちとのおしゃべりに費やしてしまった。みんな日本という国に対する関心が強くて、いろいろなことを訊きにくるのだ。「日本にもお月さまはあるか」というような質問から、「日本の経済はなんであんなに戦後早く復興したのか」というような質問までさまざまである。

ともかくそんな生活だったから、外からの刺激はほんとうに少なく、ときたまくる夫からの手紙だけが楽しみだった。

夫とは離れていても機会を見つけてできるだけ顔を合わせるようにしていたが、イサカのコーネル大学から彼が一足先に帰国したあの秋以来、もう三年がたっていた。離ればなれの落ちつかない生活はもういやだ。そう思うと調査を一刻も早く終えたい。しかし、聞きたいこと、調べたいことは山ほどあり、しかも、もしかして摂南大学への就職の話が実現すれば、これが長期に海外へ出られる最後の機会になるかもしれないと思うと、欲張りたくもなってくる。謎解きのような調査の楽しさにのめり込みながらも、つねに何かに急《せ》かされているようで、心からインドネシア滞在を楽しむことができなかった。

静かな、もの音ひとつしないジャワの夜、暗闇のなかでふと目を覚ますと、何かとてつもなく不安になってきて、すぐにでも荷物をまとめて日本へもどりたくなることがしばしばあった。むらにいるあいだ、私には友というものがいなかった。みな親切にしてくれるが、心を開いて相談し、愚痴をこぼす相手がいなかった。チームを組んで調査し、夜は仲間と酒を酌みかわしながらばか話ができるような合同調査をしている人たちがうらやましかった。それに思いきり日本語を話したかった。そのころまでに私はインドネシア語でかなり自由に意思疎通できるようになっていたが、それでも、どうしても日本語でしか自分を表しきれないような機微もあった。言葉以上に、フィーリングというのか、どこか心の深いところでしっくりわかり合えない違和感もつねにあった。それがインドネシア人と日本人の国民性のちがいに起因するものなのか、あるいは、知的、文化的な面で同じようなバックグラウンドや情報を共有していない人びととのコミュニケーションのむずかしさなのか、どうしても友はできなかった。調査とは孤独なものである。

遠くなるばかりの夫との距離

ときにはプッツンしそうになり、どうしても耐えがたくなるとジャカルタへ出た。ソロやジョクジャカルタ周辺にいたときは、日本人ではなかったがそれなりに心を開き、また頼ることができるコーネル大学時代の友人がいた。しかしその後は、そういった息抜きの場所が近くになかったので、頻繁にジャカルタへ出ることになった。ジャカルタはまったく別世界だった。そこには精神的、文化的な刺激もあったし、物質的にも何でも手に入った。レストラン・ヨシコを訪れるとマダムは、いつも「まー、まー、まー、まー」といって、日焼けして真っ黒になった私を歓迎し、お寿司やら何やら、私がふだん飢えているものをふんだんにご馳走してくれた。

そのころ、ヨシコさんの長男のリオ君が、コーネル大学のホテル経営学科に留学するために旅立つ準備をしていた。イサカがたまらなくなつかしかった。つらいコースワークの毎日だったが、あのころはかたわらに夫がいた。友だちもいた。会話があった。喜びも怒りもぶつけあう相手がいた。ジャワでは私とインフォーマントの関係は対等ではない。私は彼らの善意に依存し、話を「聞かせてもらう」ためにいつも平身低頭していなければならなかったような気がする。

そのころ、京都大学東南アジア研究センターのジャカルタ事務所に、コーネル大学の先輩の加藤剛さん(現京大名誉教授)が駐在員としてきていた。彼はもう何年かまえに西スマトラで長いあいだ単独調査をし、私がコーネル大学へ行った年には論文も書きあげていたという大先輩である。彼がやった調査にくらべれば、私のそれは期間もずっと短いし、スマトラよりジャワはいろいろな意味で「開けて」いるし、そんな調査に何をフーフーいっているんだろうと思われたかもしれない。「私だって」という思いと、「やっぱりだめだ」という気弱な挫折感が交互に私を襲った。しかし彼に負けまいという意地が私を支えてくれた。

正月休みには夫がインドネシアへきてくれた。五カ月ぶりの再会だったが、なんだかもっと長いあいだ会っていないような気がした。調査の毎日があまりに密度が濃かったせいかもしれない。ひさしぶりに会ったとき、何を話したかは覚えていない。中部ジャワを一緒に旅行した。ジョン夫妻の家、ルクマン夫妻の家をはじめ、最初に私が調査をしたデサ・バタンへも案内して、区長さんやみんなに紹介した。

夫とはひさびさにいろいろなことを思いきり話した。彼はもっぱら職場の話をした。きわめて現実的な話が多かった。私はといえば、調査での新しい「発見」の数々に浮かれて、自慢話をたくさんした。彼も一生懸命耳を傾けてくれたが、ふとしたときになんとなく、重ね合わせた二枚のガラスのあいだに水が入りこんでしまったときのような、奇妙な感じが二人のあいだに漂うことがあった。

彼の顔を見て気がゆるんだのか、あるいはそれまでの調査の疲れが出たのか、旅行からもどってジャカルタにいるとき、夫の帰国をまえにして私は高熱でダウンしてしまった。彼の帰国の日がきてもまだ熱は引かなかった。授業がはじまるからというので、夫は予定どおり大阪へ出発した。彼を見送ってから思いきってプルタミナ病院へ行くと、チフスの疑いがあるということで入院を勧められたが、一人で病院に入るのが怖くて、検査だけうけて友人の家で結果を待った。結局、数日後に陰性という結果が出て、そのころには自然に熱も引いていった。ずっとあとになってデング熱に罹った時、「かつてあなたは罹患したことがある」といわれたので、今思うとそれが最初のデング熱だったのかもしれない。

調査の期間中、それ以外には何の病気も怪我もしなかったのは、幸いであった。私は健康にだけは自信があった。持久力も馬力もあるほうだと思っている。ただ、孤独感だけはどうにもならなかった。発熱から回復してインドラマユのむらへもどったときはちょうど雨季で、西部ジャワのシトシト降りつづく梅雨のような天候にいっそう気が滅入った。

思えばこのあたりがちょうど調査の折り返し地点だった。もっとも息が切れるころなのかもしれない。まえにもふれたように、前半は一カ所に比較的長く滞在したが、後半は、できるだけ多くの地方を歩きたくて、一、二週間ごとにむらを移った。そのたびに新しい人間関係を築きあげなければならないので、それだけ精神的負担も大きかった。

調査のスピードはさらにアップされた。すべての時間を調査とその整理に費やした。滞在が小刻みだから、夫との文通も途切れがちだった。私のほうからは送りつづけることができたが、夫からの手紙は、ジャカルタへ出たときに何通もまとめて読むしかなかった。

夫との距離が限りなく遠く感じられた。

処刑されたイスラム教師

インドラマユの農民一揆とならんで、日本占領時代にもうひとつ大きな反日抵抗事件が、同じく西部ジャワのタシクマラヤという県で起こった。インドラマユの一揆の数カ月まえのことである。インドラマユから真南に一〇〇キロほど奥地に入ったこのあたりは、ジャワ島のなかでもイスラムへの帰依がもっとも厚い地域として知られている。日本側の発表によれば、事件の概要はつぎのようであった。

この県下のシンガパルナ村《そん》でプサントレンを経営していたキアイ・ザイナル・ムスト

ファという人物は狂信的なキアイで、日ごろから反日的言動をあらわにしていた。その彼がサントリや近くの住民を武装させているといううわさがあったので、憲兵隊が調査に赴いたところ、うち二人が殺されてしまった。そこで日本側は軍と警察を派遣してこれを鎮圧した、というものであった。

キアイ・ザイナル・ムストファが日ごろから反日的であった、という一例として日本側の文書は、会合などの最初に義務づけられている宮城遥拝をしなかったということをあげていた。何年かまえ、文化大革命下の中国広州市の公安当局で、私自身が「あなたはみんなが毛語録を振りながら毛沢東万歳を唱えたときに唱和しなかった」と責められたことを思いだしてゾッとした。反抗的な者をそのままにしておくのはよくない、抹殺しようという意図が日本サイドにあったのだろうか。それともほんとうにこのキアイは反日蜂起を準備していたのだろうか。私はこの事件の背景をもっと知りたいと思い、たとえほんのわずかの期間でもいいからその地を訪ねてみたいと思った。

拒否されるのを覚悟のうえで県庁に赴き、ずばり、キアイ・ザイナル・ムストファの反日抵抗事件のことを知りたいのだと申し出たところ、県の役人は意外にもすんなり了承し許可をくれた。そこで、すぐさまその蜂起が起こったシンガパルナ村へ行くと、県の許可を得ていたので村《そん》役場は即座に許可の判を押してくれた。あとは何ら個人的な紹介状をもたない私を地元の人たちが受け入れてくれるかどうかが問題だった。

しかし、キアイ・ザイナル・ムストファのプサントレンがどのデサにあるのかも私は知らなかった。村役場の人も若い世代だったからか、そんな事件があったようなことは聞いているがどこにあるのかは知らない、といった。シンガパルナ村はいくつものデサから成っており、少なくとも二、三万の人口を抱えている。せめてデサの名前やプサントレンの名前がわかっていればいいが、それもわからないと、探すのはたいへんだ。しかたなくお年寄りをつかまえては「日本時代に反日蜂起があったプサントレンはどこでしょうか」と聞き歩き、ようやくそちらの方向へ行くという乗合バスに乗り込んだ。

何度も尋ねて乗り物を乗り継ぎ、最後にいよいよ小さなコルトで、目的のプサントレンを目指した。デコボコ道を越えてだんだん寂しい田舎道になっていく。役所の手続きが意外と早く終わってしまったので、欲張ってその足で調査地へ向かったのはいいが、さすがに日はとっぷり暮れかけていた。あとどのくらい遠いのだろうか。最後にどこで降りたらよいのだろうか。何やら心ぼそくなってきた。反日蜂起のときに多くの住民がその場で死んだり、あとで死刑になったりしているから、このあたりの人は日本を恨んでいるのではないだろうか。「日本時代に反日蜂起が……」と口に出すことによって、調査が不可能になるような何かが起こるのではないか、それどころか袋だたきにあうのではないか、とだんだん心臓が高鳴ってきた。

ぎゅうぎゅう詰めの車内で隣に座っていた中年の男性は、幸い一見穏やかそうな品の

いい人だった。思いきって、

「あのう、日本時代に反日蜂起があったプサントレンへ行きたいのですが……」

とおずおず尋ねたところ、彼は一瞬ギクッとして私の顔をまじまじと見つめた。〈しまった。ダメかな〉と思ったが、すかさず先制攻撃をかけた。

「あのう、旅行許可証もタシクマラヤ県からの調査許可証も持っています。キアイ・ザイナル・ムストファの事件のことを調べて大学の論文に書きたいのです。日本人はこのことをあまり知りませんから正しい事実を伝えたいのです」

と私は早口に正当化のためのあらゆる言葉を並べた。私のいうことを黙って聞いていたその男性は、

「私についていらっしゃい」

と静かに答え、やがてしばらく行ったところで運転手に合図してコルトを止めた。私に一緒に降りるようにといった。〈調査がダメなら、プサントレンを見て、記念に写真を写していくだけでもいい〉そこまで希望を縮小して私は黙ってあとにつづいた。どうやら降りたところが、目指すプサントレンのまえだったらしい。校舎風の建物や寄宿舎風の建物、それに小さな礼拝堂などが並ぶ敷地内を通りすぎていくあいだ、すれちがった人たちが丁寧に彼に挨拶をしていた。

やがてこぎれいな個人住宅に着くと、彼は、

「入りなさい」

と招き入れてくれた。品のいい老婦人がなかから出てきて、この地方のスンダ語で彼と何か話している。話を聞いた老婦人は、

「もう夕方だから今日はここへお泊まりなさい」

といった。〈エッ、見ず知らずの人の家に？〉ととまどっていると、男性がいった。

「キアイ・ザイナル・ムストファというのは私の父なんです。そしてこれはその妻で、私の母です」

とっさに信じられなかった。ほんとうだろうか。なんという偶然なのだろう。私は遠慮も何もかも吹っ飛んでしまい、お泊まりなさいという申し出に、狂喜してしまった。こうして、それから一週間も私はこの家に厄介になってしまったのである。

ムストファの妻はエチンさんといって、もっとも若い第三夫人だったそうだ。息子さんはエンダン氏といい、ムストファが亡くなったときはまだ幼児だったという。この家のお客さんということで、調査はずいぶんやりやすかった。権威ある人の一言がまだ重みを持っている共同体のなかでは、その人の客人に対するあつかいはすこぶるいい。

調査をしていてわかったことは、キアイ・ザイナル・ムストファはどうやら心底から日本嫌いであったらしい。日本時代、一般にイスラム指導者は優遇されていた。日本への協力と引き換えに、キアイたちは公認された存在として手厚いあつかいをうけ、プサ

ントレンのために食糧の特配をうけるなどの見返りを得ていたのである。しかし、そのようななかでムストファは、最初から頑として日本への協力を拒んでいたということだ。やはり「宮城遥拝を拒んだ」というのはほんとうらしい。

蜂起に失敗したのち、ムストファは日本軍に逮捕され他の二十三人のプサントレン幹部とともにジャカルタで軍律会議にかけられた。そして死刑を宣告され、アンチョールで銃殺されたという。日本側は、テコ入れしているキアイのなかからこのような反日蜂起が起こったとすれば、社会にあたえる影響はさぞ大きいであろうことを憂慮して、キアイ・ザイナル・ムストファは狂信的な常軌を逸した例外的な人物であったと発表した。

事件のあと、プサントレンは閉鎖され、ムストファの三人の妻たちのうち、同じデサの出身であった第一夫人だけはこの地にとどまったが、あとの二人はそれぞれの実家へもどった。第三夫人のエチンさんは、幼いエンダン氏を連れて実家へもどったが、戦後になってふたたびこのプサントレンへもどってきた。

若くして夫を亡くしたエチンさんは、私が訪れたころもまだ美しかった。しとやかで物静かな女性である。当時のことを尋ねても、ポツリ、ポツリとしか話さない。夫を殺した日本という国家権力がさぞ憎かったであろう。そして、その国からやってきた女性がズバリズバリと無神経に尋ねる質問は、さぞかし彼女に不快感をあたえたことだろう、といまになって思う。しかし、それでも黙って私を泊めてくれたエチンさん。そして、父親の顔すら覚えていないエンダン氏。私はこれだけの寛容さを持てるだろうか。

ところで、キアイ・ザイナル・ムストファが開設したこのプサントレンは、独立後娘婿の手によって復活し、私が訪れたときには教育・文化省や宗教省の定める正規のカリキュラムにもとづくイスラム小学校と中学校をあわせもつ立派な教育機関になっていた。またキアイ・ザイナル・ムストファは、一九七二年になってインドネシア政府から「民族の英雄」として認められ、名誉が回復された。そして、ジャカルタの処刑場所に埋められていた遺体は故郷にもどされ、プサントレンの近くに建てられた「スカマナ英雄墓地」に葬られている。

親日派イスラム指導者との出会い

最後の調査地は東部ジャワだった。

バリ島と向かい合ったジャワ島の東端に、戦前戦中はブスキ州と呼ばれた広い地域がある。農産物が豊富で種類も多く、オランダも開発に力をいれていた地域であった。このブスキ州のジェンベルという県に、キアイ・ドフィールという有名なイスラムの師が住んでいた。

キアイ・ドフィールはアル・ファタ一という大きなプサントレンを経営し、この地方ではちょっとした顔役であった。私が彼のプサントレンを訪ねたのは、彼の名前をオランダの文書館の日本軍政関係文書のなかで見たことがあったからである。もっとも、そこに載っていたのは彼だけではない。一千人近い、当時のジャワのイスラム教師、つまりキアイたちの名が名簿に残されていたのである。それは、日本軍政期に「キアイ講習会」という、キアイを対象とした政治教育のための講習会をうけた人びとの名前であった。

一千近い名簿のなかから、まだ現存している人びとを探しだすというのはたいへんな作業ではあったが、私はこの、日本によって「洗脳」された、少なくとも「されようとした」キアイたちについてひじょうに興味をそそられたため、ジャワへ行ったらぜひとも彼らに会いたいと考えていた。それでじつは、調査の開始まえに、内務省系列の許可申請手続きとはべつに、宗教省へも赴いて趣旨を説明し、各地の不特定の宗教指導者宛ての推薦状を出してもらってあったのである。いま思うとこれはずいぶんと危ない冒険をしたものである。

というのは、インドネシアでほとんどタブーになっている調査テーマのひとつに「宗教」があるからである。この国ではイスラム教徒がほぼ九〇パーセントを占めているが、けっして「イスラム国家」ではなく、キリスト教、仏教、ヒンドゥー教など、他の宗教の存在も許し、共存している。しかし、異なる宗教の信者たちとの関係はかならずしもしっくりいっていないうえ、イスラム教徒のなかにはイスラム法にもとづいた「イスラム国家」の建設を目指そうとする勢力が出現したりして、国民統合を脅かすことがあったのである。だから「イスラム」とか「宗教」とかいう言葉がリサーチのテーマに出てくるとなかなか許可が下りないのであった。

しかし、ともかく私はイチかバチか宗教省の本省へいきなり乗り込んでいった。そして、インドネシア科学院や内務省からの許可証——本来は調査にはこれだけで充分なのである——を示しながら、必死になって頼んでみたのである。宗教省は調査の許可を出すとか出さないとかいう立場にはないので、私は推薦状を出してくれるよう求めた。すると、よほどその日に対面した担当官の機嫌がよかったのだろうか、全国の宗教省地方事務所とイスラム関係者に宛てた協力依頼の手紙を書いて、役所の判をバーンと押してくれたのである。こういうとき「では検討しておくので明日またきなさい」などといわせてはだめである。役所の内部で正式に会議したら、「そんなややこしいことにはかかわらないほうがいい」という結論が出るにきまっているからだ。担当官の気分が高揚しているときに、その勢いでその場で一筆書いてもらわなければもう永久にだめである。

ともかく、この一枚の推薦状のおかげで私はずいぶん助かった。というのは、キアイをはじめとするイスラム関係者には、内務省ルートの行政官庁からの手紙より、この宗教省からの一筆のほうがはるかに効き目があったのである。

一口に「イスラム」といっても、インドネシアでは地方によっても、個人によっても、その性格や信仰のあり方がさまざまである。古代においてヒンドゥー文化の洗礼をうけたこのジャワの地にイスラムがもたらされたとき、それは、それまであった宗教や文化を破壊し完全に否定したうえで受容されたものではなく、むしろ既存のもの、ヒンドゥー的なものをそのまま残した上に積み重なるようにして入り込んできた。さらに既存の慣習法体系を壊さずに、それと抵触しないようなかたちでイスラム的法体系が導入されたのである。このように異文化を基層にして育ったジャワのイスラムは中東のそれとはだいぶ性格を異にしている。

したがって、いまでもジャワ文化の基層にはワヤン（影絵）などの芸術に見られるように、インド的な要素、さらにそれ以前の呪術的アニミズム的な要素や慣習が残っている。そして、そのような混合的傾向の度合いは、地域により、あるいは個々人により差があり、混合的要素がより強い人びとはジャワ社会ではアバンガンと呼ばれている。その一方で、そういった混合的要素をできるだけ排除し、イスラムへの帰依の度合いの強い人びとはサントリ（本来はプサントレンの塾生の意）と呼ばれている。そのため、ジャワでは一般にイスラムの「強い」地域と、「弱い」地域というように、おおまかに色分けがなされているのである。

そのようななかで、ブスキ州（当時）のジェンベル付近は、イスラムの「強い」地域のひとつであり、プサントレンの数も多かった。そして、そのなかでもキアイ・ドフィールは、大きな影響力をもつプサントレンの経営者だったのである。私はこの町にくるまえにすでに隣県で会ったキアイから個人的な紹介状をもらっておいたので、町に着くなりいきなりそのプサントレンを訪ねた。

門番もいなかったので、キョロキョロしながら塀に囲まれた広い敷地に入っていくと、そのなかにいくつもの建物があった。サントリたちが勉強する教室と彼らが生活をするポンドック(寄宿舎)である。ポンドックがいくつもつづいたあとに、すこしかたちのちがう、ふつうの民家のようなものが見えてきた。たくさんいるキアイたちの私邸であった。キアイ・ドフィールの私邸はどこかと尋ねると、若いサントリの一人がちょっとギョッとした感じで私を見たが、「こっちだよ」と案内してくれた。どのサントリたちも興味津々という目で私を遠巻きに見つめている。いかにもカフィール(異教徒)風情の女が、いったいこんなところへ何をしにきたんだろうか、という感じで見ている。私はまたまた動物園のパンダになったような気分で歩いた。

キアイ・ドフィールの家に通されしばらく待っていると、サロン姿に、黒の筒型のイスラム帽のペチをかぶった大柄な老人が出てきた。この老人こそ、ドフィールその人だった。彼は私が差しだした推薦状をおもむろに読むと、ウンウンとうなずき、家人を呼んで、

「部屋に通してあげなさい」

といきなりいった。どういうことなのかと思っていると、

「さあ、まずマンディでもして……」

と促す。そこへ気のよさそうな老婦人が出てきてドフィールから何かを聞くと、私の肩を抱きながら、さかんに、

「まあ、まあ、こちらへ（マリ、マリ）」

と誘い入れた。そして、小ざっぱりしたベッドがおいてある清潔な部屋に案内してくれた。もうここに私を泊める気でいるのだ。気のよさそうな老婦人は、ドフィールのおつれあいだった。そのときまで、こんなに簡単にプサントレンのなかに異教徒を泊めてくれるとは思っていなかったので、〈やった、潜入成功！〉という気分だった。

それから約二週間、私はこのプサントレンの客になった。それは思いがけない楽しい体験だった。イスラムの歴史もクルアンのこともほとんど知らない私がプサントレンに、それもこの地方の著名なキアイのプサントレンに泊めてもらうなんて、まったく気恥ずかしいことだった。最初は何か宗教的にまずいことをしやしないかとずいぶん緊張した。しかし、みんなけっこう気さくで、修道院のような重苦しい雰囲気はまったくなかった。おかげで、サントリたちの生活も目のあたりにすることができたし、それに何にもましてキアイ・ドフィールのお客さんだということで、この地方のイスラム関係者はみんな

快く会ってくれて、調査はほんとうにやりやすかった。

もちろんキアイ・ドフィール自身も忙しい時間をさいて、何度も何度も私のために自分の経歴や、日本軍政時代の話をしてくれた。彼は、ふつうの住民の子としてジェンベルに生まれ、若いころジャワの他の地方で七年間、さらにメッカに渡って五年間イスラムを学んだのち、ふたたびこのジェンベルにもどってきた。そして、この地方の有名なキアイ・シディックの娘と結婚した。そのころキアイ・シディックは約三百人の塾生をかかえるこのプサントレン・アル・ファターの経営者であった。人のよさそうな夫人は、このプサントレンの家つき娘で、キアイ・ドフィールは婿入りしたというわけである。夫人の兄は一九三七年に日本で開かれたイスラム博覧会に招かれて訪日したこともあるということだった。

日本軍がやってきたときには、夫人のお父さんはもうこの世になく、婿のキアイ・ドフィールがこのプサントレンの運営にあたっていた。そして、一九四四年三月に彼は、ブスキ州の州庁から、ジャカルタへ行って日本軍の講習会に参加するようにいわれた。オランダ時代は、キアイたちは政府とはほとんど関係をもたず、それどころか対立関係にあったのだが、日本軍は、この戦争はキリスト教徒に対する聖戦だとおだてて、イスラム指導者たちを軍政協力へと取り込んでいこうとしていた。だから、キアイたちは州庁とも親密な関係ができあがっていたのである。

講習会の日程は三週間である。もちろん旅費やその間の滞在費いっさいは当局持ちで、留守中の家族の生活費として妻に十ギルダー、子供一人あたり三ギルダーを支給してくれた。ブスキ州からも二、三人が参加し、全国各地から全部で六十人の受講者が集まった。この講習会はまえの年の七月からほぼ毎月一回のペースで開催され、入れ代わり立ち代わり、全国からキアイたちが送られてきて講習をうけたのだという。その数は、軍政期を通じて全部で約一千人ほどであった。これは、当時ジャワ全土でキアイと呼ばれていた人たちの約二十人に一人にあたる。

これらのキアイは、ジャカルタではすし詰めの宿舎に入れられ共同生活をし、毎朝の体操にはじまる日本式の訓練がびっしりおこなわれた。教室での講義内容は、なぜ日本がこの戦争を戦わなければならないのか、欧米諸国はいかに邪悪か、といったような政治的なものが中心で、ほかに日本語や日本史などもあった。要するにそのほとんどは、日本がこの戦争をはじめるにいたった必然性と目的を、日本の観点から説明し、イスラム指導者たちの協力をとりつけようというものだった。

田舎から出てきたキアイのなかには、初めて首都ジャカルタを見るようなおのぼりさんもたくさんいた。さらに、他州からの受講生のなかに、かつて同じプサントレンでともに学んだ同窓生の姿を見つけて再会を喜ぶ者もいた。ともかく、めったにできない旅行を官費でさせてもらって、ということでみんなけっこう喜んでいたが、その一方で、若い学生のように狭い宿舎に詰め込まれ、規律正しい生活をしなければならないというのは、いずれも各地域の住民のリーダーをもって自認する人たちにとってはいささか屈辱的だったようだ。マンディをするにも長時間並ばなければならず、たいへんだったという。

三週間の講習会が終わると、立派な修了証書が授与された。これはたんなる修了証書以上の力をもっていて、たとえば、その後どこかに遊説に行くときなど、行く先々で当局の者に対して通行証代わりに見せるとひじょうに効果があったそうである。

この講習会が終了してもどってくるとキアイ・ドフィールは、ブスキ州庁内に新たに設置された宗務課という役所の課長に任命され、彼の住むジェンベルの町から車で二時間ほどのところにある州都ボンドオソまで毎日通うことになった。これまで、キアイというのはまったくインフォーマルなセクターでの民衆指導者であり、彼らが官職について給料をもらうなどということは考えられなかった。むしろ官と一定程度のスタンスをとって、住民の側についているというのがキアイのイメージだったのである。ところが、日本は彼らの影響力を官の側に取り込んでいったのだった。どこそこのむらの農民たちがどうも籾の供出をしぶっている、というような状況があると、著名なキアイを派遣して諭してもらう。日本当局と住民とのあいだに何かいざこざが起こったようなときには、かならずといっていいほどキアイたちが調停役として派遣された。

しかし、それを潔しとしないキアイたちも当然いた。さらに住民のなかにも「なぜ、信頼するキアイがそんなことを？」といぶかる者もいた。あまりにも対日協力が行きすぎるような場合には、そのキアイの演説がシニカルな受け取り方をされたり、あるいは、彼はケンペイタイ（憲兵隊）のスパイじゃないかなどというわさが飛び交ったりしたという。日本軍から俸給をもらうという道を選んだキアイ・ドフィールの心のなかには、いろいろな思いが交錯したようだ。しかし彼は、日本に協力することによってイスラムを守ってもらえる、イスラムの発展を支えてもらえると考え、オランダと対抗するためにこの道を選んだといっていた。そしてキアイ・ドフィールは、そのことによって名声や信頼を失うこともなく、戦時期を生きのびた。そして、義父から受け継いだプサントレンをさらに発展させた。日本軍が積極的にイスラム勢力を活用したことは、私もこれまでの研究で知ってはいたが、そこでは知り得なかった個別の具体的な状況が彼の話でよくわかった。

キアイ・ドフィールは、戦後はとくに日本とこれという関係はもっていないようだった。やはり日本にとってイスラムというのはどこか縁遠いのか、あるいは日本側の意図があまりにも戦略的な性格を帯びたものだったからか、戦争中に開拓した人間関係が戦後につながっていない例がほとんどである。それはたとえば、防衛義勇軍の将兵たちが、いまでもかつての指導官たちに恩義となつかしさを感じ、相互の交流を活発におこなっているのとは対照的である。だからキアイ・ドフィールのような人たちが、戦後の日本となんらの絆もなくなってしまったのは寂しいことだと思う。しかし、キアイ・ドフィール自身は、日本にやはりなつかしさを感じるとともに、たとえ戦術的な目的であれ、イスラムを尊重し、さまざまな機会をあたえてくれた日本に親近感を抱いているようだった。

このプサントレンの構内の目と鼻の先に第二夫人が住んでいて、キアイ・ドフィールは第一夫人と第二夫人のあいだを行ったり来たりしていた。第二夫人はドフィールがやってこない日には私の部屋にきて、いろいろ話し込んでいった。

彼女は、私が夫を日本においてきて大丈夫なのかということをいつも訊いた。彼女にすれば不思議でならないようだった。昔、バンドゥンで下宿した家のスジャルワコさん、ジョクジャカルタのサルビニさん、そしてデサ・バタンの区長さんなど、あちこちで男性の「浮気」を目にしてきた。そういうことはあまりにも日常茶飯事で、しかもそれにもかかわらず、不思議と夫婦の絆はつづいていた。法的に守られているからか、あるいは子供をかすがいとしているからか、ともかく夫婦の関係は強いものだと思った。多少外から邪魔が入ったところで、ひと揺れすればまたもとの鞘に納まるのではないか、という気がしていた。そんなことをいうと彼女は、

「じゃあアイコ、早く子供を生まないとだめだよ」

といった。ジャワ人は、すぐなにかというと、

「どうして子供がないの？」

と訊く。〈ああ、またか〉と思う。

「そんなことといったって、生命ができるかどうかは神様しだいですもの！」

めったに神様なんか持ちださない私も、腹がたつといつもこう言い逃れた。自分もさんざんインタビューという名のもとに個人のプライバシーに踏み込んでいながら、この問題になると私は〈インドネシア人は個人のプライバシーを尊重しない〉と理不尽に腹をたてた。

短い滞在だったが、そんないろいろなことを話したからか、とても思い出深いプサントレンだった。しかしその後、手紙のやりとりも少なくなって、いつしか連絡が途切れてしまっていた。

それから十五年たったある日私は、研修生として日本へきたというある若者から突然電話をうけた。自分はアル・ファターというプサントレンの塾生だが、インドネシアをたつとき、日本へ行ったらアイコに会うようにといって私の古い住所を教えてもらってきたのだという。その住居はもうずっとまえに引き払い、その後私は何度も家を変わっていた。それなのに、一生懸命探して私を突き止めてきたというのだ。キアイ・ドフィールもおつれあいももう亡くなったが、あのころまだ中学生だったお孫さんが私のこと

をよく覚えていて、おばあちゃんが大事にしまっていた古い名刺を渡してくれたのだという。私のほうはプサントレンの住所さえ紛失してしまったというのに、なんと人情厚い人たちだろうと胸が熱くなった。

行政官虐殺事件の真相を突き止める

調査はいつもスムーズにいったわけではない。ジェンベルのキアイ・ドフィールのプサントレンに滞在中、この町に住むスビヤント氏という退職官吏を訪ねたときのことだ。紹介をうけてあらかじめ電話で日本軍政時代のお話をうかがいたいと申し入れたときも、何やかやと理由をつけてなかなかアポイントメントがとれなかったのだが、そこをなんとか半ば強引に頼み込んでやっとOKしてもらった。それなのに約束の時間より三十分も遅刻してしまった。ちょっと言い訳がましいが、時間のとりきめなどあってないようなのどかな農村地帯でしばらく暮らしていたために、約束の時間を守るということについて私の感覚がかなり麻痺していたのかもしれない。それにインドネシアでは一般に、ジャム・カレット(ゴムのように伸び縮みする時間)という言葉があるくらい、時間にはそれほどこだわらないのである。三十分ぐらいどうってことない、という甘い気分があったのだ。

スピヤント氏の家に入っていくなり彼は、

「三十分も人を待たすなんて……おまえたちニッポン人はだいたい人を人とも思わないのだ！」

と突然叫びだしたのである。

ジャワ人というのは本来穏やかな話し方や物腰で知られており、ましてやこの元県庁役人が属するプリヤイ階級というのはものごとに対して繊細であることを最大の徳とし、大声で怒鳴ったりすることはもっとも繊細でない行為、つまり粗野な行為とみなされている。もちろん、彼らの心に怒りや憎しみというものがまったくないわけではない。しかし、怒りをぐっと鎮めて顔では「さようで」というのがジャワ人なのである。ただ、そのようなジャワ人が、あるとき何かをきっかけとして、ワッとその胸のうちに秘められた怒りを一気に吐きだすことがあるといわれている。ジャワ人のアモックといわれるものである。

その日のスピヤント氏のその振る舞いが、文化人類学者たちがいうところのアモックに当たるほどたいそうなものだったとは思わない。しかし、初対面の外来の客を迎えるにしてはかなり異例なことにはちがいない。ということは、これまでこらえにこらえ、心に秘めつづけていた何か大きなしこりがあったのにちがいない。もし訪ねていったのが私、つまり日本人の私ではなかったら、事はそれほど深刻な事態にならなかったのではないか。その日、スビヤント氏は、きっと最初は穏やかに私に会おうと思っていたのだろう。しかし、私が遅れてきたにもかかわらず大きな顔をして入っていったために、それまで何年も何十年ものあいだ彼の心のなかに秘められていた何らかの怒りがほとばしり出たようであった。

きょとんとして恐縮している私に向かって、スビヤント氏はしばらくなお何かを叫びつづけていた。私としては、平身低頭してただ謝るしかない。〈ああ、今日はもうインタビューは無理だな〉とあきらめかけたとき、

「おまえたちニッポン人が皆殺しにしたのだ！」

という言葉が耳にとびこんできた。彼の目を見つめると、どうやら彼は私を追いかえすのではなく、むしろ何かを私に聞かせたがっているようだった。私もすかさず言葉をはさんだ。

「何があったのでしょう、昔ここで？　ぜひ話してください」

私がとっさに「何があったのでしょう？」と訊いたのは、そもそも初めからどうもこの地域では何かあったのではないかという感じ、俗な言葉でいえば何かクサイという感じがして、このジャワ島東端のブスキ州までやってきたからであった。

その予感を得たのは、その二年まえ、オランダの文書館で日本軍政期のインドネシアに関する資料をあさっていたときにさかのぼる。

ジャワのいくつかの地方における、籾の供出率に関する日本側の統計を見つけたのだ。こんなななまなましい日本の資料が遺されていることはめったにないのだが、どういうわけかその報告書は、終戦時に日本軍による焼却を免れて連合軍の手に渡ったようである。その統計によれば、ほとんどどの地方においても供出達成率は低かったのであるが、奇妙なことにただひとつ百パーセントを超えている地方があった。それがブスキ州(軍政当時)で、ジャワ第二の米穀地帯である。とりわけこの州のなかでも北海岸部のシトゥボンドという地域では、供出達成率がなんと一六二・四パーセントにものぼっていた。農民たちは誰でも、なんとかして供出を逃れようとしたのに、要求された量以上のものを差しだすなんて、いったいどういうことだろう。何があったのだろう。そのときの疑問が、私の足をジャワ東端のこの地方に向けた。ここへやってきたのは、まさしくその裏に秘められた事情を知りたいがためであった。

それまでに出された関係者の回想録などを見ても何の記録もない。なんとかこの耳と目で、直接確認してこようという気持ちだった。しかし、この州へやってきて、もう何週間かをすごしたのに、いまだに何の手がかりも得られていなかった。だから、怒りでまだ口もとをひきつらせたスピヤント氏から「ニッポン人が皆殺しにした」と聞いたとき、私は〈これだ！〉と激しく興奮したのである。

彼はすこし間をおいてようやく、

「まあ、座りなさい」

といってくれた。こうして、彼の口から、ブスキ州シトゥボンド県下で起こった「インドネシア行政官虐殺事件」のいきさつを聞いたのだ。

スビヤント氏は、日本の占領時代、このシトゥボンド県の県長(県知事)秘書官をしていた。ところが、一九四三年末から一九四四年にかけて、県下の郡長、村長などの要職にある者がつぎつぎにケンペイタイ(憲兵隊)に逮捕されるという事件が発生したという。理由はもちろん知らされないままに、である。サネマツという隊長に指揮されていたそのケンペイタイが黄色い自動車に乗ってバニュワンギ県方面からやってくると、人びとは、いったい今度の犠牲者は誰だろうかと不安に怯えたという。被害者を出した役所は、ただちに県庁へ電話で報告したが、そのときには「逮捕」という言葉を使わず、「日本当局により△△が訓練をうけた」という表現を使ったそうである。

県下の四郡のすべての郡長、四カ村中三カ村の村長、さらに他の官吏や区長、退役官吏、華僑など計三十七人が逮捕され、最後にケンペイタイの魔手はついに県長自身にもおよんだ。

まえにふれたが、県長というのは、当時のジャワ社会では最高位の行政官であり、植民地化以前から存在した高い家柄のものだけが、ほぼ世襲に近いようなかたちで就くことのできたポストである。徳川時代の大名の一族が廃藩置県後に知事に任命されたようなもので、その土地の住民からはいわば〝領主〟に近いような存在としてあがめられていた。この神聖にして侵すべからざる県長までを、ケンペイタイは荒々しく連行し、どこか遠くへ連れ去ってしまったのだ。

結局、その県下で要職にあった行政官のうち、難を逃れたのは副県長スダルマンただ一人であった。どうして彼だけが逃れ得たのかは誰にもわからない。ただわかっているのは、彼がまもなく隣県ジェンベルの県長に昇格してこの地を去っていったということだけである。

逮捕された者たちはいつまで待っても、もどってこなかった。どこへ連れていかれたのかも、何の容疑がかけられているのかもまったく知らされないままに、役所では、日本当局によってやがてつぎつぎに後任者が任命された。

日本軍が敗北し軍政が終わっても、なお彼らは行方不明のままであった。そして、それからさらに三年がたった一九四八年になって、元日本軍の運転手をしていた男が、かつて何人ものインドネシア人をトラックに乗せてボジョネゴロの森へ運び、帰りは空で帰ってきたことがあったと証言したことが新聞で報道された。人びとがこの運転手に詳細を訊いてみると、どうも状況から判断して、連れていかれたのはシトゥボンドの人びとのようであった。ということは、彼らはボジョネゴロの森でひそかに殺害されたようなのであった。もう、すでにあきらめかけていたとはいえ、遺族や関係者たちはあらためて悲しみにくれ、遺体のないままに弔いをおこない、シトゥボンド近くのブスキという町に合同墓地をつくったという。

この一部始終をスビヤント氏は、神経質そうに顔面をヒクヒクさせ、唇をふるわせながら語ってくれた。ジャワには「虐殺」事件はなかったというのがこれまでの定説だった。しかし、実際には、裁判にもかけられずに三十八人もの人びとが殺されていたのだ。これは大量虐殺といっていい事件ではないのか。この事件については、いまだかつてどこでも読んだことがなかったので、私はただもうびっくりしてしまった。

私に対するスビヤント氏の腹立ちは、上司や同僚がつぎからつぎへと連れ去られていったそのことに対する怒りもさることながら、おそらくそれ以上に、そのような深刻な事態があったことも知らずハイキングのような軽い気持ちでこの地にやってきて、〝リサーチ〟と称することをやっている私に対する怒りも大きかったのであろう。被害者の国民にとっては忘れようとしても片時も忘れることができず、いまなお心の痛みとなってうずいているこの問題を、もう一方の当事国、つまり加害者の側の国民は何も知らないのだ。戦後の国際社会においてかつての加害者があのように強国になってわがもの顔で被害国へ乗り込んでくるというような状況はいちばん許しがたかったのかもしれない。

スビヤント氏の怒りはそのような理不尽さに対する苛立ちの表れだったのではないだろうか。とにもかくにもその日、私はただただ恐縮してその場を立ち去った。

後日、日本へもどってからこの事件をもうすこしくわしく調べてみようと思い、まず軍政監部が発行していた官報を見れば行政官の人事異動が出ているのではないかと、これをひもといてみた。思ったとおり軍政監部発行の官報のなかに、シトゥボンドの犠牲者たちの「退官」が発表されていた。その日付は、一九四四年五月十日から七月三日にわたっている。官報の人事異動欄に、県長以下多数の行政官が、「公務員服務規程違反で免職になった」という簡単な通達が掲載されたのである。逮捕とか死亡とかいう記述はいっさいなかった。何が起こったのかという説明もいっさいなかった。しかし少なくとも、この短期間にこれほど頻繁に主要な行政官が入れ代わったということ自体、何か異常な事態を暗示しており、スピヤント氏が語ってくれた事件の信憑性を裏づけるものといえる。

さらに憲兵隊の側からもこの事件を確認してみようと思い、『日本憲兵正史』という分厚い本の「ジャワ憲兵隊」という項を開いてみたが、他のいくつかの「反乱」事件や転覆活動については記されていたのに、このシトゥボンドの事件については何も記されていなかった。そこで、当時その地方にいた憲兵隊員を探し歩いたところ、同じブスキ州のボンドオソ県にいた小方昇さんという方に会うことができた。彼は自分のいたボンドオソの県長が殺害されたことについては知っていたが、シトゥボンドで県長以下そんなに多くの人びとが逮捕されたということは知らなかった。ただ、当時シトゥボンドの県長がある夜海岸で海に向けて車を止め、ヘッドライトをつけっ放しにしていたことがあり、たまたまその直後に連合軍のスパイがその海岸に上陸するという事件があったため、県長はスパイ行為をしていたという嫌疑をかけられていたようだと教えてくれた。小方さんは、こんなことも話してくれた。

当時日本側は、沖に出没する船にいる連合軍の諜報員に向かって海岸からさまざまな信号を送って情報を伝達するというかたちのスパイ行為がしばしばおこなわれていると、信じていた。シトゥボンドの県長は、オランダ教育をうけ、もともとかなり親オランダ的な人物だったため、いっそう疑われたのではないかということだった。ただ、当時は同じ憲兵隊同士でも、駐屯地がちがうと縄張り根性のようなものが強く、そのため情報の交換などはなく、お互いに何をやっているのかまったくわからないような状態であったという。そこで私は、バニュワンギ憲兵隊のサネマツという人を知っていますかと尋ねたら、「ああ、彼は戦犯で死刑になりましたよ」ということであった。少なくとも、スビヤント氏のいっていたサネマツなる人は実在していたのだ。そして、戦犯として処刑されたというのだ。ジャカルタでおこなわれたBC級戦犯裁判で。

いずれにしてもこれで、あの異常に高い籾の供出率の謎が解けたような気がする。一掃された行政官たちの後任の者たちは、日本のご機嫌を損ねてはたいへんとばかり、おそらく必死になって農民の尻をたたいたのであろう。ブスキ州全体に恐怖心がみなぎり、後任の行政官がみんな必要以上に日本に忠誠をつくしていた様子が目に見えるようである。このようにして日本は行政官の首のすげ替えを頻繁におこなうことによって、自分たちの思う方向へ統治をすすめていったのだろう。

私が官報の人事異動発表をもとにして算定した数字によれば、日本の占領期に全ジャワ六十七県でのべ六十七回の県長交代があった。これは単純に考えれば、三年半の軍政期に各県で一回ずつということになるが、オランダ時代の県知事の平均在任年数にくらべてこれはずっと短い。実際にはひとつの県で二回も三回も交代している例があるので、その場合、任期はもっと短いわけだ。しかも、その異動は免官や依願退職によるものが多い。依願退職というのも、実際には上から圧力がかかっていたようで、懲罰的な意味合いが強い。つまり、老齢に達して任務を全うして辞めたものは少なかったのである。一方、新たに県長に任命された者の場合は、日本軍への協力に対する「ごほうび」という要素が強かった。このアメとムチを日本はかなり巧みに使いわけていたようである。

それにしても、どうしてこういう事件はあまり日本では知られていないのだろう。ジャワの軍政関係者たちのあいだでも一度も口にされたのを聞いたことがない。なるべく臭いものにはふたをしようという姿勢なのだろうか。ブスキでこの事件のことを聞いたあとジャカルタへ出てきたとき、ある日本の全国紙の特派員にそのことを個人的に話したところ、彼はそれをさっそく記事にして東京へ送ったのだが、ボツになってしまったということだった。それは、いまさらこういう問題をほじくり出して、日本とインドネシアの関係を損ねないほうがいい、という上司の判断によるものだったという。こういうかたちでつねに私たちの手に届くまでに情報はいろいろと操作されてしまうものなのだ。

7 研究者の道、女の道

別れの季節

そんなふうにして、とてつもなく密度の濃い、それでいてどうしようもなく寂しい一年間がすぎ、私は一九八一年七月、インドネシアをあとにした。

調査ビザが一年間だったから、その最後の一日までしつこく踏みとどまって、ちょうど一年目にもどってきたのだ。「この坂登れば……」という心境だった。もうすぐ夫に会える。もうこれからは離ればなれにならなくてすむ。まもなく私も待ち望んだ職に就けるし、博士論文は日本に腰を落ちつけてゆっくり書けばいい。ようやくやり遂げたという満足感と今後への期待感、そして緊張がほぐれたあとの疲労感をかかえて伊丹空港へ降り立ったのだった。

税関を通りすぎて外へ出ると、予想どおり夫の姿があった。重い荷物を引きずりながら、しかし心は飛び跳ねて駆けつけていった私を、彼はただ軽い会釈で迎えた。〈まあカッコつけちゃって〉と、意外にクールな彼の反応を、そのときは照れのせいだと解釈した。

平凡な言い方だが、どこかで歯車がかみあわなくなってしまった、と私が感じはじめたのは、それから二、三日後のことだった。私の喜びがそのまま彼の喜びにはならず、私の期待がそのまま彼の期待にはならないこと、そしてまた、私の視線の向くほうをかならずしも彼が見ていないことを私が悟るのに長くはかからなかった。

いったい私はこれまで何をしてきたのだろう。何のために頑張ってきたのだろう。大学院二年目の春に日本を出てからちょうど十年。私はもう三十代の半ばになっていた。インドネシアからヴェトナムへ。そこで難民同然になって引き揚げ、今度は学問をやり直すためにアメリカへ。さらにオランダへ。そして最後にふたたびインドネシアへと、落ちつかない毎日だった。緊張に次ぐ緊張の毎日だった。それらは何のためだったか。かつて二人で描いたように、一緒に同じ道を歩む学者になって共同研究し、将来は共著を書こう――その夢に支えられてきたのではなかったか。

私は研究至上主義者ではないつもりだった。生活があってそのうえではじめて意味のある研究だと思っていた。そしてここで考える生活とは、彼との家庭、彼との人間関係を基礎とした生活である。それ以外にいったい何があっただろうか。彼とのあいだのすきま風を察知したとき、いままで築いてきたものがすべて音をたてて崩れ去るような気がした。

　ひさびさに会う先生方や学界の先輩たちは、みんな口をそろえて、「彼がさぞたいへんだったと思いますよ。ねぎらってあげてください」とか「彼はよくここまで辛抱しましたね」などといった。その言葉の裏には〈あなたのわがままでいままで好きなことをやってきたのだから〉というニュアンスが感じられた。逆の場合こんなことをいうだろうか。その人たちは、まさか私たちのあいだにすきま風が吹きはじめていることを知ってそんなことをいったわけではない。もし知ったら「ほら、やっぱり」とか「だからいわないこっちゃない」というようなことをいったにちがいない。女だてらに学者になろうなんて考えてはいけないのか。女は永積洋子先生のようにまず夫の補佐をして家庭を守り、ひそやかに慎ましく研究をつづけるべきだったのか。

　苦悩というより後悔と怒りの入りまじった日々がしばらくつづいたのち、私たちはそれぞれべつの道を歩むことに同意した。仲人をしてくださった菊地昌典先生に報告したとき、ショックをうけられて、それ以来先生は仲人を引き受けるのをやめてしまわれた、とあとで耳にした。その先生もその後、若くしてこの世を去られた。いろいろご心配をおかけしただろうに、充分おわびをするチャンスもないままに旅立っていかれた。

　砂を噛むような殺伐とした気持ちのなかで、ちょうどそのころ待ちに待った私の大学教師生活がはじまった。摂南大学への就職が実現したのである。大学へ就職することイコール研究者になることではかならずしもないが、しかし多くの場合、人はそのように見る。とすれば、皮肉なことにようやく学者の世界へ足を踏み入れたまさしくそのときに私は、そのことのためにすべてをかけてやってきたこの十年間のむなしさを嚙みしめることになったのである。目指していたものが、あと一歩で手に入るという寸前に、サッと誰かにもっていかれてしまったときのような気持ちだった。

コーネル大学の東南アジア・プログラムで、単身でフィールドリサーチに行った場合、帰ってくると離婚するカップルがあとを絶たないことをさんざん聞かされており、そのたいへんさは理屈のうえでは知っていた。しかし、それは夫婦の絆の弱いアメリカ人たちのことであって、自分たちには無関係だと思っていた。

新しい出会い、そして出産

その悪夢のような月日のことは、もはやこれ以上語るのはやめよう。そこで終わっていたら、「ほら、女が主人をほったらかして学問なんかやっているからそんなことになるのさ」ということになって、私は塩をかけられたナメクジのようにしぼんでしまっていたかもしれない。しかし、とうてい立ち直ることはできまいと思っていたその深い絶望の淵から——ちょっとキザな言い方をすれば——大輪のラフレシアが開花するときのように、私は全身を思いきり伸ばして立ちあがった。私をそこから引っ張りだしてくれた男性との出会いのおかげである。

「初めて会ったとき——それはまったく仕事のうえでの事務的な出会いであったが——あなたはうす暗い部屋のなかでお化けのように痩せて青白かった」とあとで振り返っていたその人は、私がおかれている状況がただごとではないことを、そのとき察したようだった。

やがて彼との新しい生活がはじまった。同業者ではなくふつうのサラリーマンであったこの相手とは、お互い話がチンプンカンプンで、共通の話題に乏しく、また将来共著を書くあてもまったくないが、そのかわり二人で張り合うこともなかった。二人はそれぞれ好き勝手なことをやって、お互いのあいだには競争も緊張も何もなかった。空気のような存在とはこういうことをいうのかと思った。

この人との結婚に際して私は当初から別姓をとることにした。最初はそのために入籍もしなかった。いつもいわれることだが、女は姓を変えることによって、結婚したとか離婚したとかいうプライバシーが、あっという間に世間に伝わってしまう。なんという不利であろう。そのころはまだ、別姓を使う女性はひじょうにまれで、あちこちからプレッシャーが大きかった。別姓をとる理由を訊かれると、「二度目の結婚もいつまでつづくかわからないから」と冗談まじりに答えていた。

やがてそしてごくごく自然に二人は子宝にも恵まれた。それは、それまでほとんどすべて得たいものを得ることができた私にも、最後までなかなか手に入らなかったものだった。そのとき私は三十六歳になっていて、いわゆるマル高(高齢出産)だった。

いつも思うのだが、出産のほうが就職よりも早かったら、私は両方を獲得することはできなかっただろう。そのころは、子持ちの女性が大学教員に採用されるのはふつう以上にたいへんなことだった。某女史が東大の教官に採用されるとき、暗に将来結婚しないことを約束させられたといううわさがあった時代である。結婚しているというだけで就職が不利になる時代に、まして乳飲み子を抱えていたらどうなることか。私は大学に就職したのちに子供が生まれた。大学は子供をつくるなとか、生んだら退職せよなどと圧力をかけることはできないから、いったん就職してしまえば強い。

乳飲み子を抱えての教師生活は、たいへんでなかったといえばうそになる。かなり専門化された私の授業を代わってくれる人もなかなかいなくて、出産まえの産休も実質的にとれず、出産の一週間まえまで授業をやりつづけなければならなかった。そして、学年末の休暇に入った二月末の雪の降る寒い日に長女博美《ひろみ》が産声をあげた。誕生の一週間まえ、私たちは相談のうえ子供の将来を考えて入籍した。健康保険証は書き換える暇がなかったから、娘が生まれたとき、病院は「倉沢ベイビー」と書いた名札をベッド脇にぶら下げた。しかし、出生証明書を書いてもらう段になって、やはりこれではまずいということになって病院に事情を話すと、その日から娘の名札は「猪俣ベイビー」と、夫の姓に変わった。産院で写した娘の写真を見ると、その両方の名札のついた写真があって、知らない人が見たらまったくちがう赤ん坊のようである。

摂南大学は通称の使用を認めてくれなかったので、産休明けから私は突然「猪俣愛子」になった。厳密にいうと、この大学へ就職した最初の一カ月間ぐらいは、まえの夫の籍にまだ入っていたから、私はその名前で辞令をもらい、授業の担当者名も研究室の名札もその姓だった。まもなく旧姓にもどって、大学はあわてて名札やら何やらをすべて書き換えた。そして、さらに今度はいまの戸籍名に変わった。短いあいだに三つの名前に変わったので、ユーモアにたけた学生たちに、「センセー、何かに追われて逃げてるんちゃう？　三遍も名前変えて……」と冷やかされたものだ。私が別姓使用にこだわるのは〈わけがある〉のである。そして職場はどうであれ、文筆活動や講演会などでは旧姓を使い通している。

さて、娘は生後六週間目から保育所生活で、親とは毎日二、三時間しかともにすごせないのがあたりまえと思って育った。そのころから保育所というところは、需要と供給のバランスでいえば、前者のほうが多く、希望するところへ入るのはたいへんだった。生まれるずっとまえから予約しておいたのだが、それでも生まれてしばらくは未認可の共同保育所へとりあえず入れざるを得ず、希望するところに空きができて入れたのは生後半年がたってからのことだった。

ほんとうは女性の職場の近くに住居を定めるほうがいいのだが、いろいろな事情で私たちは夫の職場に近いところに住むことになり、したがって保育所もその近くにした。朝は夫の運転する車で一緒に家を出て二人で保育所へ行って子供を預け、そのあと私は最寄りの駅で降ろしてもらって電車で一時間半の道のりを出勤。帰りは時間がまちまちだから、私が迎えにいくことが多かったのだが、会議や研究会が急に長引いて、六時までに迎えにいけないときがいちばん困った。さらにまた、子供が健康なときは問題ないのだが、風邪でもひいて熱を出すと、保育所では預かってくれない。こんなときには、同じ大阪市内にいた夫の母に急遽きてもらって家で留守番をしてもらわなければならなかった。私たちの生活はいつも時間に追われ、ドタバタの分刻みの忙しさだった。

娘が生まれたころ、夫の職場の労働組合は男性にも育児時間をあたえよという闘争をちょうど展開中で、夫がその適用第一号になった。子供が一歳になるまで、毎日一時間仕事がカットされるのだ。一九八〇年代初めとしては画期的なことであった。

子育てはたしかにたいへんだったが、しかし、たいへんさよりも喜びのほうが何倍も大きかった。何より、いままで見えないものがたくさん見えてきて、世界が広くなった。どこかの子供が事故にあったという記事を読めば、その親の気持ちになって悲しみを受けとめることができるようになったし、体外受精の記事を読めば、不妊で悩む夫婦の苦悩や喜びが自分のことのように感じられたし、何より、生命の大切さを実感できるようになった。そして、何ごとにも寛容な気持ちがもてるようになった。

研究者、妻、母として

さて私は、ひじょうに大きなものを失い、しかしまた新たにすばらしいものを得、目まぐるしい私生活の変化のなかで大学教師としての、そしてようやく一人前の研究者としての生活を歩みだしたわけだ。

就職した当初は、私はどん底にあったので、せっかくの感激をほとんど喜びとして味わうことができなかった。ようやくここへたどり着いたという満足感よりも、いままで何をやっていたのだろうという後悔の念のほうが強く、友人たちの「(就職)おめでとう」という言葉もうつろに聞こえた。やはり研究をつづけてきてよかった、私はやりたいことがやれて幸せだと感じるようになったのは、娘が生まれ新しい生活が軌道に乗ってきたころのことである。そのときは一挙に、研究者であり、妻であり、母であるという「身分」になっていた。

まえにもふれたように、私が仕事を得た摂南大学の国際言語文化学部というところは、ちょうど開設されたばかりの新しい学部だった。当時としてはめずらしくインドネシア語・東南アジア文化教室というのがあり、そこで私はインドネシア語と国際関係論を担当した。自分の専門に近いことを教えることができたという意味では最初からひじょうに恵まれていた。

この学部には約五十人の専任教員がいて、そのうち女性は五人、つまり約一割を占めていた。語学系の学部だから比較的女性教員は多いのだが、それでも圧倒的に男性優位の世界である。

三十代半ばをすぎての就職だったから、私は最初から助教授として採用になった。日本の大学では、下から助手、講師というふうに徐々に上がっていくというのがふつうであり、そうでない場合でも、あちこちで非常勤の大学教員を長年やっていたなどの教員歴なしでこのようなポストに就くことはあまりない。私は何の教授歴もないのに、ただ年だけはとっていたから、大学院生からいきなり助教授になったのである。しかし、かつて私が初めてインドネシアへ行くまえに土屋健治さんを中心に毎週集まって開催していた研究会の仲間たちは、すでに就職し、あちこちの主だった大学の助教授や教授クラスになっていたから、それから見れば、私はかなり遠回りをしているのである。しかし、古い大学の「序列」をへてきた先生方には「トントン拍子」と思われたかもしれない。国立大学を定年になって再就職で摂南大学へこられた老教授たちに、「倉沢さんはいいね、下積みの苦労をしなくて」と、いささか棘《とげ》のある言い方でいわれたものだ。〈だからあなたはあまり気がきかないのだ〉とでもいわれているような気がした。私の初めての職場は新設学部で講座制的な古い体質はなく、教授に「仕える」という構造にもなっていなかったので、「女のくせに」横柄な、と思われたのかもしれない。

いまでも私はそうだが、他人が自分をどう思っているのか、大学内で自分はどう評価されているのかといったことはあまり気にしないでわが道を歩むことにしてきた。それは行きすぎると「自分勝手」になってしまうし、けっこうむずかしいことなのだが、よけいなストレスで研究ができなくなるのを避けるために、マイペースを第一としてきた。

大学教員には、「研究活動」「教育活動」、そして「事務的仕事」という三つの大きな任務がある。このうち研究活動は個人プレー的なところが多く、その研究業績はあくまで個人のものとなる。共同研究の多い理科系はかならずしもそうではないかもしれないが、社会科学や人文科学では、いい本、いい論文を出したとき、その功績は大学に残るのではなく、その研究者が転職するときには自分とともにもって移動するものなのである。だから、これにばかり専念する人間は学会などでは評価されても、「利己的」とみなされる。それだけに研究を思いきりやるには、実際いろいろな制約があるのである。

それに対して教育活動は、むしろ大学に対する奉仕の部分が大きい。もちろん、大学院レベルなどになると、世間から「〇〇先生のお弟子さん」というような評価をうけて新たな研究者が育っていくことがあるから、人づくりも個人の業績になることがあるが、まあ、一般的には学部における教育活動はそうではない。大学院や研究所ならいざ知らず、ふつうの大学では、やはり教育熱心な先生が大学当局のおぼえがめでたいということになる。

しかし、それではどういう先生が「教育熱心」で「いい先生」なのだろうか。その講義にたくさん学生が殺到するような先生だろうか。一般にはそのように理解されることが多いが、しかしこれはじつはあまりメルクマールにならないことが多い。学生には、点が辛いとあまり受講者がふえず、甘いとドッと押しかけるという習性があるからである。それでは、学生をよく飲みに連れていったり、就職やアルバイトの世話をしたりという、いわゆる教室外でも面倒見のいい先生がいい先生なのだろうか。たしかにそういう見方もある。こういう先生の研究室には年じゅう学生がたむろしていてにぎやかだ。しかし、このタイプの先生は学生にうけはよくても、なかなか自分の研究時間がとれなくて、これまたたいへんだ。

大学のおぼえをめでたくするためには、「研究」や「教育」だけではだめだ。大学というところには山ほど「雑用」があって、これが拘束時間の大部分を占めている。

「先生は何コマ授業をもっていらっしゃるのですか」

「週に四コマです」

「それだけでいいんですか⁉」

こういった会話がよく、大学外の人と話していると出てくるが、ほんとうに週に四コマ、つまり実働時間にして六時間ぐらいで、人並みに暮らしていける給料をもらうならそれは月給泥棒である。じつはその何倍もの時間が授業の準備に必要なほか、さらに何倍もの時間が「雑用」と称する事務的な仕事にとられてしまうのである。「雑用」といっては申し訳ないが、たとえば、図書委員会、教務委員会というような各種委員会の委員の仕事。これらが信じられないくらいたくさん種類があって、ひとりが三つぐらいはかけ持ちしている。事務処理能力にすぐれ、人間関係が滑らかであるとみなされた先生ほど多くの委員がまわってくる。委員会はしばしば開かれて、数時間にわたる議論がつづくことも多い。また、就職委員になれば企業まわりも必要だし、反対に学生募集担当になればいい高校生をリクルートするために高校まわりもする。そのほか入試委員になれば、ほぼ一年かかって討論に討論を重ね入試問題の作成にあたる。大学も情報化や国際化の時代を迎えてそれに対応しなければならないし、少子化の時代をまえに生き残り作戦も考えなければならない。ありとあらゆる仕事があるのだ。

そういったことを納得いくまでやっていると、研究者としてはもっとも大切な「研究」がなかなかできない。大学教員もつねにジレンマをかかえている。最初から望んだわけではないかもしれないが、なかには「雑用」路線を一生懸命歩んで、周囲にもおのずと期待されて「学科長」「学部長」という役職コースに徹するようになる先生も出てくる。もちろん役職につくのは、「研究」その他の点で社会的に認められて大きな名声を得た看板教授が、という場合も多いが。

そんな環境のなかで、自分の研究業績を着々とあげていくには、ある程度「自分勝手」と思われるのを覚悟で大学の「雑用」から逃げるか、あるいは人が眠っている時間、飲んでいる時間を削ってでも机に向かうしかない。よく、研究者仲間で「研究環境がいい大学」とか「悪い大学」という表現を使い、誰もが「研究環境のいい大学」へ就職したがるのだが、これは研究室のサイズが大きいとか、コンピュータが充実しているなどというような問題ではない。どれだけ研究のための時間がとりやすい大学か、またそのための財政的な支援（研究費や出版助成金）があるかという意味である。「研究環境がいい」大学へ就職すれば、それだけ成果もあげやすいのである。

摂南大学に勤めた当初、もちろん私にはそういったことはよくわからなかった。だから、ともかくやみくもに張り切っていた。授業もあんなに準備して、自分で教材までつくってやったのは、いまだにあのときだけである。私の教えた摂南大学国際言語文化学部の一期生、つまり私が最初に教師になって教えた学生たちのことは、いまでもいちばん印象深く残っている。受験戦争ではけっして勝者とはいえない、いささか屈折した心理状態で入ってきた学生たちが、未知のインドネシア語を習ったときに見せたファイト。「英語がまったくあかんひとでもね、これやったら一からやりなおせるねんで」。私も生まれ故郷の大阪弁にもどって、学生たちに体当たりした。受験で挫折感を抱いて入ってきた学生と、女性として研究生活をつづけるうえでの挫折感を抱いて入ってきた教師とが、お互いにその傷を癒しあうような、そんなつきあいだったのかもしれない。

戸籍上「独身」のはずの先生のお腹がだんだんふくれてきたとき、「センセー。服の下に西瓜隠してたらあかんでー」と明るくサラッといい、それからはみんなが口々に「センセー、西瓜落ちるでー」などといいながら、私が研究室にもどるとき何も訊かずに黙って重い本を持ってくれた。そのうちの何人かは、立派なサラリーマンになってインドネシアに駐在員として派遣されて活躍し、私とはいまでも家族ぐるみの交際がつづいているし、刻苦勉励して母校摂南大学の教員になった者もいる。

博文《ひろふみ》君とともに誕生した博士論文

やがて就職して二年目、三年目になると、そういう学生たちと向き合っての大学での仕事と、子育てとのあいだに多少余裕を見つけることができるようになり、オランダやインドネシアで集めてきたデータを整理して、すこしずつ博士論文の準備をしはじめた。パソコンというものを使っていなかったその当時は、いまでは過去の遺物となってしまったタイプライターでガタガタ打って構想をまとめたものだ。訂正がきかないからとても能率が悪い。それでも暇をみてはコツコツ打った。博美の成長に比例して、書きあげた草稿の枚数もふえていった。

一九八六年、摂南大学に勤めてちょうど四年がたったとき、大学が特別に便宜をはかってくれて、博士論文の仕上げのためにアメリカへ一年間行けることになった。長女博美が三歳になったばかりのときだった。幸い夫も、昇進などといったことよりも人間性をまず第一にする人だったから、「休職してわしも行くわ」といってくれた。ありがたいことに、夫の職場には勉学のための休職制度というのがあったのだ。ちょうどいい機会だからと夫は、外国人のための英語コースに入って英語を勉強するという。夫婦は別れていてはいけないという鉄則を身に染みて感じていた私は、何よりもこれが嬉しかった。そして娘とともに三人で、八年ぶりにイサカの町の住人となった。ジャワで世話になったジョン・ドゥエル夫妻がやはり論文を書くためにイサカにいたり、何人か旧友が残っていてなつかしく再会した。

ここでも娘の保育所を確保することが最大の難問だったが、あちこち駆けずりまわったあげくに、黒人街の保育所に空きがあって入ることができた。所長も先生たちもすべて黒人だった。「それで空きがあったんだよ」とジョンが教えてくれた。

さて、娘の居場所も決まり、夫の授業の手続きも終え、私の研究室も決まってようやく論文執筆に取りかかろうとした矢先、私は体の変調に気づいた。「まさか」と思いながらもハッとした。でも、やはりその「まさか」だった。ようやく猛スピードで論文を仕上げようと意気込んでいた矢先の妊娠。これには喜びよりも戸惑いをおぼえた。あたえられた時間は一年しかないのだ。中途半端で帰国したら、今度はいつやってこられるかわからない。博士号をとってきます、ということを条件に大学から特別の許可をもらったのに、手ぶらではとても帰れなかった。「ガーン」と頭を殴られたような感じだった。

そのとき私は四十歳を目前にしていた。これを逃したらもう二人目は望めないかもしれないという気持ちと、いや、論文だってこれを逃したらもうだめかもしれないという気持ちとが交錯して、絶対絶命の追いつめられた気持ちになった。

しかし、ここでも最後に決定的な意味をもったのは、研究至上主義にはなるまい、まず家族があっての研究生活だ、という私の鉄則である。私はあたえられた運命を喜びとして受け入れることにした。こうして体内での命の成長と論文の進展とのあいだで「どちらが先に駆けつくか」の競争がはじまった。

四十歳を目前にした体力では、三歳の娘を育て、論文を書き、つわりと闘うのはかなりきついことだった。しかも、日本をたつまえにかなり大きな子宮筋腫があると診断されていて、これが妊娠によっていっそう大きくなる可能性があると注意されていたのだった。しかし、幸い夫の理解と援助があった。

夫は私たち団塊の世代の人にしてはどちらかというと古いほうで、私と結婚するまでは「男子厨房に入らず」を当然のことのように思って育ってきた人なのだが、しかし考え方はものすごく柔軟な人であった。彼の哲学は人生はまず楽しく意義あるものでなくてはならない。そして、楽しく意義あるものにするためには、社会通念と反する生き方でも取り入れていく、というものだった。たとえば、そのほうがよいなら、かならずしも男が外へ出て働かなければならないことはなく、女が家庭を守らなければならないこともない、と考えている。夫の場合それはけっして「男女同権」などというような「意識」あるいは「思想」に支えられてのものではなく、それよりずっと自然な感情だった。「必要ならわしはいつでも仕事をやめまっさ」というのが彼の口癖だった。人がどう評価するか、などということはまったく気にせずわが道を行く、という風来坊的な生き方が、どこか私にホッとするものをあたえてくれたのだろう。

だから、私が論文を書いている一年間彼は、英語とインドネシア語の集中講義をうけながら、私の論文の入力の手伝いをはじめかなりいろいろなことをやってくれた。とはいえ、男がいざ「主夫」になるといっても、私たちの年齢の日本の男で、まともに「主夫」がつとまる人は少ない。それはそういうふうに育ってきていないからだ。夫も、やろうという気持ちはあっても、体がついていかない。第一料理だって洗濯だってどんなふうにやっていいのかまったくわからないのである。だから、多少でもやるとクタクタにくたびれてしまって、もうずいぶんやったような気になってしまうのだ。結局、その「気持ち」だけいただいて、私が手を出してしまう。それでもその気持ちがあるのとないのとでは、二人三脚のスムーズさはずいぶんちがう。

そのおかげで、家事や育児はずいぶん助けられ、すべてが順調にいった。論文は、お腹が破裂しそうに大きくなって、もうだめ、という寸前にようやくなんとかかたちになった。コーネル大学で初めて覚えたパソコンできれいに打ち上がり、レーザープリンターで印刷し、ハードカバーをつけて製本した自分の「作品」を手にして感無量であった。A4判八百枚もの「大作」になってしまった。初めてインドネシアに赴いてから十五年の月日がたっていた。その間に集めたデータを「あれも、これも」と欲張ってほうり込んでいたら、こんなに長いものになってしまったのだ。

妊娠による体調の変化でそのころ声がかすれて発声が困難になってしまっていたが、その声を振り絞ってなんとか口述試験をうけた二週間後、そして全校で大々的に開催された学位授与式の四日後に、四キロに近い大きな男の子が産声をあげた。まえにもふれたように、私たちはこの子を出生地の名をとって勇佳《いさか》と名づけた。属地主義をとるアメリカでは、この地で生まれた子供にはすべて自動的にアメリカ国籍があたえられる。アメリカ政府への出生届の際にミドルネームを書く欄があったので、そこにはなんとヒロフミと書き込んだ。その心は、〝博士論文〟である。私の博士論文と歩調をあわせてお腹のなかで育ってきたヒロフミ(博文)君。もしかしたらきみのおかげでママは「制限時間」を課されて、それで論文がちゃんと完成したのかもしれないよ！　そんな気持ちだった。

齢五十をすぎ、イサカ・ヒロフミも十歳を超えたいま、あまりにも忙しかった私の二十代、三十代、四十代をあらためて振り返ってみてじつに感慨深い。何をあんなに急いでいたのだろう、いつもいつも……一度ストップしたら、もう二度とレースにもどれないような気がして。「女はもういらない」といわれるのではないかという気がして、いったん止まったら倒れてしまう独楽《こま》のようにまわりつづけたのだ。

いま周りには、私よりずっとスタミナもファイトも根性もあるスケールの大きな女性がたくさん登場してきている。私はそのような女性たちが伸びていくのを手助けしなければならない立場にいるのだと思う。積極的には何もできないが、少なくとも悪い前例をつくって「だから女は……」と思われ、大学が女性起用に消極的になるのだけは防がなければならない。だとすれば、私はやはりこれからもクルクルまわりつづけなければならないのだろうか。

いつの世も女が人並みに認知されるためには、男の何倍も働かなければならない。女が学者になるというのは、こういうことなのかもしれない。

あとがき

この原稿の校正刷りが出てきたころ(一九九八年五月)、インドネシアでは、三十二年間つづいたスハルト政権が民主化勢力の突き上げにあって倒れるという大事変が起こり、マスコミは連日この報道に熱をあげていた。私がはじめてインドネシアに特別な関心をもちはじめたころ、スハルトは、ようやく権力を掌握したばかりで、それまでガタガタになっていたインドネシア経済を立て直す救世主のように迎えられた。彼は経済開発優先政策を打ち出し、たしかにこの国の経済の底辺を引き揚げ、「アジアの奇跡」と呼ばれる急成長を遂げるのに成功した。しかし、最後は実態のないバブル景気に狂い、それが弾けるとともに、これまで水面下に潜んでいた汚職、癒着、ネポティズム、民主主義弾圧などに対する批判が一挙に噴きだし、あわれな末路を迎えたのであった。

エンダさんや増田先生との出会いを通じて、私がインドネシアに魅せられていってから、今年でちょうど三十年の年月が過ぎた。この国の高度成長と歩みを共にしてきたといっていい。だから、いまひとつの時代が終わったということは、私にとってはいっそう感慨深い。軍服の似合うはつらつとした好男子のスハルトが、いまは力なく引退声明を読みあげる白髪の老人になってしまったように、無鉄砲で恐れも疲れも知らない学生だった私も、いまでは「このごろの若い連中は……」と眉をひそめる年齢になってしまった。

私がインドネシア研究を目指してから「一人前」になるまでの人生の記録を綴るようにと草思社の加瀬昌男氏が勧めてくださったのは、もう十年も前のことだ。この記録は私のインドネシアでの調査の成果と並行して活字になるはずだった。ところが、研究成果のほうは『日本占領下のジャワ農村の変容』(草思社刊、一九九二年)と題して出版されたのに、人生の記録のほうは八割ほど書いたところで筆が止まってしまった。人生をあるがままに素直に綴るということは思いのほかむずかしいことだった。私の来し方を繙いてゆくと、さまざまな人とのさまざまな出会いがひじょうな重みをともなって記憶に蘇ってきて、なかなか客体化して綴ることができない。そのひとつひとつが個人的にとてつもなく大切なもので、それを活字にするにはあまりにも抵抗が大きかったのである。

しかし「あとにつづく若い女性たちの励みになるようにぜひ」との加瀬氏の勧めはつづいた。この間、私は仕事のために家族とともにふたたびインドネシアに滞在し、その後、私以上にインドネシアに魅せられてしまった夫や子供たちを残して帰国して名古屋大学に勤務し、さらに慶應義塾大学へ移るなど、以前にもまして慌ただしい研究生活を送ってきた。気がついたら齢五十を過ぎており、いよいよ自分の人生も折り返し地点にきたのだと痛感するようになった。これまでの人生で出会った、怒りや喜びや競争心や嫉妬を複雑に織りまぜながら血を吐くような思いでかかわった方々へのお詫びやお礼やいろいろな思いを込めて綴ろうと考えたのである。そして、重い筆をふたたびとりはじめた。

この三十年間、日本でもインドネシアでも、あるいはアメリカやオランダでも、いろいろな方々との出会いがあり、彼らの支え、指導、あるいは献身のうえにたって今日の私が育ってきた。あらためて思えば、私をここまで導いてくれた方々の多くがすでに世を去っていかれた。そのなかの何人かは、あまりにも若くして別れを告げられた。何の恩返しもできないうちに……。だからこの本には、お世話になった一人ひとり、とりわけ先立っていかれた先生や先輩への感謝の気持ちが込められている。

いま振り返るに、私の研究者への道は、紆余曲折や試行錯誤はあったにせよ、いろいろな幸運に恵まれていたように思う。女性であるハンディを差し引いてもなお、そうであった。悪戦苦闘して夢中で歩みつづけてきて、ふと振り返ったらこの歳になっていた。安定した職も得て、家族や友人にも恵まれ、客観的には順調な、何不自由ない生活を送っているが、私の気持ちはいまでもスーツケースを担いで村から村をまわったあのころと同じ延長線上にある。不確かな未来を模索しながら、とてつもなく不安で、しかし限りなく自由でもあり、日々、精いっぱい能力の限界に挑戦しつづけていたかのようなあのころ。そのころの自分に対する羨望のような気持ちが、いまも私を駆りたてて緊張のなかへと連れもどしていく。キザな言い方をすれば、あの時代に私の「原点」があったのだといえよう。

最後に、迷いあぐねたこの本の出版を根気強く勧めてくださった草思社の加瀬昌男氏をはじめ、その実現に向けて励ましてくださった方々にお礼を申しあげたい。

倉沢愛子

一九九八年七月七日　東京にて

補章　女は学者をやめられない

1　女はフィールドへ行けない？

森喜朗東京オリンピック・パラリンピック組織委員会会長が、「女が入ると会議が長くなる」などという女性蔑視の不適切発言で、二〇二一年二月、オリンピック開催予定のわずか五カ月前にそのポストから辞任に追い込まれたことは記憶に新しい。八三歳という彼の年齢を考えると、おそらくその世代の多くの人が共有し、心の奥深くに沁みついている「率直な」感情だったのであろう。「なんでそれが悪いのか？」といわんばかりの彼の反応は、ずうずうしさというより、その世代特有の限界を表している。まもなく後期高齢者の仲間入りをする私も、「女のくせに」とか「女というものは……」というような批判をさんざん聞かされ、「女はわきまえていなければならない」と肝に銘じて育った世代だから、森氏の発言の根源が社会全体の奥深い思考回路に結びついていることがよくわかる。

もちろんそれを肯定するわけでは決してないが、以前よりは改善されたであろう今でも、女性の社会的地位は、世界一五六カ国中第一二〇位というこの国で、私が、研究職に就いてなんとか生き続けてこられたのには、無意識のうちにそれなりの戦術があったからであるように思う。私は社会の女性差別に対して表立って自分が「闘ってきた」というような意識は特にない。しかし、振り返ってみると人生のすべての局面で、それに対する静かな「反抗」を試みてきた。そしてその都度世間に肩透かしを与えてきたような気がする。

私が研究者としての道を歩み始めたころは、女性は東南アジアの農村部や森林地帯の厳しい生活条件のなかでの調査旅行には向いておらず、個人で勝手にやるのはともかく、たとえば文部科学省の科学研究費などをもらってプロジェクトを組み、チームで調査にでかけるような時には戦力にならないという見方が根強くあった。そのために私は、若いころ(四〇—五〇年前)はそういう場に加えてもらうことがほとんどできず、悔しい思いをしたこともしばしばであった。

それから年月を経て、さすがに、生物学的に「女は向かない」などというようなことを表立って口にする人はいなくなったが、たとえ体力や気力があっても、家庭をもっている女性が、亭主や子供を置いて長期でフィールドに入るのは、少なくとも子供が小さいうちはいかがなものかという空気があったし、今でもなお残っている。昔先輩のある女性研究者は、赤ん坊を背負ってフィールドへ足を運んだと聞いている。感染症も多く、幼児の死亡率の高い開発途上国で、それは大変な勇気がいることである。世の中のパパたちは平気で妻や子を残していってしまうのに……である。世の中がだいぶ変化した今では男性の意識も変わってきて、父親が留守を引き受けてくれるケースも増えてきたが、それでも祖父母の助けを借りるなどして、ほんの数日間駆け足で行くのがせいぜいというのが現状である。

その点で——初めから意図していたわけではないが——子育ての最中に私が与えられた環境は、実に幸運だったと思う。一九九一年に、夫が駐在員として、そして私自身も有期の仕事を得て、一家でインドネシアで生活する機会が与えられた。一九九四年に私の仕事の契約の任期が切れてからは、日本で教職を得て、とりあえず夫と子供をそこに残し、一足先に帰国した。そして二年後、夫も任期を終えて帰国することになった時、彼は脱サラして独立し、現地に留まる、という経済的には非常に不安定な選択をした。そしてその時小学校低学年と中学生になったばかりの二人の子供は、いずれもみずからの意思で、父親と一緒に引き続きインドネシアに住むことを選んだ。もう少し正確にいうと、彼らはいったんは私とともに日本へ戻ったのだが、うまく環境に適応できず、再びインドネシアへ戻ることを選択したのであった。夫の外国への単身赴任のために国を隔てて別居生活をする人は少なくないが、その場合妻と子供たちが日本に残る、というのが定番である。しかし私たちの場合いささかイレギュラーで、まるで、より賃金の高い国へ母親が働きに行く、東南アジアでよく見られる女性労働者の「出稼ぎ」のような、変則的なライフスタイルに近かった。いつの間にかこれが恒常的なものになってしまった。

この奇妙な生活形態の結果、我が家の生活の軸足は、ほぼ完全にインドネシアに置かれ、私は大学の授業が休みになると一目散にインドネシアへ飛んで「帰る」ことになった。そしてそこで思う存分自分の研究を続けることができた。子供を残して後ろ髪を引かれる思いでフィールドへ行く必要が全くなくなったのである。私はこういう幸運な条件に恵まれた。常識にとらわれない選択などというとかっこいいが、実は心のどこかで、自己防衛的な選択をするという本能が働いたのかもしれない。しかし、このような幸運な状況は、いろいろな人たちに迷惑をかけることになった。

まず夫の母が日本での仕事をたたんでかけつけてくれた。大変ありがたいことに、義母は六〇歳を超えていたのであるが、片言のインドネシア語を覚え、あちこち元気に出歩き、また好きな絵を描いてけっこうこの異国での生活を謳歌してくれた。義母はそうやって私の心理的負担を軽くしてくれたのである。迷惑はほかの方々にも及んだ。大学の同僚の先生方は、授業のない休業期間中とはいえ毎年長期にわたってインドネシアへ行ってしまう私の代わりに、いろいろな仕事をかぶってどれだけ大変であったかと思う。

申し訳なく思うが、ありがたいことにそれを許してくださった。

また、本来は母親のケアを必要としている年齢の二人の子供は、私の大学の授業期間中、母親なしの生活を押し付けられたのであるから、いかにそこの生活に順応しているとはいえ、大変なことも多かったのではないかと思う。特に別居生活が始まった当初息子は小学校低学年で、まだまだ母親に駄々をこねたいであろう年齢であった。どんな思いで母親の戻る日を待っていたのかは、私がジャカルタの空港へ到着した時のある光景でよくわかった。息子は、荷物検査を受けて出てくるお決まりの出迎えの場所ではなく、それより前に通過する入国手続きのカウンターが外から覗き見える小さな隙間を見つけて、そこに顔を押しつけて必死でこちらを眺めていた。そこへ行けば数十分早く母親の姿が見られることを息子はなぜか知っていた。本人はもうとっくに忘れているだろうが、その光景は私の胸に焼き付いている。よくそんな場所を探し出したものだ。すれ違いもののの昭和のメロドラマのようなこのシーンに、胸が熱くなるとともに、後ろめたい気持ちに襲われた。

彼はまた、私がジャカルタを離れる日の前夜に、激しい腹痛を訴えて、夫とともに救急で病院の門をくぐったこともあった。「なんともない」という医師の診断が、息子の気持ちを物語っていた。それでも「ママと一緒に日本へ戻るか？」という問いには首を横に振るのだった。自分がインドネシアに居ることをママは望んでいるのだと本能的に感じていたようである。スマホなどまだ存在せず、メールはそう簡単には使いこなせなかったし、テレビ電話もない一九九〇年代の別離は、子供にはどんなにかきつかったであろう。

そのように各方面に迷惑や負担をかけて実現したこの生活パターンのおかげで私は、人一倍長いあいだ自分の研究対象国に滞在し、夫や子供が住む家を足場にして何とか子育てとフィールド調査を両立させることができた。その生活は、娘が高校を卒業して日本の大学に入学し、また息子がニューヨークの全寮制高校に入学するまで続いた。

しかしこのような幸運な条件が誰にもあてはまるわけではない。子育てとフィールド調査は両立できないと考え、その期間は調査を控え、あるいは、結婚や出産をあきらめたりする女性研究者が多いなかで、「あなたはラッキーだから……」といわれると私は何もいえない。結婚や子育てが必ずしも女性の幸せだなどとは決して思わないが、もしそれを望んでいるにもかかわらずどちらかを選択せざるを得ないと思っている女性がいれば、「初めからあきらめないで何か方法がないか考えてみて」といいたい。また、「こうでなければいけない」というような固い方針に振り回されないで、発想を大きく転換し、柔軟に、また時には社会の常識とはずれることでもよしとしてやっていけば、何か方法が見つかるかもしれないと思うのだ。あまりにも楽観主義的かもしれないが、それが私流の、女性差別への「抵抗」であった。実際いまは、私の周辺にも、いろいろな工夫をこらして両立を実現している若い女性研究者が出現している。少しずつ変わってきているのはうれしいことである。

2　フィールドに住みこんで

家族をジャカルタに置いて日本へ出稼ぎに行くという奇妙な生活パターンに加えて、私のインドネシア研究をさらに助けてくれたもう一つのファクターは、インドネシアの庶民の大多数が住んでいるごく普通の住宅地に家族の生活の根拠地を置いたことであった。「何を当たり前のことを?」と思われるかもしれないが、実は開発途上国で勤務する日本の駐在員たちの大部分は、まるで外国人のゲットーのように、一般社会からは分離された高級住宅地やコンドミニアムに住んでいた。もちろん留学生や研究者はその限りではないが、駐在員だった私たちの一家は最初はそういう一角に住んでいた。しかしそれは雇用元から支給されていた高額の住宅手当のおかげで可能だったのであって、夫が脱サラをして小さなコンサルタント事務所を開くと、経済的に不可能に近いことであった。そこで、無理をして高額の家賃を工面するよりも、いっそ、郊外の、インドネシアのごく普通の庶民が住む安価な地域に自分たちに合った家を建てて住んだらどうかと思ったのだ。

夫の退職金やそれまでの蓄えを投入して購入した土地は、ジャカルタの中心部から南へ三〇キロほど離れた、ジャカルタ市と西ジャワ州デポック市との境界地であった。主として比較的低所得の人たちが密集して住んでいるアーバン・カンポン(都市の中の田舎)と呼ばれる集落で、インドネシアの中間層さえあまり住まないような地域であった。そこに残っていた雑木林を安く購入し、造成して家を建てることを考えたのだ。

周辺は、せいぜい二〇―三〇平米くらいの小さな家が密集し、電気は通っているが契約ワット数は四五〇ワット程度で、薄暗い電灯をともして、一家そろってテレビを見るのがやっとというような生活をしていた。当時はトイレや水浴び場がない家もあり、もちろん水道も下水道もなかった。こんなところに子供を連れて長期的に住むということは、これまた日本の常識から見ればとんでもない選択だった。今でこそ、中間層が膨らんできて、快適で近代的な住宅地も開発され、小ぶりではあるが、「衛生的」で「文化的」な住宅をローンで購入できるインドネシア人も多くなったが、一九九〇年代には、国民の大多数が住んでいるごく普通の住宅地というと、そのような地域だったのだ。

そこは日本並みの設備を備えた駐在員の家に育った子供たちには想像を絶する世界で、夫もかなり渋っていた。私のわがままで、夫や子供にそのような周囲に合わせた耐久生活を強いることになりかねない。しかしどうしても「駐在員の世界」から脱却させたいと思った。できるだけ違和感を小さくして、彼らも受け入れてくれるような「衛生的」

かつ「文化的」な住居を用意する必要があった。と同時に、近隣からできるだけ反感を買わないように、少しでも周囲に溶け込めるようにする必要もあったが、それは至難のわざだった。そうして出来上がったのは、「駐在員」のスタンダードからすれば貧相だが、周囲の住民たちから見ればまったく御殿のような大きな庭付きの住宅だった。「なんで外国人がこんなところに？」「目的は何だろう？」というような近隣の冷たい視線と不信感に囲まれて私たちの生活が始まった。

目的などというような仰々しいものはない。外国人や、一部の裕福な中間層だけが住んでいる特殊な地域ではなく、ただただごく普通のインドネシア人が住んでいる地域に住んでみたいという当たり前のことであったが、しかしそれは周囲から見れば研究者としての私のわがままな好奇心としか見えなかったであろう。できれば調査対象者の人たちとできるだけ近いところで寝食を共にすることが、フィールド調査の理想形だと思っていた私にとっては、まさしく調査地に住み込むのと同じような貴重な体験だった。

外国人の研究者は、様々な事情で調査地の外のホテル等に宿泊して、日中そこへ「通う」形態を余儀なくされることも多いが、私は常々、できることならそれは避けたいものだと考えている。調査地の人たちとのあいだに、日常的により多く接して親密な人間関係を構築する必要がある。インタビューしているときに耳にする「公式的な」回答の中にはでてこなかったような情報が、仕事を離れた個人的な会話の中に潜んでいることも多いのだ。人々のよそ行きの姿ではなく、彼らの日常に接することが必要なのだ。さらに、二四時間滞在して、朝、昼、晩、夜中でおそらく変わる光景や人の動きを継続的に観察することが望ましいが、それは「通い」の調査ではむずかしい。そういう意味で、インドネシアの現代社会の生活そのものを研究対象の一つとしていた私にとって、このような地域に住めることは最大の恩恵だった。「調査地に住み込む」というよりは、正確には、私は自分の居住地を勝手に調査地にしてしまったのである。

それからの生活は必死だった。ここでの生活に私のようにメリットがあるわけではない家族は、最初は不満たらたらだった。当時まだ小学生や中学生だった子供たちは、私たちの家が、通っていた日本人学校のスクールバスのルートから大きく外れていたため、毎日朝夕一番近い出迎えポイントまで長い時間をかけて往復しなければならなかった。また他の友人たちの家から非常に遠かったため、ほとんど誰も遊びに来てくれなかった。たまに息子が友人を連れてきたこともあったが、あとで迎えに来たお母さんたちはたいてい道に迷った。丁目や番地など正確な住所もない集落であるから、丁寧な案内図を描いても、自家用車の運転手さんたちが、まさかこんな路地裏のはずはないと思って途中で引き返してしまうのだった。

息子はあるとき、「うちはなんでこんなに貧乏なの!?」と大きな声で詰問して、私をドキッとさせたことがあった。子供というものは残酷である。きっと友人たちがそういっているのであろう。でも私は「貧乏」だなどとは一度も思ったことはない。場所が多くの人たちの住居から外れているために、そしてその生活形態がいささか特殊であったために、奇妙に見えたかもしれないだけだ。ステレオタイプな生活パターンだけを想定して、それからはみ出すものを皆おかしいと切り捨ててしまう日本人の悪い癖で息子が肩身の狭い思いをしたかもしれないことを考えると胸は痛んだが、そのうち分かってくれるのではないかと自分に言い聞かせた。

近隣の人たちとの関係づくりも大変だった。基本的には調査者としてではなく、まず生活者として地域の住民と交わった。いくら努力したところでしょせん外国人であり、彼らが仲間として受け入れてくれることなど期待はしていなかったが、少しでも、近づくにはどうしたらよいかと必死だった。下手をすると反感を買って嫌がらせなどされる可能性すらあったからである。インドネシアでは昔戦争中に日本軍が導入したというトナリグミ(隣組)がまだ生きているのだが、その婦人部の活動に積極的に参加するなどそれなりの努力を続け二十余年。今日まで夫はそこに住み着いていて、ここは我が家の生活の根拠地になっている。二十年来の長い付き合いの隣人たちとの日々の温かい触れ合いに癒されることも多い。そしてまた、私たちと一緒に「カンポン入り」をし、当初はよそ者だった我が家のお手伝いさんのヌルもそうやって地域となじんでいった結果、数年後に地元の青年と結婚し、今はこのトナリグミ内の住民として定着している。

成人した私の子供たちも、一人一人の個性を大切にすべきだと考えるようになっていったのか、むしろ自分の置かれていた珍しい境遇と体験を貴重なものだったと思ってくれるようになったようである。最初は私のエゴで、家族にも負担をかけて始めた新しい生活方式だったが、そう思うことによって勝手に自分の罪悪感を癒している。

3　介護と研究とどっちが大事?

遠距離子育てが一段落し、子供たちが日本の大学へ進学したり就職したりしたころに、老いた母たちをどうするか、つまり介護の問題が起こってきた。四〇歳の高齢で下の子供を出産したため、世間の平均よりだいぶ遅れて、自分が定年近くなってからこの子をようやく大学に進学させることができた私の場合には、ふと一息ついたのはつかの間であった。夫も私も父親はもう亡くしていたが、大正生まれの母親たちが九〇歳を目前にしてまだ健在だった。夫の母にはジャカルタでの子育てを手伝ってもらっていたし、最後は私が日本の家に引き取って面倒を見るというのは当たり前と思っていたが、実家の母も、一人住まいをしていて気がかりだった。たった一人きりの弟は、大病を患ったのち、一人住まいで、とても母親の面倒を見るどころではなかった。母はまだ元気で身の回りのことは自分でやっていたが、訪ねて行くたびに、「私をどうするのさ」というのが口癖で、息が詰まるような思いだった。

そのような時、転機が訪れた。当時、社会人になっていた上の娘と住んでいたアパートに娘のボーイフレンドが転がり込んできて、三人で奇妙な同棲生活を続けていたのだが、若い二人はちょうどそのころ入籍し、独立した住居を探し始めた。しかし、彼らが飼っていた三匹の保護犬と、一匹の盲目の猫を連れて一緒に住める住宅となると、家賃もばかにならなかった。そこで、いっそのこと共同でちょっと大きめの家を購入して、おばあちゃんたちも引き取って皆で生活しようかということになった。まだジャカルタ住まいをしていたが時々帰ってくる夫や、大学生の息子も入れると、大人七人とペット四匹という大所帯である。娘の夫にしてみれば、舅や大姑や、小舅に囲まれた、考えられないような生活だ。しかし驚いたことに、アメリカ育ちのこの青年はそれに同意してくれた！

とはいえ「世帯」でいえば、四世帯に分かれた「他人」が同居するわけだから、そこにはスペースがないとプライバシーは守れない。しかもその段階で私はまだ慶應義塾大学にフルタイムで勤めていたから、介護が発生しても職務を全うできなくてはならない。ということは、職住近接が望ましかった。さらに、数年後に迫っていた定年時には、研究室の本や資料も移転させなくてはならず、そのスペースも必要だった。日本でも有数の土地価格の高い港区に位置する慶應義塾大学のそばで、となると（私にとっては)天文学的な価格になる。とんでもない話だと思って、単なる夢として思い描いていたが、必死になれば何とかなるものだということが分かった。

あるとき、大学から自転車で二〇分ほどの場所の地上三階地下一階という広い中古住宅売却のチラシが新聞に挟まっていて、私はあと先も考えずにともかく飛んでいった。なんと老人世帯用のエレベーター、書架のたくさん作り付けられた書斎、裏千家の師匠であった母が求める炉を掘った和室まで備わっていた。描いていた構図にぴったりで、しかも売り主の経済的事情から、今すぐであれば市価の半分程度で手ばなすという。すぐに母親にも見せ、建築家であった弟や、友人に価値を見てもらい、「これはお買い得」というお墨付きをもらって、購入を決意した。

市価の半分とはいえ、我々庶民にとってはとんでもない高額だったので、実際に購入できるとは到底思えず、半信半疑でローンの申し込みをしたところ、なんと本当に奇跡的ですらあったが、高額のローン——実はその返済に今でも苦しめられているが——が組めることになった。そして二人の老母を一緒に介護するという、かなり冒険的な試みが始まったのである。

くどくど内情をお話ししたのは、まったく赤の他人の二人の老母を同じ屋根の下に引き取るなんて、ふつうは考えてもみないような突飛な計画も、気持ちを柔軟にしてやってみれば不可能ではない、到底不可能と思えるようなことも挑戦してみれば何とかなるのだという体験をお話ししたかったからである。ちょっと乱暴だが、「一人も二人も面倒は同じだ」という気持ちから二人を一緒に引きとることにしたのである。二人の老母は、すでにデイサービスや訪問介護のお世話にはなっていたが、義母はその五年後に、また実母はそのさらに四年後に息を引き取るまで、高齢者施設に入居することもなく、家族と一緒の生活を続けることができた。しかも私はなんとか仕事も辞めずにすんだ。それが母たちにとって幸せだったかどうかは今でも分からないが……。

とはいえ決して「淡々と」というようなかっこいいものではなく、その時は私もしょっちゅう周囲に愚痴をこぼしていた。でも介護なんていつまで続くかわからないのだから、無理はしまいと思い、自分を殺してまで親を見なければ、というような自己犠牲的な気持ちは捨てて取り組んだ。介護の最中でもフィールドへ行ったし、著作の執筆も、授業や講演も大して減らすことはなかった。基本的には同居している娘夫婦がサポートしてくれたが、それに加えて、長期でインドネシアへ行くようなときは、夫がジャカルタから駆けつけてブツブツいいながらも交代して面倒を見てくれた。そして介護保険を使って公的支援も受けられた。そうでなければきっと苦しくなって放り出してしまっただろう。最後のころには認知症が進み、見境もつかなくなって、寝室に糞便をまき散らすようになり、せっかく作った食事をひっくり返されることもあったが、それでも何とかやってこられたのは、私にはいつも逃げ場があったからだ。

もちろん母たちにはいろいろ不満があっただろう。特に実母は「なんで定年になってもまだ働くの？」「母親と研究とどっちが大事なの!?」と、自分の介護に全力投球しない娘のことをケアマネジャーさんにこぼしたり、四六時中私にも面と向かって悪態をついたりしたが、私は、「私から研究を取ったら、愚痴ばかりこぼして介護もできなくなってしまう」と自分に言い聞かせて、試行錯誤しながらも自分のやり方を押しとおした。ありがたいことにかつて母親を必要とする年代に、自分を置いて東京で働く母親を見て育った娘は、「ママはお仕事と私とどっちが大事なの？」などとは一度もいわなかったし、成人してから、おばあちゃんの世話を手伝わされた時も「ママは研究とおばあちゃんとどっちが大事なの？」などとは聞かずに、気負いもなく黙々と代わりを引き受けてくれた。まったく血のつながりなどないその夫も、淡々と助けてくれた。就職後は独立して近所で別居していたマイペースの息子も、どうしても必要な時は手を差し伸べてくれた。

「なんでもあまり無理をしないこと」というのが私の口癖である。精一杯やるが、決して無理はしない。「こうでなきゃならない」という原則に固執しないで、臨機応変に対応していく。「まあいいか」とある程度で満足する。そうでないと長続きはしない。そのおかげで何とか切り抜けることができた。世の中ではよく、女は子育てを取るか仕事を続けるか？という問いから始まって、人生のいろいろな場面でさまざまな選択を突き付けられる。そんな時私はいつも、「二者択一ではなくて中間はないの？」と自問してきた。「何か逃げ道はないの？」ということでもある。いつも私は逃げ道を探して逃げ込み、どちらも完璧にはできなかったが、おかげでどちらも捨てることはなかった。

こんなことを口にすると「だってあなたは幸運だったのよ」という声があちこちから飛んできそうだ。また「周りがどんなに迷惑していたのかわかってるの？」という厳しい声も聞こえてきそうだ。でも研究を取ったら、自分でなくなってしまう、つまり家族や周囲のために生き、喜びも悲しみもそこに依存するしかない人生になっていただろう。だから何とか許されるのであれば、希望を貫く「わがままさ」をもってもいいのではないかと思い、自分なりに歩んできた。調査・研究は、いったん手を止めたらふたたび立ち上がることはできなくなるのではないかという不安があった。テンポは大幅に緩めたとしても、何とか継続させることが必要だった。ちょっと後ろめたい気持ちは常にあるが、そうやって私は「子育て」の間も「介護」の間も、好きな研究を辞めないですんだ。だが、そのために迷惑をかけた人たちには、必ずどこかで「埋め合わせ」をしなければならないだろう。

4 終活

ところが、皮肉なことに、子育ても終え、介護も終え、大学も定年退職して山ほど時間ができてきたら、私は奇妙な脱力感に陥ることになった。また、身体的にもいろいろな不具合が出てきた。いわゆる「空《から》の巣症候群」というのだろうか。研究も、もう十分やった、この辺でもう終わりにしようか、という情けない思いに取りつかれるようになったのである。そしてとりあえず遣り掛けの仕事に全力をあげ、何冊かの本を出版にこぎつけた。そうこうするうちに、二〇二〇年に世界を襲った新型コロナウイルスの恐怖が私の不安に追い打ちをかけた。私は取りつかれたように本格的な「終活」を考えるようになった。もしもある日突然コロナ陽性と判定されたら、そのままただちに病院や宿泊施設へ隔離されてしまう。そして高齢者はそのまま容体が急変してこの世と別れを告げることもしばしばある。癌で余命宣告を受けた場合などのように、準備する余裕がないのである。そうしたら、長年かかって収集してきた山のような資料や、調査データは一体どうなってしまうのだろうかと不安になった。

インドネシア研究などというのは、いまだに世の中で一般的ではなく、かなり特殊であるから、文書館で集めた一次史料や、歴史の証人からの聞き書きの記録は誰にでも役に立つものというわけではない。その中には、フィールドで撮影した映像、画像、音声を収録したテープなどもあるが、昔の物はほとんどデジタル化などされておらず、現物のまま無造作に残っている。世の中の多くの人にとってはゴミ同然である。とはいえ、その問題に興味をもっている人にとっては宝の山にもなりうる。ただし、ちゃんと整理されていなくては他の人には何のことかわからない。そこできちんと整理して、後輩が活用可能なようにしようと思い始めた。気が遠くなるような作業であるが、コロナ禍で自宅での自粛が叫ばれている折から、この降ってわいた時間を「終活」に使うことにしたのだ。「女が学者をやめるとき」の準備と思ったのである。

この「終活」をする過程で、過去五〇年間の研究者生活の思い出が次々によみがえってきた。たとえばインドネシアや日本でのインタビュー調査の過程で、手もちの貴重な資料を下さったり、思い出話をしてくださった方々との出会いには胸が熱くなった。そのほぼすべての方々はもうこの世にはおられない。その方々へのなつかしい思いとは別に、悔しい思い出もある。そのように聞き書きを続けていたときに、「倉沢は女を武器にして情報をもらっている」「女はいいよな。ニコニコって笑えばおじいさんたちは資料を出してくれる……」などと何度いわれたことだろう。「女を武器にして」というのは私が一番嫌いなことだったのだが、周囲から見ればそのように映るのだ。

そんなにしばしばではないが、政府の審議会などの委員を委嘱されたりすると、「女を一定数入れなきゃならないからね」「人数合わせのためだよ」などと私自身の「価値」などを無視したコメントをされることもしばしばで、「まあそうかもしれない」と自分でも思いながら、それでも気力が砕けたものだ。「あーあ、女は何をやっても批判される……」というのが実感だった。

私の研究生活には、「ガラスの天井」を破ろうとか、差別と闘おうとかいう勇ましいものは何もなかった。男性に許されているごく普通の研究活動を、とやかくいわれずに続けさせてほしい——ただこれだけだった。そして前に述べてきたように何とかそれは強情に押しとおした。そのなかには当初社会的にはかなり抵抗を受けたが、今では当たり前になってきたこともある。たとえば、仕事の上での旧姓の使用。私が就職した一九八〇年代の初めには、これはまだ社会的に認知されない行為で、風当たりも強かった。何度か職場を転々としてその都度要求を出したが、通称としての使用が容認されるようになったのはようやく一九九〇年代の中ごろであった。それでも、その通称で身分を証明するものが全くないために、航空機の搭乗、ホテルの宿泊など海外出張の時などには様々な不便を被った。しかし今や夫婦別姓を法的にも求める議論が堂々とされるようになった。また数年前に更新した最新のパスポートには、通称を併記することが許されるようになっていて驚いた。社会は刻一刻と変わってきている。

そのような様々なことに出会いながら辞めずに続けてきた研究に、いまここで終止符を打つのか？　本当にいいのか？　「空の巣症候群」と闘いながら、どこかに潜んでいるもう一人の自分が問いかける。資料の整理や、書きかけて筆をおいたままの原稿の仕上げなどの「終活」はすればいい。疲れているなら一休みすればいい。でもそのあとどうする？

　あれこれ思いめぐらしているが、やはり後期高齢者となる年齢を目前にした今も、「知りたい」という好奇心、そしてそれを「表現したい」という願望は燃え残って、時々ちょろちょろ炎を出しているような気がする。結局また続けるんだろうな、と幾分他人事のように思う。それを取ってしまったら私は私でなくなる。やはり「女は学者をやめられない」のだろうか。

岩波現代文庫版あとがき

私が大学院でインドネシア研究をめざしてから、大学に職を得て研究者（以下書名に従って「学者」と表記）としての人生を歩みだすまでの体験を綴り、『女が学者になるとき』と題して草思社から刊行してから、四半世紀ちかくが過ぎた。このたびそれが岩波書店から、現代文庫という形でふたたび刊行されることになった。そしてそこに私の人生のその後、つまり「女が学者になったのち」を書き加える機会が与えられた。

『女が学者になるとき』は、私の学者人生四十年間で刊行した十数冊の単行本の中で、おそらくもっとも多くの方が読んでくださった出版物であろう。学者の書く本は、むずかしすぎて一般にはほとんど読んでもらえないものが多い。私は常日頃それではいけないと思い、できるだけわかりやすい言葉で社会一般の関心と繋げて書くように心がけてきたつもりであるが、それでもなかなか読者は少ない。それに対してこの本は、その後の人生のなかで、若い女性研究者に会うと、「自分が迷っていたころ先生の御本を読んで力づけられました」などといわれたことがけっこうしばしばあった。社会に少しでもインパクトを与えることができれば、著者冥利に尽きる。何年か前に絶版になったこの本を、岩波書店を通じて再度世に出せるというのは本当にありがたいことである。

『女が学者になるとき』は、私が大学院生時代、夫を残して長期のフィールド調査からもどり、待ち望んだ大学への就職を直前にして突き付けられた別離のなかから、なんとか立ち上がって新しいパートナーとの人生を歩みだし、二人の子供を授かったところでほぼ終わっている。今回文庫化にあたって追記した「補章　女は学者をやめられない」は、その後、家族とともにインドネシアでの生活を始めてからの人生のことを語ったのであるが、その原稿を書き終えたのちに、前著を久しぶりに再読してみて実はびっくりした。

前著の最後のほうに、私の新しいパートナーは、「男女同権」などというような「意識」や「思想」に支えられた人ではなく、むしろ「男子厨房に入らず」というような古い時代の価値観に縛られた世代だったが、しかし「人生はまず楽しく意義のあるものでなくてはならない」と考え、また「(その実現のためには)社会通念と反する生き方でも取り入れていく」というような柔軟な人だと書いてあった。そんな記述はすっかり忘れていたのだが、今振り返ってみると、そのような彼の、ある意味で能天気なキャラクターが、私が学者人生を貫くことを容易にしてくれたのではないかと思うのである。のろけているのではなく、人生は「こうでなければだめだ」などと考えずに、常に「ほかに方法がないか？」と抜け道を探す柔軟さを自分に許していくことが必要だ、というのが私のポリシーで、それと折り合う部分があったのではないかと思うのだ。

今回この本の文庫化を企画してくださったのは、岩波書店の藤田紀子さんである。藤田さんの編集で私はすでに単行本を二冊を出している。いつも、原稿を「おもしろい」といって、まず私の意欲を高め、そのうえで丁寧に内容をチェックしてくださった。今回も、実は後期高齢者入りを前にして、しかもコロナ禍で気弱になって「女が学者をやめるとき」を書こうと思っていたのであるが、藤田さんの励ましで、いつの間にか「女は学者をやめられない」になってしまった。このような形で若い方々へのメッセージを発信できたことに関し、まず藤田さんに感謝を申し上げたい。

また前著は、今は亡き草思社の編集者加瀬昌男さんによって世に出していただいたものである。加瀬さんは、名もなき一大学院生であった私に、最初の博士論文から始まって数々の出版の機会を与えてくださり、最後は癌の病床から力を振り絞って、私の老年になってからの二つ目の博士論文も本にして出して下さった。私を学者に育て、見守ってくださった加瀬さんにも心から感謝申し上げたい。

さらに私の人生の様々な過程で、好きなように学者人生を歩むことを可能にしてくださった、恩師、先輩や友人たちにも、この場を借りて御礼を申し上げるとともに、これまでおかけしたご迷惑をおわびしたい。

こんな、「奮闘記」というよりむしろ自由気ままに、無我夢中で走り続けてきた私の人生は、誰にも参考になるというものではないが、ただ読者の方々、特に女性の皆さんが、社会通念にとらわれずにこんなふうに生きることもありか、ということを知って、人生を前向きにとらえていただければ嬉しい。とりわけ、新型コロナウイルスの世界的蔓延という、何百年に一度の大災害の中で、目に見えない敵との闘いに疲れて、多くの人が気弱になり、あるいは疲労困憊している今、少しでも活力を得て下されば幸いである。

二〇二一年四月　コロナ禍の緊急事態宣言下で

倉沢愛子

『女が学者になるとき』は、一九九八年九月に草思社より刊行された。岩波現代文庫への収録に際し、「補章　女は学者をやめられない」を加え、書名を『増補　女が学者になるとき――インドネシア研究奮闘記』とした。また、本文の内容は変更していないが、本書に登場する方々の所属先・肩書等は最新の情報に更新した。

増補 女が学者になるとき——インドネシア研究奮闘記

2021年8月17日　第1刷発行

著　者　倉沢愛子《くらさわあいこ》

発行者　坂本政謙

発行所　株式会社 岩波書店
〒101-8002 東京都千代田区一ツ橋 2-5-5

案内 03-5210-4000　営業部 03-5210-4111
https://www.iwanami.co.jp/

印刷・精興社　製本・中永製本

ISBN 978-4-00-600438-5　　Printed in Japan

岩波現代文庫創刊二〇年に際して

二一世紀が始まってからすでに二〇年が経とうとしています。この間のグローバル化の急激な進行は世界のあり方を大きく変えました。世界規模で経済や情報の結びつきが強まるとともに、国境を越えた人の移動は日常の光景となり、今やどこに住んでいても、私たちの暮らしは世界中の様々な出来事と無関係ではいられません。しかし、グローバル化の中で否応なくもたらされる「他者」との出会いや交流は、新たな文化や価値観だけではなく、摩擦や衝突、そしてしばしば憎悪までをも生み出しています。グローバル化にともなう副作用は、その恩恵を遥かにこえていると言わざるを得ません。

今私たちに求められているのは、国内、国外にかかわらず、異なる歴史や経験、文化を持つ「他者」と向き合い、よりよい関係を結び直してゆくための想像力、構想力ではないでしょうか。

新世紀の到来を目前にした二〇〇〇年一月に創刊された岩波現代文庫は、この二〇年を通して、哲学や歴史、経済、自然科学から、小説やエッセイ、ルポルタージュにいたるまで幅広いジャンルの書目を刊行してきました。一〇〇〇点を超える書目には、人類が直面してきた様々な課題と、試行錯誤の営みが刻まれています。読書を通した過去の「他者」との出会いから得られる知識や経験は、私たちがよりよい社会を作り上げてゆくために大きな示唆を与えてくれるはずです。

一冊の本が世界を変える大きな力を持つことを信じ、岩波現代文庫はこれからもさらなるラインナップの充実をめざしてゆきます。

（二〇二〇年一月）

G387
『碧巌録』を読む
末木文美士

「宗門第一の書」と称され、日本の禅に多大な影響をあたえた禅教本の最高峰を平易に読み解く。「文字禅」の魅力を伝える入門書。

G388
永遠のファシズム
ウンベルト・エーコ
和田忠彦訳

ネオナチの台頭、難民問題など現代のアクチュアルな問題を取り上げつつファジーなファシズムの危険性を説く、思想的問題提起の書。

G389
自由という牢獄
―責任・公共性・資本主義―
大澤真幸

大澤自由論が最もクリアに提示される主著が文庫に。自由の困難の源泉を探り当て、その新しい概念を提起。河合隼雄学芸賞受賞作。

G390
確率論と私
伊藤清

日本の確率論研究の基礎を築き、多くの俊秀を育てた伊藤清。本書は数学者になった経緯や数学への深い思いを綴ったエッセイ集。

G391-392
幕末維新変革史(上・下)
宮地正人

世界史的一大変革期の複雑な歴史過程の全容を、維新期史料に通暁する著者が筋道立てて描き出す、幕末維新通史の決定版。下巻に略年表・人名索引を収録。

2021.8

G393
不平等の再検討
―潜在能力と自由―
アマルティア・セン
池本幸生
野上裕生訳
佐藤仁

不平等はいかにして生じるか。所得格差の面からだけでは測れない不平等問題を、人間の多様性に着目した新たな視点から再考察。

G394-395
墓標なき草原(上・下)
―内モンゴルにおける文化大革命・虐殺の記録―
楊海英

文革時期の内モンゴルで何があったのか。体験者の証言、同時代資料、国内外の研究から、隠蔽された過去を解き明かす。司馬遼太郎賞受賞作。〈解説〉藤原作弥

G396
過労死・過労自殺の現代史
―働きすぎに斃れる人たち―
熊沢誠

ふつうの労働者が死にいたるまで働くことによって支えられてきた日本社会。そのいびつな構造を凝視した、変革のための鎮魂の物語。

G397
小林秀雄のこと
二宮正之

自己の知の限界を見極めつつも、つねに新たな知を希求し続けた批評家の全体像を伝える本格的評論。芸術選奨文部科学大臣賞受賞作。

G398
反転する福祉国家
―オランダモデルの光と影―
水島治郎

「寛容」な国オランダにおける雇用・福祉改革と移民排除。この対極的に見えるような現実の背後にある論理を探る。

2021.8

G399
テレビ的教養
―一億総博知化への系譜―
佐藤卓己

「一億総白痴化」が危惧された時代から約半世紀。放送教育運動の軌跡を通して、〈教養のメディア〉としてのテレビ史を活写する。〈解説〉藤竹 暁

G400
ベンヤミン
―破壊・収集・記憶―
三島憲一

二〇世紀前半の激動の時代に生き、現代思想に大きな足跡を残したベンヤミン。その思想と生涯に、破壊と追憶という視点から迫る。

G401
新版 天使の記号学
―小さな中世哲学入門―
山内志朗

世界は〈存在〉という最普遍者から成る生地の上に性的欲望という図柄を織り込む。〈存在〉のエロティシズムに迫る中世哲学入門。〈解説〉北野圭介

G402
落語の種あかし
中込重明

博覧強記の著者は膨大な資料を読み解き、落語成立の過程を探り当てる。落語を愛した著者面目躍如の種あかし。〈解説〉延広真治

G403
はじめての政治哲学
デイヴィッド・ミラー
山岡龍一
森 達也 訳

哲人の言葉でなく、普通の人々の意見・情報を手掛かりに政治哲学を論じる。最新のものまでカバーした充実の文献リストを付す。〈解説〉山岡龍一

G404
象徴天皇という物語
赤坂憲雄

この曖昧な制度は、どう思想化されてきたのか。天皇制論の新たな地平を切り拓いた論考が、新稿を加えて、平成の終わりに蘇る。

G405
5分でたのしむ数学50話
エアハルト・ベーレンツ
鈴木直訳

5分間だけちょっと数学について考えてみませんか。新聞に連載された好評コラムの中から選りすぐりの50話を収録。〈解説〉円城塔

G406
デモクラシーか 資本主義か
―危機のなかのヨーロッパ―
J・ハーバーマス
三島憲一編訳

現代屈指の知識人であるハーバーマスが、最近十年のヨーロッパの危機的状況について発表した政治的エッセイやインタビューを集成。現代文庫オリジナル版。

G407
中国戦線従軍記
―歴史家の体験した戦場―
藤原彰

一九歳で少尉に任官し、敗戦までの四年間、最前線で指揮をとった経験をベースに戦後の戦争史研究を牽引した著者が生涯の最後に残した「従軍記」。〈解説〉吉田裕

G408
ボンヘッファー
―反ナチ抵抗者の生涯と思想―
宮田光雄

反ナチ抵抗運動の一員としてヒトラー暗殺計画に加わり、ドイツ敗戦直前に処刑された若きキリスト教神学者の生と思想を現代に問う。

2021.8

G409
普遍の再生
―リベラリズムの現代世界論―
井上達夫

平和・人権などの普遍的原理は、米国の自国中心主義や欧州の排他的ナショナリズムにより、いまや危機に瀕している。ラディカルなリベラリズムの立場から普遍再生の道を説く。

G410
人権としての教育
堀尾輝久

『人権としての教育』(一九九一年)に「「国民の教育権と教育の自由」論再考」と「憲法と新・旧教育基本法」を追補。その理論の新しさを提示する。〈解説〉世取山洋介

G411
増補版 民衆の教育経験
―戦前・戦中の子どもたち―
大門正克

子どもが教育を受容してゆく過程を、国民国家による統合と、民衆による捉え返しとの間の反復関係(教育経験)として捉え直す。〈解説〉安田常雄・沢山美果子

G412
「鎖国」を見直す
荒野泰典

江戸時代の日本は「鎖国」ではなく「四つの口」で世界につながり、開かれていた――「海禁・華夷秩序」論のエッセンスをまとめる。

G413
哲学の起源
柄谷行人

アテネの直接民主制は、古代イオニアのイソノミア(無支配)再建の企てであった。社会構成体の歴史を刷新する野心的試み。

G414
『キング』の時代
―国民大衆雑誌の公共性―
佐藤卓己

伝説的雑誌『キング』――この国民大衆誌を分析し、「雑誌王」と「講談社文化」が果たした役割を解き明かした雄編がついに文庫化。〈解説〉與那覇潤

G415
近代家族の成立と終焉 新版
上野千鶴子

ファミリィ・アイデンティティの視点から家族の現実を浮き彫りにし、家族が家族であるための条件を追究した名著、待望の文庫化。「戦後批評の正嫡 江藤淳」他を新たに収録。

G416
兵士たちの戦後史
―戦後日本社会を支えた人びと―
吉田裕

戦友会に集う者、黙して往時を語らない者……戦後日本の政治文化を支えた人びとの意識のありようを「兵士たちの戦後」の中にさぐる。〈解説〉大串潤児

G417
貨幣システムの世界史
黒田明伸

貨幣の価値は一定であるという我々の常識に反する、貨幣の価値が多元的であるという事例は、歴史上、事欠かない。謎に満ちた貨幣現象を根本から問い直す。

G418
公正としての正義 再説
ジョン・ロールズ
エリン・ケリー編
田中成明
亀本洋
平井亮輔 訳

『正義論』で有名な著者が自らの理論的到達点を、批判にも応えつつ簡潔に示した好著。文庫版には「訳者解説」を付す。

2021.8

G419
新編 つぶやきの政治思想
李静和

秘められた悲しみにまなざしを向け、声にならないつぶやきに耳を澄ます。記憶と忘却、証言と沈黙、ともに生きることをめぐるエッセイ集。鵜飼哲・金石範・崎山多美の応答も。

G420-421
ロールズ 政治哲学史講義(I・II)
ジョン・ロールズ
サミュエル・フリーマン編
齋藤純一ほか訳

ロールズがハーバードで行ってきた「近代政治哲学」講座の講義録。リベラリズムの伝統をつくった八人の理論家について論じる。

G422
企業中心社会を超えて
—現代日本を〈ジェンダー〉で読む—
大沢真理

長時間労働、過労死、福祉の貧困……。大企業中心の社会が作り出す歪みと痛みをジェンダーの視点から捉え直した先駆的著作。

G423
増補「戦争経験」の戦後史
—語られた体験/証言/記憶—
成田龍一

社会状況に応じて変容してゆく戦争についての語り。その変遷を通して、戦後日本社会の特質を浮き彫りにする。〈解説〉平野啓一郎

G424
定本 酒呑童子の誕生
—もうひとつの日本文化—
高橋昌明

酒呑童子は都に疫病をはやらすケガレた疫鬼だった——緻密な考証と大胆な推論によって物語の成り立ちを解き明かす。〈解説〉永井路子

G425
岡本太郎の見た日本
赤坂憲雄

東北、沖縄、そして韓国へ。旅する太郎が見出した日本とは。その道行きを鮮やかに読み解き、思想家としての本質に迫る。

G426
政治と複数性
―民主的な公共性にむけて―
齋藤純一

「余計者」を見棄てようとする脱-実在化の暴力に抗し、一人ひとりの現われを保障する。開かれた社会統合の可能性を探究する書。

G427
増補 エル・チチョンの怒り
―メキシコ近代とインディオの村―
清水透

メキシコ南端のインディオの村に生きる人びとにとって、国家とは、近代とは何だったのか。近現代メキシコの激動をマヤの末裔たちの視点に寄り添いながら描き出す。

G428
哲おじさんと学くん
―世の中では隠されているいちばん大切なことについて―
永井均

自分は今、なぜこの世に存在しているのか？友だちや先生にわかってもらえない学くんの疑問に哲おじさんが答え、哲学的議論へと発展していく、対話形式の哲学入門。

G429
マインド・タイム
―脳と意識の時間―
ベンジャミン・リベット
下條信輔
安納令奈 訳

実験に裏づけられた驚愕の発見を提示し、脳と心や意識をめぐる深い洞察を展開する。脳神経科学の歴史に残る研究をまとめた一冊。〈解説〉下條信輔

2021. 8

G430
被差別部落認識の歴史
―異化と同化の間―
黒川みどり

差別する側、差別を受ける側の双方は部落差別をどのように認識してきたのか――明治から現代に至る軌跡をたどった初めての通史。

G431
文化としての科学／技術
村上陽一郎

近現代に大きく変貌した科学／技術。その質的な変遷を科学史の泰斗がわかりやすく解説、望ましい科学研究や教育のあり方を提言する。

G432
方法としての史学史
―歴史論集1―
成田龍一

歴史学は「なにを」「いかに」論じてきたのか。史学史的な視点から、歴史学のアイデンティティを確認し、可能性を問い直す。現代文庫オリジナル版。〈解説〉戸邉秀明

G433
〈戦後知〉を歴史化する
―歴史論集2―
成田龍一

〈戦後知〉を体現する文学・思想の読解を通じて、歴史学を専門知の閉域から解き放つ試み。現代文庫オリジナル版。〈解説〉戸邉秀明

G434
危機の時代の歴史学のために
―歴史論集3―
成田龍一

時代の危機に立ち向かいながら、自己変革を続ける歴史学。その社会との関係を改めて問い直す「歴史批評」を集成する。〈解説〉戸邉秀明

2021.8

岩波現代文庫[学術]

G435
宗教と科学の接点
河合隼雄

「たましい」「死」「意識」など、近代科学から取り残されてきた、人間が生きていくために大切な問題を心理療法の視点から考察する。〈解説〉河合俊雄

G436
増補 軍隊と地域
―郷土部隊と民衆意識のゆくえ―
荒川章二

一八八〇年代から敗戦までの静岡を舞台に、矛盾を孕みつつ地域に根づいていった軍が、民衆生活を破壊するに至る過程を描き出す。

G437
歴史が後ずさりするとき
―熱い戦争とメディア―
ウンベルト・エーコ
リッカルド・アマデイ訳

歴史があたかも進歩をやめて後ずさりしはじめたかに見える二十一世紀初めの政治・社会の現実を鋭く批判した稀代の知識人の発言集。

G438
増補 女が学者になるとき
―インドネシア研究奮闘記―
倉沢愛子

インドネシア研究の第一人者として知られる著者の原点とも言える日々を綴った半生記。「補章　女は学者をやめられない」を収録。

2021. 8